紅色的纏鬥

毛澤東與蔣介石

【上卷】

紅色
三部曲
★3★

葉永烈 著

上卷・目錄

·毛蔣爭霸錄· 毛澤東與蔣介石

上卷·目錄

上卷・目錄

一九二四年，毛澤東在上海。

毛澤東同母親文七妹、弟毛澤民（左二）、毛澤覃（左一）
在長沙合影。（一九一九年攝）

賀子珍（左）與賀怡。賀子珍在井岡山時期與毛澤東結婚。
賀怡乃毛澤東的弟媳、妻妹。一九三〇年與毛澤覃結婚。

蔣介石與母王太夫人。

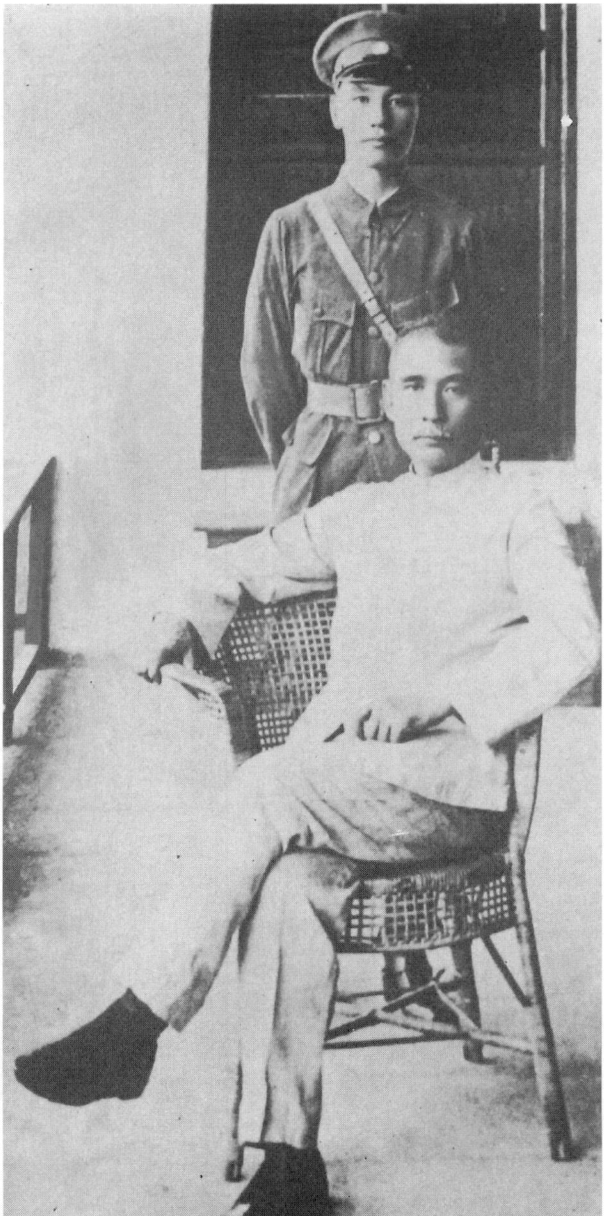

蔣介石在黃埔軍校時與國父　孫中山先生合影。

一九三三年十月，蔣介石在江西進行第五次剿共。

蔣介石在南京接見要求國民政府出兵抗日的學生請願團代表。

蔣介石、宋美齡與飛虎隊將領陳納德。

蔣介石在重慶檢閱軍隊。

（自左至右）毛澤東、朱德、周恩來、秦邦憲長征到達陝北後的合影。

左起：葉劍英、楊尚昆、彭德懷、劉伯堅、張純清、李克農、
周恩來、滕代遠、袁國平。一九三三年十一月在福建建寧合影。

一九四七年三月，毛澤東和延安駐軍撤離延安。

一九四六年十一月，周恩來在南京梅園新村召開中外記者會。

赴重慶談判的毛澤東、周恩來、王若飛，與美國駐華大使
赫爾利和國民黨代表張治中，離開延安時合影。

（左）　潘漢年
（右上）陳立夫
（右下）林彪

（左）　李宗仁
（右上）顧祝同
（右下）張學良

小引　世紀之棋

二十世紀的中國，一場波瀾壯闊、跌宕曲折的棋賽，決定了中國的命運。

執藍子者，光溜溜的腦袋，長袍馬褂，講起話來喜歡拖腔拉調，一口浙江「官話」。平時他不苟言笑，著急時，會罵「娘希匹」。

執紅子者，長長的頭髮朝後梳，一身中山裝，講起話來不緊不慢，一口湖南腔。平日喜歡說說笑笑，富有幽默感，發脾氣時會罵「放屁」。

兩人都富有男子漢風度，一米八幾的個頭——光頭者似乎比長髮者還稍稍高出一厘米。在他們身後，分別插著青天白日旗和鐮刀鐵錘紅旗。

這兩位主帥的頭銜分別是：

中國國民黨總裁、中華民國總統；

中國共產黨主席、中華蘇維埃共和國主席（後來為中華人民共和國主席）。

他們手下的軍隊分別是：中國國民革命軍和中國工農革命軍（後來改稱中國工農紅軍，又改稱中國人民解放軍）。

論軍職，他們一個是陸海空軍大元帥、軍事委員會主席、總司令；一個是中央軍委主席。

他們的大名分別是：

蔣瑞元，譜名周泰，學名志清，字介石。後仿效孫中山，改名中正。世人通常以他的字相稱——蔣介石。介，「大」的意思，介石即巨石，是從譜名「泰」字衍義的。

毛澤東，字潤之，亦作潤芝，筆名二十八畫生（毛澤東三字漢字繁體共二十八畫）。世人以他本名相稱——毛澤東。這本名是按「祖恩貽澤遠」輩序取「澤」字，「東」則意味著東方，太陽昇起之處，蒸蒸向上之意。他曾敬佩梁啓超（梁任公），取過別號「子任」。至於他的字潤之，那「潤」是「澤」的衍義，所謂「雨露滋潤」。

他倆是同時代人：蔣介石年長毛澤東五歲，早毛澤東一年去世。蔣介石活了八十八歲，毛澤東活了八十四歲。其中，有八十三年，他倆同存於世。

論個性、氣質，他倆截然不同：

蔣介石軍人氣質，每日清晨即起，操練一番。他以《俾斯麥傳》、《曾胡治兵語錄》、《曾文正公家書》爲三件寶，不時誦讀。

蔣介石不抽煙，不喝酒，甚至不喝茶，只喝白開水。喜食海鮮，鹹菜燒黃魚，紹興梅乾菜。

毛澤東則詩人氣質，擅詩詞，喜狂草。他晝夜顛倒，每日晏起。他手不釋卷，一部《資治通鑑》不知讀了多少遍，從歷代治亂興邦之道中汲取教益。

毛澤東只能喝點葡萄酒，但嗜煙如命，且喜濃茶、尖椒，常以紅燒肉「補腦子」。

他倆有著相近的政治經歷：

一九二四年，蔣介石出任中國國民黨陸軍軍官學校校長（因校址設在廣州黃埔，世稱「黃埔軍校」），日漸在軍中發展勢力，掌握軍權。從軍事委員會委員，進而成爲國民革命軍總監，以至總司令。他一生視軍隊爲命根子。

毛澤東於一九二七年秋在湖南發動秋收起義，出任前敵委員會書記。不久，他和朱德會師於江西井岡山，成立中國工農革命軍，朱德爲軍長，毛澤東任黨代表，從此以這「朱毛紅軍」跟蔣介石對抗。毛澤東的名言是：「槍桿子裏出政權。」

毛澤東曾說，蔣介石「看軍隊如生命」。「有軍則有權，戰爭解決一切」。毛澤東笑謂，軍隊對於蔣介石，如同「大觀園裏賈寶玉的命根是繫在頸上的一塊石頭」。毛澤東稱，「對於這點，我們應向他學習」。在這一點上，蔣介石是「我們的先生」。①

毛澤東又說，「共產黨員不爭個人的兵權，但要爭黨的兵權，要爭人民的兵權」。他以爲，「槍桿子裏面出一切東西」，「整個世界只有用槍桿子才可能改造」。②

毛澤東和蔣介石都是美國總統尼克森的朋友。尼克森曾這麼比較兩人之間的異同：

「這也許是巧合，兩人有許多相似之處。兩人都是東方人。毛僅出國兩次，一九四九年一次，另一次在一九五七年，都是去莫斯科同蘇聯領導人會晤的。蔣也僅僅離開過亞洲兩次，一九二三年去過莫斯科一次，一九四三年作爲四強之一到過埃及參加開羅會議。兩人不時擺脫日常政務，長時間深居簡出。毛利用這時間作詩；而蔣則在山間散步，吟誦古詩，兩人都是革命的。毛反對父親的專制和整個社會制度。蔣反對滿清的腐敗以及對外屈膝。順便一提，他反叛的象徵姿態——剪掉辮子——比毛早七年。」

「他們的差異既有表面上的，也有深刻的地方，毛懶洋洋地躺在椅子上，像一大口袋馬鈴薯被人漫不經心地扔在那裏；蔣坐在椅子上，正襟危坐，脊骨像是鋼造的。毛瀟灑自如，談笑風生；我

同蔣見面幾次，從來沒有見他有任何幽默感。毛的書法龍飛鳳舞，字裏行間，不拘一格；蔣的書法筆畫端正，四四方方，格局分明。講得深刻一點，他們把中國看成是神聖的，但表現有所不同。兩人都愛這國土，但毛要清理掉它的過去，而蔣則要在上面進行建設，取得勝利後，毛簡化了中國繁體字，不僅僅是爲了促進識字運動，而且是爲了掃除每個繁複字體的歷史涵義。蔣敗走台灣時，在逃亡船上騰出空位，運走達四十萬件古董文物，卻把差不多數目的對他忠心耿耿的助手和官兵遺留在大陸。」③

尼克森對於毛澤東和蔣介石的比較，可謂入木三分。

不過，蔣介石有時也具有幽默感。一份洋洋數萬言的《抗日勝利後之建軍計畫》放在蔣介石的辦公桌上。他無暇細看如此冗長的報告，提筆在天頭上寫下五個字批語：「我非字紙簍。」蔣介石的批語，使他的部下哭笑不得。

蔣介石甚愛清潔、整齊。他的辦公室、軍營從來乾乾淨淨，井然有序。蔣介石在台灣福大招待所下榻，在散步時偶見路旁一堆狗屎，頓時怒從心頭起，把招待所的主管臭罵一頓。那主管竟然因此鬱鬱而死。毛澤東也極愛乾淨，即便在長征中，他也從不睡別人家的床，總是拆下門板，作爲臨時床鋪。不過，他愛清潔而不整齊，他的書房、辦公室以至臥室，到處攤著翻看了一半的書。他喜歡同時看許多本內容截然不同的書，而蔣介石則總是在看完一本書之後再看第二本書。

蔣介石每年要發表眾多的文告。他的文告，大都由秘書代爲捉刀，他自己細細地改了一遍又一遍。毛澤東手中有如椽之筆，不僅他自己的文筆一概出於自己筆下（**個別的講話稿由秘書記錄、整理**），他還以《解放日報》、《人民日報》、新華社評論員的名義寫了眾多的社論、評論，甚至他

還替人捉刀，以朱德、彭德懷的名義發表了許多文告。

毛澤東和蔣介石對立了一輩子。

貫穿於蔣介石的一生，是「反共」兩字。可是，如此對立的政敵，在政治上也有共同之處。比如，他倆都堅持「一個中國」。

如同，一九七二年，當尼克森總統訪問中國大陸時，和周恩來在上海發表著名的《中美聯合公報》。其中寫及，「美國政府認識到，在台灣海峽兩邊的所有中國人都認爲只有一個中國，台灣是中國的一部分。美國政府對這一立場不提出異議。」當然，毛澤東和蔣介石的「一個中國」的內涵，卻又截然相反。毛澤東心目中的中國是中華人民共和國，而蔣介石心目中的中國是中華民國。

有時，他倆會在嚴重對立之中。也採取相同的政治行動。例如一九七一年四月九日，美國單方面發表聲明，將台灣東北一百海浬釣魚台列島主權交給日本。毛澤東指令中共中央機關報《人民日報》於五月一日發表社論《中國領土主權不容侵犯》。台灣也開展了「保釣運動」，蔣介石提出了「保土愛國」的口號。毛澤東和蔣介石都向美國發出了抗議之聲……

蔣介石在黨內的對手是汪精衛和胡漢民。經過三番五次的格鬥，這才在一九三八年三月的武昌會議，即中國國民黨全國臨時代表大會上當選爲總裁，最終確立了他在中國國民黨內的領袖地位，成爲說一不二的黨魁。

毛澤東則在黨內戰勝了對手王明、博古、張國燾，在一九三五年一月遵義會議（**中共中央政治局擴大會議**）上，確立了黨內領袖地位。在一九四三年三月，他當選中共中央政治局主席，最終在組織上確立了他的中共領袖地位。

他倆的婚戀之路，也頗相似：

蔣介石先是由母親王采玉作主，在十四歲時娶了比他大五歲的毛馥梅（**後來因馥字難認，鄉下人稱她毛福梅**）爲妻。此後他在上海，又先後與江蘇吳縣人氏姚怡誠以及蘇州姑娘陳潔如同居。最後，他與宋美齡結爲政治夫妻，人們取了蔣中正之「中」字，與宋美齡之「美」字，戲呼爲「中美聯姻」，一語道出個中奧秘。

毛澤東亦有四次婚姻，也是在十四歲那年，也是由父母作主，給毛澤東娶了大他四歲的羅氏，但他從未和她生活在一起。此後他在長沙和楊開慧戀愛、結婚，又在井岡山和江西永新姑娘賀子珍同居。進入延安之後，上海電影女演員江青（**藝名藍蘋，本名李雲鶴**）出現在他面前，他最終選擇了她。

蔣介石是一位鐵腕人物，獨裁型領袖。他實行「一個政黨，一個主義，一個領袖」的「三一」式統治。一個政黨即中國國民黨，一個主義即三民主義，一個領袖即蔣某人也。

毛澤東對蔣氏的「三一」不以爲然。一九四五年七月一日至五日，六位國民參政員褚輔成、黃炎培、章伯鈞、左舜生、冷御秋、傅斯年訪問延安。據左舜生回憶，毛澤東曾對他如此說：

「蔣先生總以爲『天無二日，民無二主』（**引者註：語出《孟子》。**）我『不信邪』，偏要出兩個太陽給他看看！」④

果真，中國出現「天有二日，民有二主」的局面！其實，在毛澤東說這句話之前，已經是這樣的局面。直至蔣介石和毛澤東先後離世，也還是這樣的局面。

以蔣介石爲一方，以毛澤東爲另一方，以中國廣袤的九百六十萬平方公里的國土爲棋盤，下了一盤震撼全球的棋。

把這一棋局記錄下來，便是一部中國現代史。

這是一場錯綜複雜的大搏鬥。其中固然不乏刀光劍影，槍砲轟鳴，硝煙瀰漫，殺聲震天，卻又不時互派密使，幕後斡旋，打打談談，談談打打。

雙方曾激烈地對罵著：

蔣介石罵毛澤東是「毛匪」，還有「赤匪」、「共匪」、「奸黨」、「奸軍」之類；

毛澤東則罵蔣介石爲「獨夫民賊」、「人民公敵」、「頭號戰犯」、「蔣匪幫」，那詞彙似乎比蔣介石更豐富些。

不過，兩位主帥居然也有笑臉相迎、握手言歡之時。在重慶，海量都淺的兩位主帥居然都高高舉起盛著通紅葡萄酒的高腳玻璃杯，互稱「毛先生」、「蔣先生」。

在那山城和談的日子裏，毛澤東得知蔣介石不僅自己不抽煙，亦不喜歡別人在他面前抽煙。蔣介石的朋友之中雖不乏「癮君子」，進見他之前總要漱口，以免說話時那煙味使他不悅。毛澤東雖然不至於去漱口，但尊重蔣介石，在他面前不吸煙。

這一小細節，使蔣介石大爲感動。私下裏，蔣介石對文膽陳布雷，說出了一番極爲難得的對毛澤東的讚語：

「毛澤東此人不可輕視。他嗜煙如命，手執一縷，綿綿不斷。據說每天要抽一聽（五十支裝）。但他知道我不吸煙後，在同我談話期間竟絕不抽一支煙。對他的決心和精神不可小視啊！」

毛澤東呢？他擅長戲談。一位國民黨方面的記者問他對蔣介石的印象如何，他答曰：「蔣乃草字頭下面寫個將，『草頭將軍』也！」

重慶談判一年之後——一九四六年八月，美國女記者安娜·路易斯·斯特朗在延安訪問毛澤東，又問及對蔣介石的印象。

毛澤東只用三個字作答：「蔣介石——紙老虎！」

果真，毛澤東以三年時間，橫掃中國，戰勝了蔣介石……

如今，硝煙早已消散，槍砲聲早已沉寂，兩位棋手（**其實也是國共兩黨的旗手**）也相繼撒手離位離世。然而，細細探究那盤恢宏壯觀的棋局，細細探究這兩位棋手，細細探究兩位棋手如何影響中國之命運，卻是令人回味無窮的。

這部《毛澤東和蔣介石》，便著眼於毛、蔣，透視那盤舉世矚目、驚心動魄的歷史之棋。

棋諺曰：「棋子木頭做，輸了重來過。」歷史之棋卻無法「重來過」。然而，追溯那逝去的往事，卻會給人以歷史的思索和啓迪……

注釋

①、②分別引自《毛澤東選集》第二、第四卷的《戰爭和戰略問題》及《評戰犯求和》兩文。

③尼克森，《領袖們》。

④左舜生，《近三十年見聞雜記》、《近代史中國史料叢刊》第四十九至五十輯，台北文海出版社一九六七年版，第五四〇頁。

第一章 最初歲月

毛澤東揮淚別妻赴粵

珠江在緩緩地流淌。波光粼粼，像一條閃光的圍巾，圍在廣州的脖子上。雖說已是臘月，這裏卻無寒冬之感，街頭巷尾的大榕樹依然翠綠，姹紫千紅的花兒把這座五羊城點綴成一座花城。

一九二三年歲末的廣州，充滿春意。理著平頭、留著八字鬍的孫中山畫像和青天白日滿地紅旗幟，隨處可見。國民革命軍戰士們戴著大蓋帽，揹著長槍，在車站、橋頭、大樓前站崗。

只是在廣州西南、珠江的一個小島——沙面，才見到英國的巡警。那裏是英租界。自從一八四〇年鴉片戰爭那洋砲轟開中國的大門之後，英國人在這裏建起了一幢幢歐式小洋樓。

用黑色瀝青鋪成的新式馬路，正在市內伸展。公共汽車已經出現在街頭。只是那些小巷依然那般狹窄，連陽光都難以照進去。

不論是濃粧艷抹的小姐，還是臉色黝黑的女苦力，差不多都邁著一雙大腳。那年月在北方農村還能見到的留長辮的男人，在這裏早已絕跡。

一位身材頎長、穿一身灰布長袍、足蹬一雙黑布鞋的湖南青年，出現在廣州街頭。頭髮長而密，眉毛卻稀疏，一雙眼睛大而明亮，下巴左側長著一顆醒目的痣。他手提行囊，腋下挾著一把油

紙傘，那模樣頗似在「文革」中印行了九億張之多的劉春華筆下的油畫《毛主席去安源》。

子曰：「三十而立。」毛澤東剛剛過了他三十華誕。他出生於清朝光緒十九年（癸巳）十一月十九日，他向來過陰曆生日。直至四十年代他的名聲大派之後，才被人「譯爲」公曆——一八九三年十二月二十六日，在公曆十二月二十六日過生日。也真巧，一九二三年的十二月二十六日，恰恰是陰曆十一月十九日。

他從長沙來。長沙小吳門外清水塘二十二號，住著他的妻子楊開慧、長子岸英以及出生不久的次子岸青。已成爲職業革命家的他，風裏來，雨裏去，走南闖北，這一回難得在家中住了兩個月，對任勞任怨、獨力挑起家庭重擔的愛妻，算是莫大的精神慰藉。

無奈，中國國民黨第一次全國代表大會（**依大陸習慣，稱國民黨「一大」，而台灣則習慣於稱國民黨「一全」大會**）在廣州召開在即，作爲湖南代表，他不能不前往那裏。

毛澤東頗重感情，離別妻子之際，揮筆寫下一首情深意長的《賀新郎》，托出一顆赤誠之心：

揮手從茲去。更那堪淒然相向，苦情重訴。眼角眉梢都似恨，熱淚欲零還住。知誤會前番書語。過眼滔滔雲共霧，算人間知己吾和汝。人有病，天知否？

今朝霜重東門路，照橫塘半天殘月，淒清如許。汽笛一聲腸已斷，從此天涯孤旅。憑割斷愁絲恨縷。要似崑崙崩絕壁，又恰像颱風掃寰宇。重比翼，和雲翥。①

毛澤東的才、情，躍然紙上。毛澤東不愧爲詩中高手，後來博得詩人美譽並不過分。這首《賀新郎》情意綿綿，已顯示他的詩詞功底非同凡響。

毛澤東經衡陽，過韶關，一路風塵，一路艱辛，終於到達廣州。

一回生，二回熟。對於毛澤東來說，廣州已不是陌生之地，因爲他在一九二三年六月，曾來過這座南國名城。他來到廣州永漢路太平沙望雲樓，那是中共中央執行委員會委員長陳獨秀的寓所，四十來位中共代表聚集那裏，召開了中國共產黨第三次全國代表大會。

會議的中心議題是國共合作。身材壯實、聲若洪鐘的共產國際代表、荷蘭人馬林，傳達了共產國際《關於國共合作的決議》，要求中共黨員以個人名義加入國民黨，實行國共合作。張國燾表示堅決反對，毛澤東則表示積極支持。結果，在投票選舉中央執行委員時，張國燾落選了，毛澤東以三十四票當選。會議選出的五位中央執行委員是陳獨秀、毛澤東、羅章龍、譚平山和蔡和森。陳獨秀仍任委員長。毛澤東任中共中央秘書，負責中央的日常工作。

根據中共「三大」的決議，毛澤東加入了中國國民黨，成了一位「跨黨份子」，亦即既是中共黨員，又是國民黨員。

毛澤東在廣州勾留到九月，隨中共中央機關遷往上海。不久，他離滬返湘，在長沙住了兩個月。此番，毛澤東是作爲國民黨代表，由湘入粵，出席國民黨「一大」……

孫中山電催蔣介石赴粵

就在毛澤東前往廣州之際，一封又一封電報從廣州發往浙江奉化的一個小鎮——溪口，催促正在故鄉爲母親王釆玉做六十冥壽的蔣介石，早早動身前來廣州。

溪口，山明水秀的所在。這裏地處四明山南麓，青山蓊鬱，剡溪迂迴其間。剡溪的南北兩支流匯合處，人稱溪口。幾百幢青磚黑瓦的平房，摩肩接踵擁立在剡溪北岸，匯成一條帶魚般的長街，米店、麵店、雜貨店、小飯鋪、剃頭鋪混雜其間，那便是溪口鎮。

這裏是「蔣」姓的大本營，鎮上一半以上的居民姓蔣。小鎮東頭。有一城門，曰：「武嶺門」。進了武嶺門，沿著窄窄的街面往前，有一座二層樓房，一堵白色圍牆，中間一道青磚拱門，如同一個「U」字反扣在那裏，那便是「素居」所在。

素居，亦即蔣介石祖宅，後來改名「豐鎬房」。這「豐」、「鎬」兩字，頗有來歷，取義於兩周文武兩王宋都之名——周文王建都豐邑，周武王建都鎬京。豐鎬房內有小院，有十來間房子，在小鎮上算是不錯的了。

蔣介石的祖父，名喚蔣玉表，在小鎮上中街簞場弄口，開了三間店面的「玉泰鹽鋪」，賣鹽爲主，兼營石灰、酒、大米。蔣玉表生二子，長子蔣肇海，次子蔣肇聰。因蔣玉表的二哥無出，蔣玉表以長子過繼，於是玉泰鹽鋪便由次子蔣肇聰經營。

蔣肇聰果真聰穎，爲人精明，有著「埠頭黃鱔」的渾號②。他有著商業頭腦，接手玉泰鹽鋪之後，生意做得紅紅火火。他走在小鎮上，臉上也有些光彩了。蔣肇聰娶妻徐氏，生一女一子。女兒

叫蔣瑞春。兒子名周康，小名瑞生，號介卿，字錫侯，人們通常稱之蔣介卿。

一八八二年（光緒八年），蔣肇聰四十一歲時，徐氏病故。不久，娶蔣王廟鎭孫氏爲繼室，又病故。這時，玉泰鹽鋪的帳房王賢東，向蔣肇聰舉薦其堂妹王采玉，一言定局。

那王采玉當時不過二十有二，年輕寡婦。她初嫁竺某，丈夫脾氣暴躁，常受打罵。未幾，丈夫病故。王氏欲帶髮修行，堂兄憐她命運坎坷，爲之作伐。

蔣肇聰第二次續弦，沒有大操大辦，一頂轎子將王采玉抬入玉泰鹽鋪，那是一八八六年，亦即光緒十二年，蔣肇聰已是四十有四。

翌年——光緒十三年九月十五日，亦即一八八七年十月三十一日，在玉泰鹽鋪東樓，王采玉產下一子，接生者爲蔣肇富之妻。這個男孩子，便是蔣介石——他出生時，祖父蔣玉表爲他取名蔣瑞元，譜名周泰。上中學時，取了學名蔣志清，字介石。後來他追隨孫中山，改名中正。

唐人所著《金陵春夢》稱蔣介石本是河南許州（今許昌市）人氏，本名鄭三發子，是其母嫁給奉化人蔣肇聰時的「拖油瓶」。此乃小說家言，不足爲憑。

王采玉嫁蔣肇聰後，除生長子介石外，又生長女瑞蓮、次女瑞菊、幼子瑞青。瑞菊、瑞青早亡。一八九五年，蔣肇聰病故，終年五十四歲。當時蔣介石八歲，已遷入蔣家祖宅豐鎬房，由寡母王采玉在艱難中撫養成人。爲此，蔣介石深記母恩，事母甚孝。

蔣介石幼時，跟小伙伴們玩打仗遊戲，便喜歡自封大將軍，登台指揮，頗有「草頭將軍」的派頭。蔣介石得以出人頭地，成爲真正的「大將軍」，在他的人生道路上，有著三次關鍵性的機遇，而且這三次機遇是連環機遇，即前一次爲後一次留下了伏線：

第一次是一九〇六年，十九歲的他正在奉化龍津中學學習，得以東渡日本，學習軍事。在日本，他結識了正在警監學校學習的陳其美，並由陳其美介紹，於一九〇八年，加入同盟會。他與陳其美、黃乳三人結爲異性兄弟。陳其美歸國後，出任滬軍都督、上海討袁軍總司令，蔣介石在他手下出任第五團團長。

第二次是在一九二二年。借助於陳其美的關係，蔣介石投奔孫中山——一九一四年，中華革命黨（**中國國民黨前身**）成立，孫中山任總理，陳其美爲總務部長。兩年後，陳其美在滬被刺身死，蔣介石投奔孫中山。一九一八年春，孫中山任命蔣介石爲總司令部作戰科主任。雖說蔣介石曾一度因沒有實權而向孫中山辭職，回到上海醉心於做證券交易，但一九二一年底，他還是應孫中山之召赴桂林，參與籌備北伐。

一九二二年六月十六日，陳炯明突然反叛，率部砲轟廣州孫中山總統府。孫中山急電蔣介石：「事緊急，盼速來。」蔣介石趕赴廣州，登上孫中山座艦永豐艦，協助孫中山反擊陳炯明。蔣介石侍立孫中山左右，與他共患難，同生死，並於八月十日護送孫中山離粵返滬。蔣介石又及時利用這一機遇，寫了《孫大總統廣州蒙難記》，請孫中山作序。於是，蔣介石聲譽鵲起，被孫中山任命爲大本營參謀長。

第三次便是此時此刻，孫中山給正在溪口的他發來了電報，命他速赴廣州，籌建黃埔軍校。這第三次機遇，正是永豐艦上那難忘的日日夜夜，使孫中山產生了對蔣介石的信任感。

蔣介石怎麼會離開風起雲湧的廣州，跑到風平浪靜的家鄉溪口小鎭呢？

那是孫中山雖委以大本營參謀長重任，蔣介石仍以爲沒有實權。他曾一度「久困目疾，不能閱

書，不能治事，憤欲自殺」。

孫中山在廣州實行「聯俄、聯共、扶助農工」三大政策，與蘇聯③的關係日臻密切。共產國際代表馬林建議孫中山派出「孫逸仙博士代表團」訪蘇。正在香港的蔣介石獲知這一信息，對於訪蘇倒是有著莫大的興趣。他於一九二三年七月十三日給大元帥府秘書長楊庶堪去函，表示：

「爲今之計，舍允我赴歐外，則弟以爲無一事是我中正所能辦者。」

「如不允我赴俄，則弟只有消極獨善，以求自全。」

既然蔣介石如此熱望訪蘇，孫中山也就滿足了他的願望。

於是，八月五日，蔣介石在上海晤會了那位來自荷蘭的壯漢——共產國際代表馬林。兩年前，當中國共產黨在上海貝勒路李書城私寓秘密召開全國第一次代表大會時，便是這位馬林代表共產國際出席，並發表長篇講話。經與馬林磋商，議定了「孫逸仙博士代表團」赴蘇事宜。

這個代表團共四人，蔣介石爲團長，團員有張太雷、沉定一、王登雲。張太雷乃著名的中共人士，早在一九二〇年十月便加入北京共產主義小組。他英語流利。沉定一即沉玄廬，亦是中共早期黨員，《新青年》雜誌的一員猛將。王登雲爲蔣介石的英文秘書。

蔣介石率團於八月十六日啓程，訪蘇三個多月。到達莫斯科時，本要晤會列寧，只因列寧正患病，住在郊外吾爾克村，蔣介石未能拜會他。不過，蔣介石拜見了蘇聯其他領袖人物：軍事人民委員托洛斯基，外交人民委員齊采林，蘇維埃主席團主席加里寧。他還會晤了正在莫斯科的越南革命領袖胡志明。

給蔣介石印象最深的是托洛斯基。蔣介石曾說及：

「我在莫斯科期間，與托洛斯基相談最多，而且我認爲托洛斯基的言行亦最爲爽直。……」④

蔣介石在蘇聯著重考察軍事，參觀了紅軍的許多軍事院校。

在蘇聯，蔣介石處處跟共產黨人們以「TOBAPUW」（同志）相稱呼。

十二月十五日上午九時，蔣介石乘船返抵上海，匆匆會晤國民黨在滬的要人胡漢民、廖仲愷、汪精衛、陳果夫、張人傑，卻於當天下午三時又上了另一艘駛往寧波的輪船。翌日晨，船抵寧波，蔣介石立即僱轎，急急回溪口老家。下午二時半，他一到溪口，又馬不停蹄上白岩山了……

蔣介石如此心急火燎，爲的是這一天——十二月十六日，乃是他母親王采玉六十冥壽。

王采玉是在一九二一年春病重的。蔣介石親自侍候母親，爲她煎藥、餵藥，以報答寡母撫養之恩。那時，孫中山要率師出征廣西，發急電要他趕赴廣州。蔣介石不得不於五月十日離家赴穗，五月二十日抵達廣州，只逗留五天，掛念母病，又返溪口。這時，王采玉已病危，於六月十四月清晨七時去世，終年五十七歲。

蔣介石葬母於白岩山魚鱗岙。他頗信風水。據云，那墓地是風水先生反覆踏勘擇定的：山形如同一尊彌勒佛，而墓地選在肚臍眼上！

蔣介石請孫中山書「蔣母之墓」四字，請胡漢民作墓誌，請汪精衛作銘，隆重安葬母親。

在蔣介石訪問蘇聯的那些日子裏，白岩山上正在砌造新屋。那是依據蔣介石的意思，在離蔣母墳墓不遠處，蓋了幾間平房，蔣介石題了「慈庵」兩字，當地人則稱之「墳莊」。

蔣介石從蘇聯歸來，風風火火趕回故鄉，當夜便住了新建的慈庵，爲母親舉行六十冥壽儀式。

此後，蔣介石回家鄉，常居於慈庵。

蔣介石知道孫中山急於獲悉他訪蘇情形，寫就《遊俄報告書》託人帶往廣州，自己仍在家鄉逗留。

十二月三十日。孫中山發來電報：「回粵報告攜代表團赴俄考察的一切，並許籌中俄合作辦法。」蔣介石見了電報，仍在慈庵居住，爲母焚香、植樹。

廖仲愷、汪精衛、胡漢民、張人傑又接二連三給蔣介石發來電報，催促他速速啓程。蔣介石依然篤悠悠帶著次子蔣緯國在魚鱗岙散步。

蔣介石如此怠慢孫中山，其中的原因在於中國國民黨第一次全國代表大會即將在廣州召開。按照規定，每省的代表名額六人，其中三人由總理孫中山指定，另三人由該省黨員選舉。浙江出席的代表六人，由孫中山指定的是沉定一、戴傳賢（戴季陶）和杭辛齋，黨員們另選三人爲戴任、胡公冕和宣中華，居然沒有蔣中正！倘若說是因爲蔣介石到蘇聯去了，被「疏忽」了，但作爲訪蘇團員的沉定一卻被孫中山指定爲代表！何況，沉定一還是中共黨員呢！

毛澤東是作爲湖南代表前往廣州的。毛澤東不是孫中山指定的，但是由湖南的國民黨員們推選的。

蔣介石本想在家鄉過了春節再去廣州——甲子年正月初一，爲一九二四年二月五日，但電報頻頻催來，礙於孫中山的面子，蔣介石不能不從溪口動身了……

此時都已顯露鋒芒、又都尚未位居顯要，中國政壇的兩顆未來的巨星——毛澤東和蔣介石，終於頭一回會合了。

國民黨「一全」大會冷落了蔣介石

一九二四年一月十六日，當蔣介石到達廣州——當時中國革命的中心，那裏一片熱鬧，繁忙的景象。星羅棋布在全城每個角落的茶樓，人們在悠悠然飲茶之際，正議論著國共合作，孫總理要召集國民黨「一全」大會——原本最關心生意經的廣州市民，眼下也關心起政治來了。

一隊隊士兵在街上荷槍而過，腰間圍著又寬又厚的子彈帶，看上去彷彿套著個救生圈一般。人力車夫們拉著那些操南腔北調的「一全」代表，奔走於剛剛鋪好瀝青的大街上。

「萬郊怒綠鬥寒潮，檢點新泥築舊巢。我是江南第一燕，爲銜春色上雲梢。」正在廣州的中共才子瞿秋白寫了這首詩，附在信中，寄給上海戀人王劍虹。

國民黨「一全」大會海內外代表，共計一百九十六人，其中一百六十五人到達廣州⑤。如此眾多的代表之中，居然沒有蔣介石！在「漢口特別區」的代表中，倒有一位名喚「彭介石」！

一批著名的國民黨人，名列代表名單之中：廖仲愷、戴季陶、于右任、譚延闓、程潛、吳秩城、柏文蔚、葉楚傖、孫科……女代表有何香凝、陳璧君等。

一批著名的共產黨人，也名列代表名單之中：陳獨秀（未出席）、李守常（李大釗）、譚平山、林祖涵（林伯渠）、沉定一、毛澤東、羅邁（李維漢，未出席）、王盡美……據李加福考證，國民黨「一全」代表之中，有中共黨員二十四名。⑥

論歷史，中國國民黨比中國共產黨要早得多，然而，國民黨的「一全」大會卻比中共「一大」差不多晚了三年！這是因爲中國國民黨走過了曲折的道路。

追溯中國國民黨的起源，不能不回溯它的締造者孫中山的歷史足跡：

一八九四年十一月二十四日，二十八歲的孫中山在美國檀香山，借卑涉銀行經理何寬的寓所，召集二十多位僑胞開會，成立了反清組織興中會，通過了孫中山草擬的《興中會章程》。該會的秘密誓詞爲「驅除韃虜，恢復中華，創立合衆政府」，這句話精闢地道出了該會的宗旨。

自興中會誕生，各地響應，紛紛成立反清團體。一九〇五年八月二十日，在日本東京赤坂區本珍彌宅，孫中山主持召開了中國同盟會成立大會。中國同盟會是以興中會和華興會爲基礎，聯絡光復會部分成員建立的。大會推舉孫中山爲總理。今日人們習慣於稱政府首腦爲總理，而彼時孫中山以政黨首腦而出任總理。中國同盟會以「驅除韃虜，恢復中華，建立民國，平均地權」爲綱領，這一綱領後來概括爲「民族」、「民權」、「民生」三民主義。

中國同盟會領導了一九一一年十月十日武昌起義，推翻了清王朝，結束了中國漫長的封建專制統治。這一年是中國舊曆辛亥年，史稱「辛亥革命」。一九一二年元旦，四十六歲的孫中山就任臨時大總統，成立中華民國臨時政府。一九一二年，也就成了中華民國元年。

一九一二年八月二十五日，中國同盟會聯合統一共和黨、國民共進會、國民公黨、共和實進會，在北京成立了國民黨，孫中山出任理事長。一九九二年六月二十三日中國新聞社北京電訊，報導了北京市有關部門在搶修虎坊路兩側的湖廣會館時，發現並確定了此處乃是國民黨的誕生之地。國民黨在國會中，與袁世凱爲首的中國共和黨相對抗，成爲當時中國兩大政黨。

翌年十一月四日，國民黨被袁世凱勒令解散。一九一四年七月八日，流亡日本的孫中山在東京築地精養軒成立中華革命黨，出任該黨總理。中華革命黨實際上就是原先的國民黨。

中華革命黨處於秘密活動狀態，外界仍稱之爲國民黨。於是，在一九一九年十月十日，孫中山又改組中華革命黨，稱中國國民黨——在國民黨之前加了「中國」兩字，以示區別於一九一二年成立的國民黨。該黨以孫中山爲總理，以「鞏固共和，實行三民主義」爲宗旨。

如此這般，中國國民黨倘若追溯其源，可從一八九四年的興中會算起，比起中國共產黨的歷史要悠久得多。不過，倘若僅就中國國民黨正式成立而言，則只比中國共產黨早兩年而已——正因爲這樣，中國國民黨的「一全」大會反而比中共「一大」遲了近三年。

中國共產黨簡稱「中共」，不論外界或中國共產黨自己，都用這一簡稱。至於「共黨」，則是後來蔣介石對中國共產黨的「專有」簡稱——中共自己從不稱「共黨」，雖說「共黨」一詞似乎並不含貶義。

中國國民黨倘若依照「中共」那樣簡稱，那就成了「中國」了，與國家之稱中國混爲一談。照理，應簡稱爲「中民」，但是因爲在中國國民黨之前，已有了國民黨，也就習慣地簡稱爲國民黨——雖說這一簡稱不甚準確，因爲別的國家也有國民黨。

蔣介石據其自述：「光緒三十三年加入同盟會。」⑦亦即一九〇七年，經陳其美介紹，在日本加入同盟會。正因爲這樣，蔣介石說：「我是二十一歲入黨。」那一年，蔣介石正好虛歲二十一。在蔣介石看來，加入同盟會，亦即加入國民黨。

一九一三年十月二十九日，由陳其美的盟兄弟張人傑監誓，蔣介石在上海秘密加入了中華革命黨。那時，孫中山正在籌建中華革命黨，至翌年七月八日才正式成立。蔣介石成了最早加入中華革命黨的幾個人中的一個。蔣介石在加入中華革命黨之後一個多月，由上海來到日本東京，由盟兄陳其美介紹，第一次見到孫中山。如其自述：「直到二十七歲，總理才對我單獨召見。」此處他所說的依然是虛歲，而總理則是指孫中山——國民黨人習慣於稱孫中山爲總理，誠如共產黨人習慣於稱周恩來爲總理，只是一個爲黨的總理，另一個爲政府總理。

在國民黨內論資歷，蔣介石當然比不上陳其美、胡漢民、廖仲愷那一批元老，不過也不算淺。照理，當選國民黨「一全」代表，蔣介石是夠資格的——他已是入黨十七年的老黨員了。然而，居然長長的代表名單裏，沒有「蔣中正」三字。如果他「避居」在老家溪口，目不見也罷，此時此刻他卻應召前來廣州，眼前晃來晃去的身影皆是「一全」代表，蔣介石的心中未免不是個滋味。就黨內地位而言，蔣介石顯得太差了！

最使蔣介石不悅的是，由孫中山指定的浙江代表杭辛齋，名列浙江六名代表之首，因病缺席⑧，寧可空其席位，也未讓蔣介石替補！

毛澤東春風得意進入國民黨高層

廣州，廣東高等師範學校洋溢著節日的氣氛。校園裏那座跟高高的塔樓連在一起的大禮堂，被選作中國國民黨第一次全國代表大會會場。這所學校後來與廣東農業專門學校、廣東政法專門學校合併，以孫中山的名字命名，自一九二六年起稱中山大學。

就在蔣介石到達廣州後的第四天——一九二四年一月二十日，國民黨「一全」大會在這裏隆重

開幕。

孫中山選擇一月二十日這天開幕。因爲「二十」即「雙十」——武昌起義在一九一一年十月十日，亦是「雙十」。正因爲這樣，那天上午九時，當孫中山穿著有七顆鈕扣、四個口袋的「中山裝」登上主席台，發表演說，便如此說道：

「革命黨推翻滿清，第一次成功是在武昌。那天的日期是雙十日，今天是民國十三年的一月雙十日，所以這個會期同武昌起義的日期，都是民國很大的紀念……。」⑨

孫中山發表演說之際，他的身後懸著中國國民黨黨旗——青天白日旗。大會剛開幕，他領著代表們向黨旗三鞠躬。這黨旗是在一八九四年孫中山創立興中會時，由會員陸皓東設計的。那藍色象徵青天，正中爲白日，向四周射出叉光。最初，叉光的數目多寡不一，由孫中山定爲十二叉光，既象徵十二干支，又表示十二時辰。黃興以爲青白兩色之旗不美，後來孫中山建議加上紅色，變成「青天白日滿地紅」，紅、藍、白三色，象徵自由、平等、博愛。在孫中山出任中華民國臨時大總統時，決定用「青天白日滿地紅」之旗作爲中華民國國旗。「青天白日旗」後來則定爲中國國民黨黨旗。

開幕式那天，一百六十五位代表和六位國民黨臨時中央執行委員會委員出席大會。代表們對號入座，第三十九號席上，坐著湖南代表毛澤東，他顯得興高采烈。

蔣介石也坐在會場裏。他不是代表，只是列席會議。他顯得沮喪。

這是毛澤東和蔣介石人生軌道頭一回交叉，同聚於一個屋頂之下。雖說在此之前，他們都已知道對方，卻未曾謀面。不過，這一回，毛澤東和蔣介石只是彼此見到對方而已，並無交往。國共兩黨的大旗，由孫中山、李大釗高擎著。

孫中山在開幕式上，剛剛發表了長篇演講，就按議事日程，討論組織主席團。

一百四十號廖仲愷站了起來：「提議主席團人數五人，由總理指派。」

這一建議得到眾多代表附議，孫中山便宣佈：「現由本席指定胡君漢民、汪君精衛、林君森、謝君持、李君守常爲主席團主席。」

大會以絕大多數票通過。於是，中共領袖「李君守常」——李大釗，坐上了大會主席台。

翌日上午的大會，提到了「毛君澤東」的大名。那天會議是由國民黨元老林森主持的。林森以濃重的福建口音宣佈國民黨章程審查委員會十九位委員名單，其中提及「毛君澤東」。大會通過之後，毛澤東便成了章程審查委員會委員。

「毛君澤東」是一位活躍的人物。早在大會開幕的那天下午，「三十九號毛澤東」便就大會第七項議程「組織國民政府」作了發言。當時的會議記錄上，記錄了他的話：

「此案爲『組織國民政府之必要』，並未說明怎樣組織政府暨何時組織政府，請主席以此標題付表決。」此後，這位「三十九號毛澤東」又多次在大會上發言，顯示了他的外向型性格。

蔣介石則只是坐在一側，靜靜地聽著。他似乎並未意識到，這個一口湖南話的青年，後來竟成了他一生的政治對手。

大會的高潮是在一月三十日上午，選舉國民黨中央執行委員和候補中央執行委員，毛澤東名列於候補中央執行委員之中，而蔣介石三字不見蹤影。

中央執行委員共二十四人，如下：

胡漢民、汪精衛、張靜江、廖仲愷、李烈鈞、居正、戴季陶、林森、柏文蔚、丁惟汾、石瑛、鄒魯、譚延闓、覃振、譚平山、石青陽、熊克武、李守常、恩克巴圖、王法勤、于右任、楊希閔、葉楚傖、于樹德。

候補中央執行委員十七人，如下：

邵元沖、鄧家彥、沉定一、林祖涵、茅祖權、李宗黃、白雲梯、張知本、彭素民、毛澤東、傅汝霖、于方舟、張葦村、瞿秋白、張秋白、韓麟符、張國燾。

在中央執行委員中，有三名中共黨員：

譚平山、李守常、于樹德。

在候補中央執行委員中，中共黨員達七名：

沉定一、林祖涵、毛澤東、于方舟、瞿秋白、韓麟符、張國燾。

其中林祖涵（林伯渠）當時係中共秘密黨員，尚未公開身分（他在一九一四年加入中華革命黨，一九二一年經陳獨秀、李大釗介紹加入中共）。

十名中共黨員成了國民黨中央執委及候補中央執委，既表明了國民黨「一全」大會確是國共合作的大會，亦表明了中共的政治活力。

國民黨比之中共。歷史久而人數多，在召開「一全」大會時，國民黨員已達八千二百十八人。但是，國民黨大而鬆懈，連孫中山也不得不說：「本黨雖有主義，亦曾爲革命而奮鬥，但民國以來，內有軍閥，外有列強，交相侵凌，歲無寧日，其故實由於本黨組織之缺乏，訓練之不周……黨的內部，漸形渙散。」

中共成立不過兩年多，黨員不過五百，卻顯得小而精悍，組織紀律遠勝於國民黨。即便是出席國民黨「一全」大會，亦規定「出席此大會的同志們在每次會議之前，須秘密集會」，以便「主張一致」。⑩

蔣介石在國民黨內的地位，遠遠不如「跨黨份子」毛澤東。那時的毛澤東，既是中共中央執行委員，又是國民黨候補中央執行委員，夠「紅火」的。

一九六三年，蔣介石回首那段在黨內沒有地位的不愉快的日子時，曾這麼說及：

「我是二十一歲入黨的。直到二十七歲，總理才對我單獨召見。雖然以後總理即不斷的對我加以訓誨，亦叫我擔任若干重要的工作，但我並不曾向總理要求過任何職位，而總理亦不曾特別派我任何公開而高超的職位；一直到我四十歲的時候，我才被推選爲中央委員。」

一九二四年一月三十日下午三時五十分，廣東高等師範學校禮堂裏傳出宏亮的三呼「中國國民黨萬歲」口號聲，宣告了這次歷史性的大會結束。

翌日，毛澤東出席了中國國民黨一屆一中全會（即第一屆中央執行委員會第一次全體會議）。會議決定成立各地執行部，毛澤東被派往上海執行部工作。

蔣介石呢，他也被安排新的任命。孫中山急急催他來粵，不是要他出席國民黨「一全」大會，而是另有任職：一九二四年一月二十四日，孫中山宣佈成立陸軍軍官學校籌備委員會，以蔣介石爲委員長，委員七人，即王柏齡、鄧演達、沉應時、林派雄、俞飛鵬、張家瑞、宋榮昌。二十八日，孫中山指示，以位於廣州東郊、珠江黃埔長洲島上的廣東陸軍學校和廣東海軍學校原址，作爲新辦的陸軍軍官學校校址——由於位於黃埔，從此亦稱黃埔軍校。

原來，孫中山從多年的失敗之中，痛感國民黨必須有一支自己的有力的軍隊，決定興辦陸軍軍官學校。在孫中山眼中，蔣介石原本在日本學軍事，是一位將才，因此只在軍事上倚重蔣介石，並未把他作爲一位政治活動家——正因爲這樣，在遴選「一全」大會代表時。「忽略」了蔣介石。孫中山希望蔣介石專心辦軍校。

蔣介石不屑於區區陸軍軍官學校籌備委員長一職（**此時他尚未意識到這一職務對於掌握軍權的重要**），摜紗帽了。二月二十一日，蔣介石向孫中山及國民黨中央執行委員會遞交了辭呈。未等批准，他就打道回鄉，到老家溪口去了。

也就在這時候，毛澤東也離開了廣州去上海。毛澤東住在上海閘北香山路三曾里的中共中央機關裏，一面做中共中央局的秘書工作，一面又做國民黨上海執行部的工作。

毛澤東和蔣介石這兩顆中國政壇新星在廣州短暫地同處了個多月，一個掛著笑臉，一個哭喪著臉，離開了那裏……

轉眼間毛澤東跌入逆境

毛澤東和蔣介石一別一年半。

當毛澤東和蔣介石重逢之際，蔣介石今非昔比，已是手握重兵的國民黨新貴了。

毛澤東呢？他顯得疲憊、蒼白，用他自己的話來說：「趙恒惕派軍隊追捕我，於是我逃到廣州。」⑪

趙恒惕，當時的湖南省省長兼湘軍總司令，湖南的霸王。

毛澤東跟蔣介石的境遇，恰恰倒了一個個兒。風雲變幻無常，人世沉浮無定。原本在「國」「共」兩邊都頗爲得意的毛澤東，在這一年半中，落得了那般的不得意。

在上海，毛澤東常常進出於法租界環龍路（今南昌路）四十四號，那裏是中國國民黨上海執行部的所在。他出任秘書處文書科主任兼組織部秘書。作爲秘書，每逢召集執行委員會議，總是由毛澤東擔任記錄。

在中共方面，毛澤東也是秘書。

這秘書不好當。不論在國民黨裏，還是在共產黨內，毛澤東這秘書都遭到了麻煩。

在國民黨裏，毛澤東的資歷甚淺。在那些元老們眼裏，毛澤東不過是「毛頭小子」而已！在上海執行部，毛澤東遭到了國民黨中央執行委員會葉楚傖的排擠。

葉楚傖常被人們誤以爲姓葉，其實他姓單名葉，字行，別字小鳳。江蘇吳縣人氏，早年就讀於上海徐家江南洋公學。雖說葉楚傖只比毛澤東年長五歲（與蔣介石同庚），但他早在一九〇八年便加入同盟會。一九一二年在滬創辦《太平洋日報》。一九一六年，出任廣有影響的《民國日報》總編輯（與邵力子合力）。國民黨「一全」大會之後，他作爲中央執委，擔任了國民黨上海執行部常務委員。

他處處爲難秘書毛澤東，不僅僅因爲這位「毛頭小夥子」資歷淺，更重要的因爲毛澤東乃中共黨員、「跨黨份子」。葉楚傖對孫中山的聯俄聯共政策持反對態度。⑫自然，毛澤東在葉楚傖手

下，那小媳婦般的日子可想而知。

一九二四年十一月十七日，孫中山北上，路過上海時，毛澤東向他呈交了一封聯名信（與在國民黨上海執行部一起工作的惲代英、羅章龍等共同署名）：

「上海執行部自八月起經費即未能照發，近來內部更無負責之人，一切事務幾乎停滯，職員等薪金積壓四月之久，拮据困苦不言可知。務乞總理迅派負責專員進行部務，並設法籌款，清理欠薪，實爲公便。」

寫此信時，毛澤東正挈婦將雛，在上海過著艱難的日子——妻子楊開慧在這年六月，攜岸英、岸青兩子來滬，與他同住。

在共產黨方面，毛澤東作爲中央秘書，起初還不錯。許多署名「鍾英」（「中央」的諧音，當時中共中央的代號）的文件，由毛澤東起草，或者由陳獨秀、毛澤東共同簽署。

不過，漸漸地，總書記陳獨秀和中央秘書毛澤東之間產生分歧，毛澤東在共產黨內的日子也變得不好過。因爲他畢竟是秘書，而陳獨秀的「家長」作風又頗盛，容不得不同的意見。

屋漏偏遇連綿雨。心境不佳的毛澤東，得了失眠症——夜裏睡不著，白天工作沒精神，人顯得異常疲困乏力。據云，毛澤東後來變得晝夜顛倒，晝眠夜作，其源始於此病。

蔣介石對於故鄉熱土，有著深深的眷戀之情。特別是在他失意之際，總是退隱於故鄉，在那裏使受傷的心靈得到慰藉。毛澤東也一樣，有著濃濃的鄉思、鄉情。在他失意之時，他攜妻帶子，以「養病」爲理由，回故鄉去了。他的中共中央秘書一職，由羅章龍代理。

毛澤東是在一九二四年十二月底離滬的。就在他離開後十多天——一九二五年一月十一日，中共「四大」在上海召開。毛澤東避開了大會，也正是他心境鬱然的寫照。

中共「四大」在上海開了十幾天，由陳獨秀主持，出席者二十人。會議選出了新的中央執行委員九人，候補中央執行委員五人，毛澤東名落孫山之外，連候補中央執行委員也未當上——須知，在中共「三大」，毛澤東不僅是中央執行委員，而且排名僅次於陳獨秀！毛澤東避開了中共「四大」，正是他已預感到他的意見與「家長」陳獨秀相左，必定會在「四大」落選。

中共「四大」，選舉陳獨秀爲中共中央總書記，還兼任中央組織部主任，這位「家長」手中的權更大了……

蔣介石出任黃埔軍校校長

蔣介石呢？他倦懨懨地從廣州回到老家溪口不多日，一九二四年二月二十九日便接到孫中山發來的電報：

「滬執行部轉介石兄：軍官學校，以兄擔任，故遂開辦。現在籌備既著手進行，經費亦有著落。軍官及學生遠方來者逾數百人，多爲慕兄主持校務，不應使熱誠傾向者失望而去。且兄在職，辭呈未准，何得拂然而行。希即返。勿延誤！」

孫中山的電報，使蔣介石在失落之中得到鼓舞，其中「多爲慕兄主持校務」一句表明，他在孫中山心目中頗爲看重。於是，他在三月二日覆孫中山，陳明自己「拂然而行」的緣由：

「受人妒忌排擠，積成嫌隙，由來者漸，非一朝一夕之故也……」

蔣介石的話表明，他在國民黨內也非「春風得意」，而是「受人妒忌排擠」，所以連國民黨「一全」代表都未曾選上。再說，在他當時看來，主持黃埔軍校校務，並非要職，更何況傳說，以「程潛爲校長，蔣介石、李濟深爲副校長」。⑬

蔣介石要屈居程潛之下，作爲一名副校長，這更使他「拂然而行」。

繼孫中山的電報之後，廖仲愷又發了三通電報給蔣介石，催他南下。

蔣介石又磨磨蹭蹭了一陣，在四月十四日才打點行裝啓程，二十一日到達廣州拜見孫中山。四月二十六日，蔣介石終於到任，在黃埔軍校作訓詞《犧牲爲革命黨唯一要旨》。翌日，又作訓詞《怎樣才是真正的革命黨員》。

五月二日，孫中山任命蔣介石爲黃埔軍校校長，兼粵軍總司令部參謀長。這一天對於蔣介石來說是歷史性的日子，是他手握軍權的開始——雖說當時的他並未完全意識到這一任命是他一生政治生涯的里程碑。從此，人稱「蔣校長」，這是他第一個帶官銜的稱謂。即使他後來成爲總裁、總統，他的老部下依然喜歡稱他「蔣校長」——表明當年曾是他的學生，顯得更爲親暱！

身爲一校之長，時時處處爲學生表率。蔣介石每日清早一聽到起床號就翻身下床，軍服畢挺，風紀扣嚴嚴實實，三天兩頭向學生發表訓話，入夜則悄然巡視於各宿舍、教室……蔣介石養成了軍人生活習慣。

孫中山自任黃埔軍校總理，任命廖仲愷爲黨代表。黨代表一職是中國軍隊中從未有過的，是仿照蘇聯紅軍建制設立的。

六月十六日，黃浦長洲島上飄揚著青天白日滿地紅之旗，高懸著紅色橫幅，只是橫幅上的字自右至左橫寫（如今中國大陸習慣於自左至右橫寫）：「中國國民黨陸軍軍官學校開學典禮」。

操場上，響起嘹亮的快節奏的國民革命軍軍歌：

打倒列強，打倒列強，除軍閥，除軍閥，國民革命成功，國民革命成功，齊歡唱，齊歡唱。

孫中山在如雷般的掌聲中，發表演說。他的一席話，說出了創辦黃埔學校的宗旨：

「我們今天要開這個學校，是有什麼希望呢？就是要從今天起，把革命的事業重新來創造，要用這個學校內的學生做根本，成立革命軍。」

孫中山痛切地說：「中國革命所以遲遲不能成功的原因，就是沒有自己的革命武裝……現在為了完成我們的革命使命，所以我才下定決心改組國民黨，建自己的革命軍隊。」

頭戴黑沿大蓋帽，身穿四個衣袋軍服的蔣介石，聽著總理這番話，對於校長一職的重要性，有了深層次的認識。

毛澤東挈婦將回故里

當蔣介石在廣州紅紅火火的時候，毛澤東卻和妻兒先是回到湖南長沙東北隅的板倉沖——毛澤東的岳父、岳母家，過了春節。然後，在一九二五年二月六日（正月十四），頭一回攜妻返回自己的故鄉……

毛澤東出生在湖南湘潭韶山沖。韶，美好之意。韶山，亦即美麗之山。

據《毛氏族譜》記載，毛澤東原籍江西吉州府龍城縣（今江西吉水縣）。在元朝末年，毛澤東的祖輩毛太華參加朱元璋的農民起義軍。朱元璋當了明朝皇帝，獎賞三軍，毛太華在湖南湘鄉縣分得田產，於是毛氏落部湖南。後來，又從湘鄉遷往湘潭韶山。如此這般，毛氏在韶山繁衍，毛太華之後第十八代人毛恩著，字翼臣，便是毛澤東的祖父。

毛恩著生一子，取名毛貽昌，字順生，號良弼，此人便是毛澤東之父——毛氏家族按「祖恩貽澤遠」排輩，毛澤東屬「澤」字輩。

毛氏祖宅座落在韶山沖上屋場，是一幢當地人稱爲「一擔柴」的平房，毛澤東就出生在那裏。蔣介石出生於鹽商之家，後來成爲軍人，他的氣質是軍人加商人；毛澤東祖輩向來務農，而他熟讀文史，具有詩人加農民的氣質。

這一回毛澤東回故里，身邊站著穿大襟藍布衣、短髮、大眼睛的妻子楊開慧，鄉親們投來熱情的目光。

韶山的毛氏公祠變得熱鬧起來。毛澤東在那裏辦起了農民夜校，楊開慧也成了那裏的教員。公祠裏傳出琅琅書聲：

「長江長，黃河黃。發源崑崙山，流入太平洋。」

這裏教的不是《三字經》、《百家姓》，教的是「新學」。毛澤東教到最後一個「洋」字，借題發揮起來，引出了「洋油」、「洋火」、「洋人」，又從「洋人」引出了「列強」，引出了「打倒列強」……

楊開慧呢，她教學員們唱新歌：

「金花籽，開紅花，
一開開到窮人家。
窮人家，要翻身，
世道才像話。
今天望，明天望，
只望老天出太陽。
太陽一出照四方，
大家喜洋洋。」

在家鄉，毛澤東的神經衰弱症，仍日甚一日。他的友人賀爾康在一九二五年七月十二日的日記中，曾這樣記述毛澤東當時的疲困之狀：

「潤之（引者註：即毛澤東）忽要動身回家去歇。他說，因他的神經衰弱，今日又說話太多了，到此定會睡不著。月亮也出了丈多高，三人就動身走，走了兩三里路時，在半途中就越走越走不動，疲倦的很了，後就到湯家灣歇了。」

毛澤東在韶山市家祠堂成立了「雪恥會」，驚動了韶山土豪成胥生。一九二五年八月二十八日，韶山熱得像蒸籠一般，毛澤東忽得來自湘潭縣城的密報：

「潤之兄：

軍閥趙恒惕，得土豪成胥生的密報，今日已電令縣團防總局，決定即日派兵前來捉你。望接信後，火速轉移。」

趙恒惕，名聞遐邇的「南霸天」。當孫中山當選非常大總統時，趙恒惕曾以「全體湘軍將領」名義通電反對。他當然視毛澤東爲仇敵。

不得已，毛澤東匆匆告別妻兒，告別故鄉韶山沖。到哪裏去呢？向南，到革命的中心——廣州去！毛澤東走了不久，二十多個拖著長槍的「團防總局」士兵便包圍了那座「一擔柴」毛宅，一無所獲。

楊開慧帶著孩子在韶山沖親友家躲了兩個多月，未見毛澤東返回故里，只得去自己老家長沙板倉沖了……

蔣掌槍桿子、毛掌筆桿子共事於廣州

毛澤東已是三下廣州了：頭一回是去開中共「三大」，第二回是出席國民黨「一全」大會，這一回則是急急匆匆逃亡廣州。他到達廣州時，已是一九二五年十月初。

廣州街頭的孫中山像，披上了黑紗。畫像兩側，則掛著對聯：「革命尚未成功。同志仍須努力。」

像一口洪鐘墜地，一九二五年三月十二日九時二十五分，身患肝癌的孫中山病逝於北京，發出震驚華夏的巨響。臨終前夕，自知不起，孫中山在病榻上口授遺囑，由汪精衛筆錄，孫中山簽名——這便是著名的《總理遺囑》。

孫中山逝世之後，汪精衛儼然成了孫中山的繼承人，一九二五年七月，汪精衛出任國民政府主席兼軍委主席。此外，胡漢民任外交部長，廖仲愷任財政部長，許崇智任軍事部長。這樣，汪精衛、胡漢民、廖仲愷、許崇智成爲國民黨的「四巨頭」。此時，蔣介石尚未顯山露水，只是擔任軍事委員會委員兼黃埔軍校校長。以及廣州市衛戍司令。

一個月後，一聲槍響。打破了剛剛形成的國民黨「四巨頭」格局。

那是一九二五年八月二十日上午九時五十分，一輛小轎車駛抵廣州國民黨中央黨部，一位中等身材、微微駝背的瘦削男子，年近花甲，在一位年歲相仿的婦女陪同下剛剛下車，槍聲驟響，那男子飲彈而倒，鮮血噴湧。急送醫院，才一個多小時，他永遠閉上了眼睛。

此人便是「四巨頭」之一的廖仲愷。那婦女是他的夫人何香凝。

廖仲愷乃孫中山的倚柱，國民黨內左派領袖。用當時中共廣州臨時委員會委員羅亦農的話來說：「廖仲愷是中國國民革命運動中的健將，中山先生死後，中國國民黨中，真能繼續中山先生的遺志，實際上領導革命群眾實行革命的首領」。⑭

刺客的子彈，使「四巨頭」變成了「三巨頭」。

一名受傷的刺客，當場被捕，據傳與胡漢民有瓜葛。

當日，國民黨中央執行委員會、國民政府委員會及軍事委員會舉行黨、政、軍緊急聯席會議，

決定成立「處理廖案特別委員會」，以汪精衛、許崇智、蔣介石三人爲委員，付以政治、軍事、警察全權。胡漢民受廖案牽連，被排斥在外。於是，形成了汪、許、蔣「三巨頭」局面，蔣介石頭一回進入國民黨領導核心之中。

經審查，刺廖乃由朱卓人、胡毅生、魏邦平、林直勉等主謀，其中有的是胡漢民舊部下，也有的是僚屬許崇智。

於是，八月二十五日，蔣介石下令，拘捕胡漢民。

於是，九月十九日深夜，蔣介石派兵包圍許崇智司令部，迫使許崇智去滬「養病」。許崇智身爲軍事部長兼粵軍總司令、廣東省政府主席，原本手下兵強馬壯，稱雄廣東。

「鷸蚌相爭，漁翁得利。」那一聲槍響，死了廖仲愷，抓了胡漢民，走了許崇智，一下子使原先的「四巨頭」少了三個。「漁翁」蔣介石崛起，取而代之，把許崇智的部隊歸於自己手下，成爲國民黨內手握重兵的最有實力的人物——蔣介石在這次政治大格鬥中，頭一回顯示了他具備商人的精明和軍人的鐵腕。

正是在此時此際，毛澤東來到廣州。兩手空空，沒有一兵一卒，毛澤東手中只有一枝筆。跟蔣介石相比，毛澤東一介書生，無權無勢。

雖說毛澤東失去了他在中共中央的職務，不過，他畢竟還是國民黨的候補中央執行委員。於是，他來到那剛剛響過槍聲的地方——國民黨中央黨部，在那裏住了下來。

毛澤東擅長寫作，自然最宜於做宣傳工作。倒也湊巧，國民黨中央宣傳部部長一職正空缺，便安排毛澤東出任國民黨中央宣傳部代理部長，可算是最恰當不過的了。

國民黨一屆一中全會，原本推定廖仲愷、戴季陶、譚平山三人爲中央執行委員會常務委員，戴季陶兼任中央宣傳部部長。

戴季陶此人，亦乃一筆桿子，曾任孫中山的機要秘書。孫中山病重期間，戴季陶侍立於病榻左右。據其自云，孫中山在病中反思一生道路，對戴季陶不時談及自己的所聞所見。於是，戴季陶也就得到孫中山學說的「真傳」，遞易名「戴傳賢」。孫中山故後，戴季陶杜門兩月。奮筆疾書，寫出《孫文主義之哲學的基礎》和《國民革命與中國國民黨》兩著，儼然成了孫中山學說的「正宗」繼承者、捍衛者、發展者。然而，兩書一出，輿論嘩然。有人諷之爲：「孔子傳之於孫中山，孫中山再傳之於戴季陶。」寥寥一語，弄得戴季陶哭笑不得！

戴季陶一度是左翼人士，曾參與中共的創立。中國共產黨綱領，最初便出自他的筆下。不過，他沒有加入中共，因爲他聲稱，孫中山先生在世一日，他便不能加入別黨。此後，他由左翼倒向右翼。在國民黨「一全」大會上，他曾反對過聯俄聯共。

一九二五年十一月二十三日。座落在北京遠郊的西山碧雲寺，忽地出現一群衣冠楚楚的客人。明朝馬汝驥曾詩云：「西山台殿數百十，侈麗無過碧雲寺。」碧雲寺乃西山明珠，平日遊人常來，自一九二五年三月之後，遊人倍增——因爲孫中山在北京去世後，靈柩暫停於此**（一九二九年後移葬南京中山陵）**。於是，這群衣冠楚楚的人物，也選擇此處開會，表示對孫中山的「忠誠」。

來人之中，有國民黨中央執委及候補執委林森、居正、鄒魯、覃振、葉楚傖、石青陽、石瑛、邵元沖、第祖權、傅汝霖，還有已經退出中共的沉定一。還有中央監察委員謝持、張繼。這是國民黨右翼人士的大集會。他們自稱這是「國民黨一屆一中全會」。他們與在廣州的國民黨中央黨部相

抗衡，另行成立了一個國民黨中央黨部。由於會議在西山召開，史稱「西山會議」；這批頭頭腦腦，也就成了「西山會議派」。

戴季陶理所當然支持西山會議，欣然北上，欲與鄒魯、林森等共赴西山。事出意外，一位國民黨右翼元老馮自由（原名馮懋龍）卻聽了誤傳，說戴季陶乃中共黨員，於是派人對他拳打腳踢，弄得戴季陶好難堪！這位孫中山「嫡傳」弟子頗爲掃興，狼狽離京赴滬——不過，他列名於西山會議的通電之中，依然是西山會議派的一份子。

戴季陶正陷於風波之中，何況他已站到廣州國民黨中央黨部的對立面了，當然他那國民黨中央宣傳部長一職成了虛設，毛澤東也就代理了中宣部長之職。

一時間，蔣介石掌握槍桿子，毛澤東則掌握筆桿子，共事於廣州。

毛、蔣在國民黨「二全」大會一起登台

「誰是我們的敵人？誰是我們的朋友？這個問題是革命的首要問題。中國過去一切革命鬥爭成效甚少，其基本原因就是因爲不能團結真正的朋友，以攻擊真正的敵人……」這篇《中國社會各階級的分析》，如今是《毛澤東選集》開卷首篇。雖說《毛澤東選集》上註明此文的寫作（發表）時間是「一九二六年三月」，實際上此文首次發表於一九二五年十二月一日，由中國國民革命軍第二司令部主辦的《革命》半月刊第四期上。

毛澤東是一位著作高手：他出任國民黨中央宣傳部代部長，手中的筆桿子變得異常忙碌。雖說此前他曾發表過一百來篇文章。但是他以《中國社會各階級的分析》作爲《毛澤東選集》首篇。表明他自以爲這是他的思想日漸成熟的開端。

不過，載入今日《毛澤東選集》的《中國社會各階級的分析》一文，曾作了修改。當時的原文是：

「誰是我們的敵人？誰是我們的朋友？分不清敵人和朋友，必不是個革命份子。要分清敵人與朋友，卻並不容易。中國革命亘三十年而成效甚少，並不是目的的錯，完全是策略錯。所謂策略錯，就是不能團結真正的朋友，以攻擊真正的敵人。……」

毛澤東爲一九二五年十月中下旬召開的中國國民黨廣東省第一次代表大會，起草了宣言。十一月下旬，又爲中國國民黨中央起草了《中國國民黨之反奉戰爭宣傳大綱》。

十二月初，毛澤東主編國民黨中央的《政治週報》。發刊詞出自他筆下，《共產章程實非共產》等雜文亦出自他的手筆。

在毛澤東到達廣州不久，他的妻子楊開慧攜岸英、岸青兩子也來廣州，同住於東山廟前西街三十八號。

就在毛澤東忙於起草宣言、主編刊物之時，蔣介石正忙於東征——征討廣東軍閥陳炯明。蔣介石被任命爲東征軍總指揮，而總政治部主任則是二十七歲的中共黨員周恩來。

那裏，周恩來剛剛回國——離別祖國四年，一九二四年九月初自法國來到廣州。他先是出任中共廣東區委宣傳部長。旋即脫下西裝，穿上軍裝，被派往黃埔軍校擔任政治部主任。從此，周恩來跟校長蔣介石共事。蔣介石頗爲欣賞周恩來的才幹。只是暗地裏嘆息：「可惜，這個濃眉大眼的周恩來是共產黨！」

蔣介石率三萬之眾東征。依然國共合作，請周恩來出任東征軍總政治部主任。

一九二五年十月一日，東征軍出師。十月十四日，首戰大捷，一舉攻克陳炯明老巢惠州城。緊接著，蔣介石揮師乘勝追擊，到十一月底，蕩平了陳炯明部隊。班師歸羊城，蔣介石名聲大震！

在蔣介石順風順水的時候，中國國民黨「二全」大會緊鑼密鼓，準備召開：一是根據黨章規定，一年一度召開全國代表大會；二是西山會議派們那麼一鬧，另立中央，廣州不能不開「二全」大會，對他們進行「彈劾」。

毛澤東積極參與國民黨「二全」大會的籌備工作，成爲「代表資格審查委員會」的五委員之一。毛澤東還執筆起草了《中國國民黨對全國及海外全體黨員解釋革命策略之通告》。

廣州國民黨中央黨部門口，高高紮起了綠色松柏門樓，門樓兩側寫著對聯：「革命尚未成功，同志仍須努力。」中央黨部大禮堂內，高懸孫中山遺像，旁置「奮鬥」兩個大字。一九二六年一月四日上午八時半，禮砲轟鳴，兩架飛機在空中翱翔，拋撒著紀念品。

九時，中國國民黨「二全」大會，在中央黨部大禮堂開幕。大會主席爲汪精衛，大會秘書長則爲共產黨人吳玉章。毛澤東坐在代表席上，他的座位爲十五號。到會代表二百五十六人，中共黨員約佔一百來人。

蔣介石今非昔比。在國民黨「一全」大會時，他連代表都未曾當上。這一回，他不僅是代表，而且在一月六日下午，向大會作軍事狀況報告。蔣介石成了「東征英雄」，他慷慨激昂地宣稱：「去年可以統一廣東，今年即不難統一中國！」

蔣介石報告畢，全場報以雷鳴般的掌聲。此時，代表李子鋒站了起來，提出一動議：「請全體代表起立，向蔣介石同志致敬，勉其始終爲黨爲國奮鬥。」⑮

在國民黨的歷史上，在全國代表大會爲一位並非領袖的人物起立致敬，尚是首次。國民黨左派人士詹大悲（**在「二全」大會上當選為候補中央執行委員**）看不下去，給大會主席團寫了一信，要求從大會記錄上刪去李子鋒的動議。不過，當年蔣介石呼聲甚高，成了國民黨的一顆政治新星，倒是由此可見一斑。

兩天之後——一月八日下午，毛澤東步上主席台，作《宣傳部兩年經過狀況》報告。

在一月十八日下午，毛澤東和蔣介石相繼上台講話。當時的會議記錄上，這麼記載著：

一、甘乃光同志報告商民運動決議案。

二、毛澤東同志報告宣傳審查委員會決議案。

主席（**引者註：即汪精衛**）：贊成者舉手。（**大多數，通過。**）

三、蔣中正同志提出改良士兵經濟生活案。

主席：以贊成照原案交國民政府辦理者舉手，付表決（**通過**）⑯

這是毛澤東和蔣介石頭一回同台報告，這也是毛澤東、蔣介石、汪精衛頭一回同台亮相——十二年後，三人分別成了共產黨、國民黨、日僞政府三方首腦，形成鼎足三分中國之勢。

國民黨「二全」大會選舉中央執行委員，二百五十二張選票中，有三張廢票，即有效票爲二百四十九張。其中汪精衛、譚延闓、胡漢民、蔣中正均得二百四十八票的最高票。

毛澤東則以一百七十三票當選爲候補中央執行委員。

緊接著，一九二六年一月二十二日至二十五日，在廣州舉行中國國民黨二屆一中全會。蔣介石和毛澤東都出席了會議。

躊躇滿志的蔣介石，進入了國民黨的領導核心，成爲中央執行委員會的九常委之一——汪精衛、譚延闓、蔣中正、孫科、顧孟余、譚平山、陳公博、徐謙、吳玉章。主席爲汪精衛。常委會之下，設一處八部，組成中央黨部。一處即秘書處，八部爲組織部、宣傳部、青年部、工人部、農民部、商業部、婦女部、海外部。

其中，宣傳部部長，由中央主席汪精衛兼任。

據一九二六年二月五日中央執委委員會第二次常委會記錄載：

「汪精衛同志提出，本人不能常到部辦事，前曾由中央執行委員會全體會議許可另請代理，今請毛澤東同志代表宣傳部部長案。」

「決議：照准。」

於是，毛澤東正式出任國民黨中央宣傳部代理部長，列席中央常委會。

三天之後——二月八日，毛澤東在國民黨中央執委會第三次常委會上又提出：「沉雁冰爲秘

書，顧谷宜爲指導幹事。」⑰

於是，沉雁冰出任宣傳部秘書。沉雁冰何許人？作家茅盾也。

沉雁冰在其自傳中，也曾這麼寫及：

「一九二五年尾，惲代英和我及其他四人被選爲左派國民黨上海市黨部的代表，赴廣州出席國民黨第二次全國代表大會。會後，我與惲代英留在廣州工作。我任國民黨中央宣傳部秘書，當時毛澤東同志代理宣傳部長。」⑱

「政治新星」蔣介石處境不妙

在國民黨「二全」大會後不久，二月一日，蔣介石被任命爲國民革命軍總監。於是，他在廣州，成了「一人之下、萬人之上」的重要人物。

在蔣介石之上的那「一人」，乃汪精衛。汪精衛身兼國民黨中央執行委員會主席、國民政府委員會主席、軍事委員會主席，集黨、政、軍大權於一人。

汪精衛年長蔣介石四歲。清宣統二年二月二十一日（亦即一九一〇年三月三十一日）午夜，二十七歲的汪精衛冒死在北京攝政王載灃王府附近的銀錠橋下偷埋炸藥而被捕，一時間震驚全國。汪精衛面對死刑，坦然自若，口占五言詩一首：「慷慨歌燕市，從容作楚囚，引刀成一快，不負少年頭。」

辛亥革命一聲砲響，汪精衛得以死裏逃生。從此，這位反清志士在國民黨內享有很高聲譽。加上他聰慧過人。擅長文筆和演講，有生花之筆、如簧巧舌，又爲人圓滑，深得孫中山器重，以至成爲孫中山遺囑的記錄人。

孫中山去世後，國民黨大大小小的會議召開之際，必定要全體肅立，恭讀一番總理遺囑。自然，汪精衛的聲望高於蔣介石。在人們的心目中，汪精衛乃是孫中山的繼承人。

「二全」大會之後，國民黨中央常委會通常由汪精衛主持，毛澤東作爲列席者，一般總是到會的，蔣介石作爲常委，則是會議當然出席者。汪、蔣、毛聚會於廣州國民黨中央黨部。此時，汪、蔣已是國民黨的兩大領袖，而毛澤東只是代理宣傳部長。會上，他們彼此以「同志」相稱。會議記錄所載，「蔣中正同志」的發言大都關於黨務、軍務，而「毛澤東同志」的發言則大都關於宣傳。

在一九二六年二月十六日舉行的國民黨中央常委第五次會議上，有這樣一行記錄：

「宣傳部代部長毛澤東同志因病請假兩星期，部務由沉雁冰同志代理。」

毛澤東生什麼病？其實，生病只是毛澤東的託辭。毛澤東既是國民黨員，又是中共黨員。他受中共派遣，秘密前往湘粵邊界的韶關，調查、領導那裏的農民運動。到了三月九日召開第十一次國民黨中央常委會時，毛澤東「病癒」了，出現在國民黨中央黨部的會場裏。

就在毛澤東「因病請假」之時，蔣介石也不在常委會上露面。二月十九日，蔣介石忽地向汪精衛正式提出：「赴俄休養」！

作爲一顆「政治新星」，蔣介石正扶搖直上，達到「一人之下，萬人之上」的地步，怎麼會離開廣州，「赴俄休養」的呢？

蔣介石跟毛澤東不同，有著寫日記的習慣。⑲蔣介石在當時的日記中，如此披露心跡：

「余決意赴俄休養，研究革命政理，以近來環境惡劣，有加無已，而各方懷疑漸集，積怨叢生，部下思想不能一致，個人意向亦難確定，而安樂非可與……綜此數因，不得不離粵遠遊也。」

原本動不動回老家溪口，如今要「離粵遠遊」，其實都是因爲處境不佳。這一回，蔣介石「環境惡劣」、「各方懷疑漸集，積怨叢生」，是因爲他在國民黨內畢竟根基尚淺，資格尚嫩，猛然擢昇，不孚眾望。

牽動蔣介石根基最甚的，是中共！蔣介石能把黃埔軍校辦成「我黨我軍的中心」，中共出了大力；蔣介石東征大勝，中共亦是出了大力。一九二六年初，蔣介石手下的第一軍三個師的黨代表之中，中共佔了兩個；九個團的黨代表之中，中共佔七個！蔣介石暗中擔心中共勢力過盛，曾要求周恩來交出黃埔軍校和第一軍中的中共黨員名單，遭到周恩來的拒絕。

蘇聯新派來首席軍事顧問季山嘉。季山嘉原名尼古拉・弗拉基米洛維奇・古比雪夫，原任蘇聯紅軍喀瑯斯塔得要塞司令兼政委。原首席軍事顧問加倫因病離粵回國治療。蔣介石跟季山嘉產生了矛盾：蔣介石主張立即北伐，要求「二全」大會對北伐作出決議，而季山嘉認爲北伐時機尚未成熟，汪精衛支持了季山嘉。因此「二全」大會沒有就北伐作出任何決議，蔣介石氣得連「二全」大會的閉幕式也不參加了……

由此，蔣介石得出印象，蘇聯顧問支持的是汪精衛，不是他蔣介石。

不久，蔣介石跟季山嘉的矛盾又進一步加深：蔣介石獨攬軍權，給他所領導的第一軍以及黃埔軍校的經費特別優厚，而季山嘉則認爲不該厚此薄彼，主張合理分配，削減了第一軍和黃埔軍校的

經費。爲此，季山喜找蔣介石談話。蔣介石以爲，季山嘉「語多諷規，而其疑我之心，亦昭然若揭」。

蔣介石在二月十一日的日記中寫道：「蘇聯同志疑忌我，侮弄我……」

蔣介石決心，「消極下去，減輕責任，以爲下野地步。」

他，摜「紗帽」了：先是提出辭去國民革命軍總監之職，又提出辭去軍事委員會委員和廣州衛戍司令之職，接著則提出「赴俄休養」……

不過，嘴裏這麼說，蔣介石心裏卻很明白：當年孫中山在世時，他可以動不動就回溪口老家去，孫中山一定會一次次打電報請他出來。如今全然不同，由汪精衛「當家」，汪精衛巴不得他一走了之。倘若他真的要「赴俄休養」，那他好不容易把持的軍權會馬上落到汪精衛手中！

蔣介石只能在他的日記中，記述他心中的苦悶。

三月五日，他這麼寫道：

「單槍匹馬，前虎後狼，孤孽顛危，此吾今日之環境也。」

三月十日，他則寫道：

「近日反蔣運動傳單不一，疑我、謗我、忌我、誣我、排我、害我者亦漸明顯，遇此拂逆精神打劫，而心志益堅也。」

他提及的「反蔣運動傳單」，是劉峙、鄧演達日前告訴他，有人向各處散發反蔣油印傳單。

看來，受到「疑」、「謗」、「忌」、「誣」、「排」、「害」，蔣介石的處境不妙。

蔣介石披起紅衣衫

蔣介石當然非等閒之輩。他深知，在那年月，誰想在廣州立足，不左不丈夫！因爲中共已成爲國民革命軍的骨幹，黃埔軍校的棟樑，只有說左話，唱左歌，得到中共、蘇聯顧問和國民黨左派們的支持，才能坐穩交椅。

那時的汪精衛，如同鐵蛋掉在銅碗裏，是響噹噹、噹噹響的左派。他說過這麼一段「名言」：

「中國國民革命到了一個嚴重的時期了，革命的往左過來，不革命的快走開去。」

就連胡漢民，因廖案涉嫌，不得不在一九二五年九月十一日以「考察」爲名離粵赴蘇。在蘇聯。胡漢民在共產國際執委第六次擴大全會上，發表了頗爲動聽的賀詞：

「國民黨的口號是：爲了人民群眾！這就是說：政權應由工農來掌握。我們這些口號是與共產國際的政策相一致的。共產國際是革命的大本營，是革命的總司令部。」

蔣介石呢，深知不披紅衣衫，難以得到左派們的擁戴，而廣州正是左派們的營壘。

他曾熱烈地稱頌過俄共：

「我國共產黨重在紀律，又是組織嚴密，他的黨員服從黨的命令，遵守黨的紀律，絲毫不能自由的。他們爲什麼甘願犧牲個人的自由呢？因爲他們明白主義，都有決心犧牲個人的自由，來救全人類的自由，所以他們成功就那麼快。」

「我們要黨成功，主義實現，一定要仿效俄國共產黨的辦法，才能使大家知道做黨員的責任、本分。」

「俄國共產黨成功那樣快，我們不能成功，真是我們的大恥辱，倒楣！我們要實行三民主義，非仿效他們不可。」

他也曾熱烈地稱頌過中共：

「除了共產黨之外，其他團體肯定我們本黨真正合作革命事業的，就很少了。」

「國民黨的同志，對於共產黨的同志，尤其不可有反對，因爲我們要曉得，『反共產』這口號，是帝國主義用來中傷我們的。如果我們也跟著唱『反共產』的口號，這不是中了帝國主義的毒計麼？」

他口口聲聲，主張國共合作：

「總理容納共產黨加入本黨，是要團結革命份子，如果我們反對這個主張，就是要拆散革命團體，豈不是革命的罪人？」

「我們國民黨，現在只有左派與右派之分，不能有共產黨與非共產黨之分，更不可有國民黨與共產黨之分，如果國民黨員有這種見解，那是無異於削弱自己革命的元氣。」

跟中共一樣，蔣介石非常堅決地反對帝國主義：

「我今天可以說：帝國主義不倒，中國必亡；中國不亡，帝國主義必倒。這正是今日世界上，帝國主義與反帝國主義一場最後的大激戰。」

「外國資本帝國主義是一樣什麼東西呢？好如毒蛇身體、美女頭面一樣的怪物。苟有人和他一會流睞顧盼，其結果必至喪身亡國。」

如此這般，蔣介石在當年完完全全是個「紅角兒」！

最令人吃驚的是，當邵力子前往蘇聯訪問時，蔣介石居然託他捎話給史達林：「希望第三國際直接領導中國國民黨，不要通過中國共產黨。」

眾所周知，第三國際亦即共產國際，是列寧於一九一九年創立的世界共產黨和共產主義組織的國際聯合組織，人稱「世界共產黨」。它是各國共產黨和共產主義組織的上級機關。中國共產黨一成立，便受共產國際領導。中國國民黨並非共產黨，亦非共產主義組織，怎麼可以由共產國際「直接領導」呢？

正因爲這樣，邵力子在克里姆林宮見到史達林時，「實在說不出希望第三國際直接領導國民黨，勿通過中國共產黨來領導的話，只能說出希望第三國際加強對國民黨的領導，史達林沒作肯定答覆」。⑳

不過，在一九二六年二月十七日至三月十五日召開的共產國際執委會第六次會議上，把中國國民黨接納爲「同情黨」，蔣介石當選爲共產國際主席團名譽委員。

不論怎麼說，蔣介石的一系列左派言論，左派舉動，在公眾中造成他國民黨左派領袖的形象。

不過，在暗地，在私下，蔣介石對於共產國際，對於中共，早已防一手。

他在一九二六年三月八日的日記中寫道：

「革命實權非可落於外人之手。即與第三國際聯絡亦應訂一限度，妥當不失自主地位。」

三月九日，他又寫道：

「共產份子在黨內活動不能公開，即不能相見以誠。」

蔣介石的心態異常，行動變得詭秘起來。

爆發「中山艦事件」

毛澤東畢竟是農民的兒子，他熟悉農民，熱心於農民運動。他在擔任國民黨的代理宣傳部長之後，又兼任國民黨中央農民運動委員會委員。

一九二六年三月十七日的廣州《民國日報》報導，昨日決定開辦第六屆農民運動講習所，選定廣州番禺學宮作爲講習所所址，毛澤東爲所長。

正當毛澤東忙於開辦農民運動講習所的時候，蔣介石卻在三月十七日的日記中，寫下憤懣不已的話：

「所受痛苦，至不能說，不忍說，是非夢想所能及者。政治生活至此，何異以佛入地獄耶！」

也就在三月十七日這一天，周恩來從汕頭回到廣州。機敏的周恩來，馬上發覺蔣介石神色不對，而且跟國民黨右派人物接觸頻繁。因爲他與蔣介石共事已久，頗知底細。

周恩來當即把蔣介石動向異常的消息，告訴張太雷。那時，張太雷擔任中共廣東區委宣傳部長，並擔任蘇聯顧問翻譯。周恩來要張太雷馬上把這一情事告訴蘇聯首席軍事顧問季山嘉。季山嘉聽罷，並沒有當成一回事。

歷史證明：周恩來的觀察力是那般的敏銳，判斷是那樣的準確，而他發出的「預警」訊號又是那麼的重要！

翌日——三月十八日傍晚，廣州文德樓，正在寓所的李之龍，忽地接到一封由專人送來的重要公函。

二十九歲的李之龍，湖北沔陽人，十五歲時便加入了國民黨。十九歲入煙台海軍軍官學校。一九二一年底，二十四歲的他，又加入了中國共產黨。一九二四年春，他奉命到廣州擔任蘇聯顧問鮑羅廷的翻譯兼秘書。不久，他進入黃埔軍校，成爲一期學生。後來，他調到黃埔軍校政治部，受周恩來直接領導。一九二五年十月，他擔任海軍局政治部少將主任——他原本在海軍軍官學校學習過。一九二六年二月，海軍局局長、蘇聯人斯米洛夫回國，由他擔任海軍局代理局長、參謀長兼中山艦艦長，授中將銜。

此刻，李之龍接到要函，全文如下：

> 敬啟者，頃接
> 教育長電話，轉奉
> 校長命令，著即通知海軍局迅速派得力兵艦二艘，開赴黃埔，聽候差遣等因，奉此，相應通知貴局，速派兵艦二艘開赴黃埔為禱。此致海軍局大鑒。
>
> 中央軍事政治學校駐省辦事處啟
>
> 三月十八日

函中提及的「校長」，便是蔣介石。「中央軍事政治學校」，亦即黃埔軍校，不久前改用此名。「教育長」，則指鄧演達。來人乃海軍局作戰科科長鄒毅所派。

接公函，李之龍照辦，當即寫了兩份命令，一份給中山艦代理艦長章臣桐，一份給寶璧艦艦

長。

中山艦，原爲永豐艦。當年陳炯明叛變時，孫中山便避難於此艦，蔣介石與孫中山共度患難亦在此艦。孫中山去世之後，爲了紀念他，此艦改名中山艦。

中山、寶璧兩艦接李之龍命令，便啓錨駛向黃埔。

十九日清晨六時，寶璧艦在一片朦朧之中抵達黃埔。一小時後，中山艦亦駛抵黃埔。

既然兩艦是「接教育長電話」、「轉奉校長命令」而駛往黃埔的，抵達黃埔後當即向校長蔣介石報告。蔣介石不在黃埔。於是，兩艦向教育長鄧演達報告，而鄧演達竟不知有調兩艦來黃埔之事！

此事如此蹊蹺，後來經調查，才知是誤傳命令：

原來，有一艘上海商船在黃埔上游遭劫，請求救援。於是，三月十八日下午四時，黃埔軍校校長辦公廳主任孔慶睿，便命令管理科科長趙錦雯派艦一艘，前往援救。趙錦雯又把任務交給科員黎時雍去執行，黎一經了解，黃埔附近無艦可派，便電話到廣州，請該校駐省辦事處辦理。電話是辦事處股員王學臣接的。王學臣又打電話，請示辦事處主任歐陽鐘。

不巧，電話話音不清，歐陽鐘沒有聽明白是何人指示，也就猜想一定是教育長的指示。派艦一艘，也被誤聽爲派艦二艘。歐陽鐘知道，此事只有請海軍局代理局長李之龍下命令。才能調動兵艦，而單憑教育長鄧演達的電話指示還不夠，於是他又加上了「轉奉校長命令」。歐陽鐘的公函送至海軍局，李之龍不在局裏。作戰科科長鄒毅接此公函，派人送到李之龍家中。李之龍見是「奉校長命令」，不敢怠慢，當即照辦了……

鄧演達疑惑不解，囑令兩艦原地待命。

正在此時，李之龍又接到通知，說是聯共（布）中央使團要求參觀中山艦。

這個中央使團團長，是資深的聯共（布）中央委員布勃諾夫。此人乃十月革命時攻佔冬宮的五人領導核心小組成員。後來，他擔任蘇聯紅軍政治部主任。他率由全蘇工會主席列普謝、遠東區委書記庫比亞克等十餘人組成的聯共（布）中央使團，於一九二六年二月初來華，先抵北京，再去上海，三月十三日來到廣州。他們得知中山艦是國民黨海軍主力艦，又有著保護孫中山的光榮歷史，便希望上艦參觀。——這需要把中山艦從黃埔調回廣州市區。

李之龍打電話請示蔣介石，蔣介石才知兩艦昨夜去了黃埔。蔣介石一面同意調回中山艦，一面深爲驚疑。

中山艦於十九日下午六時三十分，返回廣州。

十九日這一天，蔣介石在惶惶不安、疑惑重重中度過。他本來就對李之龍代理海軍局局長存有戒心，因爲他知道李之龍是中共黨員，與周恩來過從甚密。他接李之龍電話之後的第一個反應便是：中共私調兩艦前往黃埔，會不會欲謀害他於黃埔？

據蔣介石自述，他在接李之龍電話之前，曾三次接到汪精衛的電話，均問及他今日去不去黃埔？

蔣介石又把蘇聯首席軍事顧問季山嘉跟他的種種矛盾聯繫在一起，懷疑中共、蘇聯顧問團聯合汪精衛共同陷害他。

他在三月十九日的日記中寫道：

「上午準備回汕頭休養，而乃對方設法陷害，必欲使我無地容身，思之怒髮衝冠。下午五時，行至半途，自忖爲何必欲微行，予人以口實，氣骨安在？故決回東山，犧牲個人一切以救黨國也。否則國魂銷盡矣。終夜議事。四時詣經理處，下令鎮壓中山艦陰謀，以其欲擺佈陷我也。」

這裏提及的「回汕頭休養」，是指到汕頭東征軍總指揮部躲避。

也就是說，接到李之龍電話之後，他「怒髮衝冠」，先是準備到汕頭避一下風頭。「行至半途」，下定決心，重返廣州東山，終於在凌晨四時「下令鎮壓中山艦陰謀」。

也就在三月十九日，周恩來又一次通過張太雷，向聯共（布）中央使團團長布勃諾夫報告：「看來，右派現在準備採取行動了，……現在的形勢與謀殺廖仲愷前夕的形勢相仿，到處是謠言和傳單。」[21]

新來乍到的布勃諾夫，同樣未曾重視周恩來發出的訊號……

三月十九日上午，毛澤東在國民黨中央黨部出席第十三次中央常委會。

毛澤東也「預感到要出事了」。[22]當中山艦、寶璧艦駛向黃埔時，毛澤東問過李之龍，李之龍答覆他：「這是校長的命令。」

十九日夜，第一軍各部奉命「枕戈待旦」，毛澤東又要陳延年注意這一異常動向。陳延年乃中共總書記陳獨秀之子，當時任中共廣東區委書記。陳延年則從上海回到廣州。他答覆毛澤東道：「事出有因，查無實據，只能提高警惕，靜觀其變。」

廣州，風聲甚緊。毛澤東對秘書沉雁冰說道：「莫非再來個廖仲愷事件？」[23]

毛澤東頭一回痛斥蔣介石

在漢字之中，「旦」字造形構思頗佳：一輪紅日衝出地平線，那正是「旦」。

一九二六年三月二十日的廣州，當太陽尚未出現在東方，那些「枕戈待旦」的軍隊已經奉蔣介石之命，全副武裝，開始行動了。

蔣介石「終夜議事」，度過了一個不眠之夜。與他同在廣州東山、相隔不遠的毛澤東，在樓下跟沉雁冰不時打聽著街上的動靜，而毛澤東之妻楊開慧則在樓上陪著孩子睡熟了。

夜色如黛，一隊隊兵士奉「校長」之命，影影綽綽穿過街道，分頭執行任務。

一隊人馬上了中山艦，解除了全艦的武裝。

文德樓李寓被兵士包圍，新婚不久的李之龍被從床上拖起，當場逮捕。

海軍局被佔領。

省港罷工委員會遭圍，工人糾察隊被解除武裝。

蘇聯顧問團住宅受到監禁。

周恩來被軟禁。

汪精衛住宅被軍隊以「保護」名義包圍。

廣州全市實行戒嚴。

接到蔣介石密令，何應欽把駐守潮汕的第一軍中中共黨員全部扣押。

這是震驚廣州、震驚中外的一天，史稱「三・二〇事件」，或稱「中山艦事件」、「廣州事

變」。

導致這一事件，是由於黃埔軍校交通股長兼駐省辦事處主任歐陽鐘在電話不明的情況下，擅自作主，聲稱是「奉校長命令」。歐陽鐘之叔歐陽格，當時任海軍軍官學校副校長，與蔣介石關係密切。事件發生時，前往中山艦繳械和抓捕李之龍的，便是歐陽格。李之龍則只是依照命令辦理而已。蔣介石本來就對中共、蘇聯顧問團及汪精衛積怨甚深，借口中山艦駛往黃埔，聲稱「中共密謀發動武裝政變」，一下子就把事態擴大了。

事態發生之際，毛澤東至爲關注。——雖說他當時在中共並非主要領導人員。他馬上要去找中共廣東區委書記陳延年。一位工友告訴毛澤東，他在文遠樓附近，見到陳延年的秘書。據秘書說，陳延年到蘇聯顧問團宿舍去了。於是，毛澤東要去蘇聯顧問團那裏。

「路上已戒嚴，怕不安全，我陪你去。」作爲秘書，沉雁冰關切地對毛澤東說。

他倆同行，離開了東山廟前西街三十八號小樓。

在蘇聯顧問團住處附近，毛澤東和沉雁冰見到許多士兵。有兩個士兵攔住了他們的去路。

「我是中央委員，宣傳部長。」毛澤東指出了他在國民黨中的「官銜」。然後，他指了指那位瘦削、穿長袍的大作家道：「他是我的秘書。」

士兵一聽來者是「大官」，也就放行了。

他們進了大門，毛澤東把沉雁冰留在傳達室，自己走進裏邊的會議室。

沉雁冰如此回憶毛澤東當時對於蔣介石突然襲擊的激憤情景：

我在傳達室先聽得講話的聲音，像是毛澤東的。後來是多人講話的聲音，最後是高聲爭吵，其中有毛澤東的聲音。又過一會兒，毛澤東出來了，滿臉怒容。我們回到家中坐定，毛澤東臉色平靜了。我問：究竟是怎麼一回事？毛澤東回答：據陳延年說，蔣介石不僅逮捕了李之龍，還把第一軍中的共產黨員統統逮捕，關在一間屋子裏，揚言第一軍中不要共產黨員。

據蘇聯軍事顧問代表團的代理團長季山嘉說：蔣介石還要趕走蘇聯軍事顧問團。我有點驚異，問：那怎麼辦？毛澤東回答：這幾天我都在思考。我們對蔣介石要強硬。蔣介石本來是陳其美的部下，雖然在日本學過一點軍事，卻在上海進交易所當經紀人搞投機，當時戴季陶和蔣介石是一伙，穿的是連襠褲子。蔣介石此番也是投機。我們示弱，他就得步進步；我們強硬，他就縮回去。

我對陳延年和季山嘉說，我們應當動員所有在廣州的國民黨中央執、監委員，秘密到肇慶集中，駐防肇慶的是葉挺的獨立團。……中央執、監委員到了肇慶以後，就開會通電討蔣，指責他違犯黨紀國法，必須嚴辦，削其兵權，開除黨籍。廣西的軍事首領李宗仁本來和蔣有矛盾，加上李濟深，這兩股力量很大，可能為我所用。擺好這陣勢對付蔣，蔣便無能為力。……㉔

這是毛澤東平生頭一回跟蔣介石對抗、交手。不過，他只能向陳延年、季山嘉陳述自己的見解，提出自己的建議，卻不能要求中共照自己的意見去辦。他畢竟尚不是中共的決策人。起初，陳

延年表示贊同毛澤東，但季山嘉表示反對。「季山嘉這樣一反對，陳延年也就猶豫起來」。雖說毛澤東再三跟他們辯論，聲調越來越高，嗓門越來越大，也無濟於事。

「三・二〇事件」實際上是蔣介石發動的一次政變。他動用手中的槍桿子，一箭三鵰，獲得大勝：

第一、，拘捕了李之龍㉕，打擊了中共；

第二、汪精衛自稱「受驚」，「心臟不寧，眼眩頭暈，不能視事」，提出「暫時休假」，三月二十五日他突然「失蹤」，蔣介石掌握了黨、政、軍大權；

第三、威逼蘇聯首席軍事顧問季山嘉離粵回國，蘇方表示同意。

蔣介石初試鋒芒，一舉成功。不過他畢竟羽毛未豐，況且中共勢力頗強，加上國民黨內反蔣勢力也不小，他不得不作收斂一些。他聲稱：

「三月十八號中山艦案，是與中國共產黨本部沒有關係的。我絕不承認三月十八日那天的事件，共產黨有什麼陰謀在內。……」㉖

蔣介石又聲言，「對人不對俄」。他要求撤換季山嘉，但要求原蘇聯顧問加倫返任。

這麼一來，蔣介石保住了「聯共」、「聯俄」的左派形象，卻又在實際上取得了大勝利。

蔣介石受到了中共總書記陳獨秀的讚揚。一九二六年四月三日，陳獨秀在中共機關刊物《嚮導》上著文，稱「蔣介石是中國民族革命運動中的一個柱石」。

陳獨秀還致信蔣介石，大大稱讚了一番：

「事實上從建立黃埔軍校一直到三月二十日，都找不出蔣有一件反革命的行動，如此而欲倒蔣，……這是何等助長反動勢力，這是何等反革命！介石先生！如果中國共產黨是這樣一個反革命的黨，你就應該起來打倒它，爲世界革命去掉一個反革命的團體；如果是共產黨同志中哪一個人有這樣反革命的陰謀，你就應該槍斃他，絲毫用不著客氣。」㉗

陳獨秀的這些話，使蔣介石頗爲得意……

蔣介石果真「得步進步」

倒是給毛澤東說中了，對於蔣介石，「我們示弱，他就得步進步；我們強硬，他就縮回去」。在「三・二〇事件」之後，中共總書記陳獨秀「示弱」，蔣介石也就「得步進步」了。

就在這個節骨眼上，一位瘦骨嶙峋、雙腿癱瘓、年已半百的人物自上海趕來廣州，蔣介石待如上賓，安排他住在廣州東山蔣寓對門，以便朝夕過從。此人爲蔣介石在「三・二〇事件」後站穩腳跟、「得步進步」，起了幕後謀士以至「導師」的重要作用。此人姓張，名人傑，字靜江，通常人稱張靜江。他跟蔣介石屬大同鄉，浙江吳興人氏，年長蔣介石十歲。

張靜江有過傳奇式經歷：他在二十歲時，便患骨痛症，致使雙腿行走不便。不過，他卻有一顆精明的商業頭腦。他居然在巴黎開辦通運公司，賺了大錢。一九〇五年冬，他回國後重返巴黎時，正好與孫中山同船。他仰慕孫中山，前去拜望，並表示可以資助孫中山革命活動。他告訴孫中山聯絡暗號，並說以ＡＢＣＤＥ爲序，倘電報中寫Ａ，即資助一萬元，Ｂ爲二萬元，Ｃ三萬元，Ｄ四萬

元，E五萬元。孫中山聽罷，將信將疑。

兩年後，孫中山在日本東京時，同盟會本部經費匱乏，無計可施，想起了船上邂逅的那位奇怪的富賈張靜江，便按聯絡密碼往巴黎發電報，電文僅一個字，即「C」。幾天後，果真，從巴黎電匯來三萬法郎，使孫中山吃了一驚！從此，孫中山的革命活動陷於困頓之際，便向巴黎求援，張靜江有求必應。不久，張靜江加入了中國同盟會，成了孫中山的親密戰友。後來，他出任中華革命黨財政部長……

張靜江跟蔣介石也有著非同尋常的情誼。一九二〇年，蔣介石在上海證券交易所當經紀人時，便靠張靜江資助，認了四股。在張靜江指點下，蔣介石投機發財。後來，蔣介石失利，欠了一屁股債，又是張靜江替他還清，並勸他還是去廣州投奔孫中山爲好。在陳炯明砲轟永豐艦，蔣介石侍衛孫中山時，曾把兩個兒子託給張靜江……

張靜江得知蔣介石在廣州發動「三・二〇事件」，特地從上海趕來，爲蔣介石出謀劃策，成爲蔣介石的幕後智囊。如張國燾所回憶：「他雖從未對外露面，卻是人所共知的幕後人物。」㉘

一九二六年五月十四日傍晚，已經從蘇聯返回廣州的蘇聯顧問鮑羅廷，通知中共代表張國燾和譚平山，說是當晚要去會晤蔣介石，商談要事。

晚八時，張國燾和譚平山驅車前往東山蔣寓，蔣介石又陪他們來到對面張靜江寓中。蔣介石向張國燾、譚平山透露了將於翌日召開的國民黨第二屆中執會第二次全會的一些內容，並特別關照他們，中共在翌日不要鬧事——這預示著翌日的會議將對中共有「大動作」。

翌日——五月十五日，廣州街頭軍警加強了巡邏。在戒備森嚴的氣氛中，國民黨二屆二中全會

召開了。毛澤東作爲候補中央執行委員出席了會議。孫中山去世後，國民黨中央的會議向來由汪精衛主持，這一回改由蔣介石主持，意味著蔣介石已成爲國民黨的領袖。

對於蔣介石來說，這次會議是「歷史性」的。會上，經蔣介石的提議。由張靜江接替汪精衛出任國民黨中央執行委員會主席，由譚延闓接替汪精衛出任國民黨中央政治會議主席兼國民政府主席。這麼一來，蔣介石戰勝了他在國民黨內最重要的對手——汪精衛。雖說他自己並沒有出任國民黨中央執行委員會主席，但是由張靜江擔任此職，也就等於由他擔任。

走筆至此，順便交代一下汪精衛的行蹤：在中山艦事件爆發後，三月二十五日，汪精衛便「失蹤」了。外界盛傳汪精衛經香港去蘇聯了。其實，汪精衛仍秘密隱居於廣州。他豈甘大權這般輕鬆落在蔣介石手中？他窺測著時機。無奈，汪精衛手中無軍隊，鬥不過蔣介石。靜觀了一個多月，他知道已經沒有希望戰勝蔣介石，遂於五月十一日悄然離穗赴港，然後由香港前往法國。

還要順便提一筆：蔣介石借助於廖仲愷事件，逼走了另一位資歷、聲望在他之上的胡漢民。胡漢民來到蘇聯，發表了一通慷慨激昂的演講。聽說發生了中山艦事件，聽說汪精衛「失蹤」，胡漢民興奮起來，在四月二十九日回到廣州，盤算著接替汪精衛的空缺。不料，蔣介石不賣他的帳，冷落了他，弄得他好尷尬。無可奈何，胡漢民無法在廣州立足，只得坐船前往香港。

真是無巧不成書，胡漢民也是在五月十一日離開廣州。他上了船，竟然遇見那位「失蹤」已久的汪精衛！在孫中山去世之後，他倆在國民黨內的地位均高於蔣介石，被人們視爲孫中山的接班人。眼下，卻被蔣介石逐出，坐上同一條駛往香港的輪船，真是不勝感慨！

汪、胡的出走，爲蔣介石上昇爲國民黨領袖掃清了道路。

會議的另一重要議題，是討論、通過由蔣介石、張靜江研究多日而提出的《整理黨務案》。這一《整理黨務案》是針對中共的，難怪他事先關照中共代表不要鬧事。

《整理黨務案》規定：

「凡他黨黨員之加入本黨者，各該黨應將其加入本黨黨員之名冊，交本黨中央執行委員會主席保存」；

「凡他黨黨員之加入本黨者，不得充任本黨中央機關之部長」；

「對於加入本黨之他黨黨員，各該黨所發之一切訓令，應先交聯席會議通過」；

……

這裏的「他黨」，實際上指的是中共。「整理黨務」，實際上是從國民黨中清除中共黨員，雖說蔣介石一再聲明，「並不是限制共產黨」。

會議開了一週，通過了《整理黨務案》，蔣介石就得了大勝利。

中共內部對於《整理黨務案》爭論激烈，毛澤東主張「堅持頂住」，但張國燾作為中共中央代表，按陳獨秀意見，要大家簽字接受。毛澤東拒絕簽字。

五月二十日，毛澤東在會上作了《宣傳部工作報告》。作報告時，大會由蔣介石主持。

會議結束之後，根據《整理黨務案》，擔任國民黨中央部長的中共黨員必須辭職。於是，在五月二十五日舉行的國民黨中央常委會第二十八次會議上，有這樣三項議程：

「毛澤東同志提出辭宣傳部代理部長職務，請另薦賢能繼任案」；

「林祖涵同志（引者註：即林伯渠）提出辭常務委員會秘書及中央財政委員兩職，請另選繼任，以重黨務進行案」；

「譚平山同志提出辭常務委員會秘書，請另選繼任，以重黨務進行案」。

在二十八日舉行的國民黨中央常委會第二十九次會議上，以上三案均「照准」。會上，「張靜江同志提議請任蔣介石同志爲組織部長，顧孟余同志爲代理宣傳部長」。

從此，毛澤東離開了國民黨中央宣傳部。離開之前，毛澤東最後一次出席國民黨中央常委會——六月一日的第三十次會議。那次常委會，到會者既有蔣中正，也有毛澤東。這一次，是毛澤東和蔣介石在二十年代的最後一次見面。

此後，毛澤東和蔣介石闊別十九年，才在重慶談判時握手，回敘二十年代同在廣州的那最初歲月……

毛澤東專心於農民運動

毛澤東在辭去國民黨中央宣傳部代理部長之後，仍勾留在羊城。他的主要精力，從宣傳工作轉向農民運動——因爲他被任命爲農民運動講習所所長。

這時，毛澤東的助手不再是作家沉雁冰，而是蕭楚女。「楚女」這名字，會使人以爲是湖北女子或是楚楚動人的女子，實際上卻是一位跟毛澤東同齡的男子，黑臉麻皮，毫無「楚楚動人」之處。他是湖北漢陽人氏，本名樹烈，學名楚汝——後來去掉「三點水」，變成了「楚女」，故意用其反義。有時，他寫文章，以「醜侶」爲筆名，倒是用其原義。

蕭楚女此人，出身貧寒，當過學徒、報童、小販，一九二二年加入中共。他擅長寫作，工作勤勉，爲人豪爽。他是擔任農民運動講習所的唯一的專職教員，跟毛澤東一起教授學員。那時，蕭楚女正患肺病，支撐病體講課。

據當時聽課的學員筆記所載，毛澤東如此講述農民運動的重要性：

「中國的農民問題，在以前沒有人研究過，遠自文武周公，近至現在各學校都沒有人研究它。現在中國能代表一般民眾的利益的黨，有兩個，一是共產黨，一是國民黨。共產黨對於農民問題，比較注重些。而國民黨對於此問題，二年前才開始注意。在國民革命時候應該注意農運了。辛亥革命的失敗，政權落於軍閥之手，完全是未得三萬萬二千萬農民的幫助和擁護。國民革命，就是工農商學兵聯合起來的革命。唯有把農民動員起來，參加革命，國民革命才能成功。農民一支軍，佔全國人口百分之八十以上，尤不可拋棄。……」

正是基於這樣的認識，毛澤東醉心於中國農民運動，以至被人們稱爲中國農民運動的「大王」。

就在毛澤東忙著在廣州番禺學官爲農運學員們講課的時候，蔣介石步步高昇。

六月五日，蔣介石出任國民革命軍總司令。

六月二十九日，出任國民政府委員。

七月五日，出任國民黨中央執行委員會軍人部部長。

七月六日，張靜江以患足疾爲理由辭職，蔣介石出任國民黨中央執行委員會主席。

這樣，蔣介石握黨、政、軍大權於一身，成爲國民黨的第一號人物。

七月九日，廣州東校場人頭濟濟，十萬軍民雲集那裏，舉行北伐誓師大會。蔣介石頭戴大蓋帽，一身戎裝，在萬眾歡呼聲中宣誓就任國民革命軍總司令。

蔣介石發表就職演說：

「今天，是國民革命軍舉行誓師典禮的紀念，亦是本總司令就職的日子。本總司令自覺才力綿薄，爲中國國民革命的前途負如此重大的責任，惶恐萬分。但現在北洋軍閥與帝國主義者，已來重重包圍我們、壓迫我們了，如果國民革命的勢力不集中統一起來，一定不能衝破此種包圍，解除此種壓迫。所以本總司令不敢推辭重大的責任，只有竭盡個人的天職，擔負起來，以生命交給黨、交給國民政府、交給國民革命軍各位將士。自矢鞠躬盡瘁，死而後已……」

這一天，成了蔣介石的「登基」之日。隨著傳媒的廣泛報導，蔣介石的知名度迅速上昇，「蔣總司令」之稱由此而起，而此時此際，毛澤東並不爲人所注意。

國共依然保持著合作。中共黨員和國民黨員並肩北伐。蘇聯顧問亦在總司令麾下效力，蔣介石率八個軍，十萬兵馬，向北推進。

九月三日，蔣介石在武昌城下徐家灣指揮攻城，毛澤東則在廣州前往黃埔軍校，發表演講。毛澤東演講的題目是《國民革命與農民運動的關係》。

十一月，毛澤東接中共中央通知，偕妻楊開慧及二子離開廣州，前往上海。來滬後，毛澤東出任中共中央農民運動委員會書記。不久，毛澤東挈婦攜子經武漢回到老家湖南，寫出著名的《湖南農民運動考察報告》——列爲《毛澤東選集》第二篇的著作……

在中共內部，陳獨秀並不看重毛澤東，倒是瞿秋白非常讚賞他。一九二七年四月，瞿秋白為長江書店所印毛澤東著《湖南農民運動考察報告》一書作序，指出：

「中國革命家都要代表三萬萬九千萬農民說話做事，到戰線去奮鬥，毛澤東不過開始罷了。中國的革命者個個都應該讀一讀毛澤東這本書，和讀彭湃的海豐農民運動一樣。」

蔣介石陷入國民黨內群雄紛爭之中

就在這時，一九二七年四月十二日凌晨四時，上海響起密集的槍聲，顯示了蔣總司令手中槍桿子的威力。蔣介石下令「清黨」，大批逮捕、槍殺中共黨員，史稱「四・一二政變」。

蔣介石走了三步棋：

一年前的「三・二〇事件」，只是初露頭角的他實行反共的「火力偵察」；

接著，《整理黨務案》的通過，表明他決心從國民黨中「分共」；

這一回，已經立穩腳跟、大權在手的他，以武力實行「清黨」，亦即反共。

外電急急報導：「在中國，『KMT』與『CP』火拼，徹底決裂！」

「KMT」，國民黨的英文縮寫；「CP」，共產黨的英文縮寫。

「CP」自然鬥不過「KMT」，因為蔣介石手中有著槍桿子。蕭楚女、陳延年、趙世炎等，一個個倒在血泊裏。

毛澤東倒是從中悟明了一個真理：「槍桿子裏出政權！」雖說有人挖苦毛澤東是「槍桿子主義」，毛澤東卻不悔。一九二七年秋天，毛澤東在湖南發動了「秋收起義」，然後帶著兵馬上了江西西部的井岡山，走上了用槍桿子對付槍桿子的道路——用毛澤東的話來說，叫做「武裝鬥爭」；用史達林的話來說，那是「中國革命的特點——以武裝的革命反對武裝的反革命」……

蔣介石呢？雖說他在清共、反共方面步步得手，可是他在國民黨內不孚眾望。他獨攬大權，引起了不滿。那個汪精衛，依然是他在國民黨內的勁敵。雖然汪精衛被迫遠走法國，他的「影子」仍威脅著蔣介石。

一九二七年三月十日至十七日，國民黨二屆三中全會在漢口南洋大樓召開。會議掀起反獨裁運動。蔣介石、張靜江拒絕出席。毛澤東作爲候補中央執行委員，倒是出席了會議。此會推選尚在國外的汪精衛出任國民黨中央常委會主席和國民政府主席，裁撤了原由蔣介石擔任部長的軍人部。這是蔣介石上台後頭一回受挫。

於是，四月一日，汪精衛興高采烈地從法國回到上海。汪精衛成了國民黨左派領袖。

蔣介石發動「四・一二政變」之後，以汪精衛爲首的國民黨中央下令開除蔣介石的黨籍，免去一切職務，通緝拿辦。一時間，蔣介石聲名狼藉。

不過，到了七月十五日，汪精衛在武漢也實行「分共」，又跟蔣介石走在一起了！

就在這時，蔣介石率北伐軍在與軍閥孫傳芳作戰時敗北，受到各方指責。八月十三日，蔣介石宣佈下野，辭去總司令之職——這是蔣介石政治生涯中頭一回跌到最低點，離「四・一二政變」，不過四個月而已！

一個多月後，蔣介石出走日本……

擠走了蔣介石之後，國民黨內又爆發了汪精衛跟李宗仁的爭鬥。汪、李相持不下，不得不提出請蔣介石復職。一下子，蔣介石「行情」看漲，從日本返滬。

一九二八年二月上旬，國民黨二屆四中全會在南京召開。跟一年前的二屆三中全會截然不同，這一回蔣介石由落到起；由沉到浮，他被推舉爲國民黨中央政治委員會主席、軍事委員會主席，手中的黨政軍大權失而復得！

於是，人們對他的稱呼，從「蔣校長」、「蔣總司令」，變爲「蔣主席」。

這年十月八日，蔣介石又兼任南京國民政府主席，集三「主席」於一人。另外，他還兼任海陸空軍總司令。

一九二九年三月，蔣介石主持召開國民黨「三全」大會，胡漢民與蔣介石合作，在會上致開幕詞。大會通過了《獎慰蔣中正同志案》，大有「大樹特樹」蔣介石「最高領袖」權威的味道。汪精衛則拒不出席會議，指責會議代表百分之八十由蔣氏「圈定和指派」、「所謂代表者，已完全喪失其意義」。蔣介石下令軟禁胡漢民於南京湯山。

「三全」大會加深了國民黨內部的紛爭，新軍閥們紛紛反蔣。先是桂系反蔣，爆發蔣桂戰爭；接著，閻錫山、馮玉祥又揭起反蔣之幟，爆發蔣、閻、馮大戰。一時間，打得好熱鬧。反蔣派擁戴汪精衛爲領袖，另立中央，選舉汪精衛爲國民黨中央政治會議主席，閻錫山爲國民政府主席。汪精衛再度成爲蔣介石的對手。

蔣介石和閻、馮在中原大戰。好不容易，蔣介石戰勝了對手。這時，蔣介石才騰出手來，坐鎭

南昌，對江西的朱（德）毛（澤東）紅軍進行一次又一次的「圍剿」。

一波剛平，一波又起，擔任立法院長的胡漢民。不再與蔣介石合作，在國民黨三屆四中全會上猛烈抨擊蔣介石專制獨裁，又爆發蔣、胡之爭。一九三一年二月二十八日，胡漢民被騙至蔣介石的總司令部，遭到軟禁。消息傳出，輿論嘩然。

汪精衛看準了時機，第三次跟蔣介石作對。汪精衛舉起了「護黨救國」、「打倒獨裁」之旗，聯合反蔣派，於一九三一年五月在廣州另組國民政府，汪精衛任主席，向全國發佈《反蔣宣言》。

於是，蔣介石調兵遣將討汪，爆發了寧粵之戰……

看來，在四分五裂、群雄並存的國民黨裏，蔣介石欲成爲最高領袖，「絕對權威」，也並非易事。一部國民黨史，簡直成了蔣介石、汪精衛、胡漢民「三巨頭」的紛爭史！

國共分別確立了「蔣汪體制」和「毛張體制」

就在蔣汪對抗、寧粵衝突之際，一九三一年九月十八日夜十時，瀋陽北大營響起了炒豆般的槍聲。日本關東軍司令本莊繁發動突然襲擊，砲轟瀋陽城。蔣介石命令張學良的東北軍：「遇有日軍尋衅，務須愼重避免衝突」、「絕對不准抵抗」。

蔣介石的不抵抗主義。導致一百三十萬平方公里、三千萬人民的東三省，在不到四個月的時間裏，落入日軍之手！

蔣介石的不抵抗主義，激起全國上下的憤慨之情。汪精衛借此機會，猛烈抨擊蔣介石，堅持要蔣介石下野。

國民黨的四分五裂，此時達到了高潮：

國民黨的「一全」大會，在孫中山主持下召開；

國民黨的「二全」大會，在汪精衛主持下召開；

國民黨的「三全」大會，在蔣介石主持下召開；

眼下，竟然有三個「四全」大會，分別在南京、廣州和上海舉行！

在南京，蔣介石主持了「四全」大會；

在廣州，孫科主持了「四全」大會——理應由汪精衛、胡漢民主持，會議開了一半，胡漢民回粵主待；

在上海，汪精衛主持召開了一個「四全」大會。

國民黨陷入空前的混亂之中：日軍侵略，民怨沸騰，而國民黨的「三巨頭」又如此分庭抗禮！

無可奈何，蔣介石不得不於一九三一年十二月十五日發表《蔣主席辭職電》，宣佈下野——這是蔣介石平生第二回下野！

口中嘟嘟囔囔著「娘希匹」，蔣介石回奉化溪口老家去了。

總算蔣、汪、胡三派合一，國民黨四屆一中全會於一九三一年十二月下旬在南京召開，蔣介石「下野」於奉化，汪精衛稱病在上海，胡漢民也說自己「血壓高」，留在廣州，「三巨頭」都沒有在四屆一中全會上露面，會議由于右任主持，會議作出了折衷的方案。即由蔣、汪、胡三人任國民

黨中央政治會議常委，輪流擔任主席。此外，改組國民政府，推舉空頭元老林森爲主席，由孫科任行政院長。

沒有「三巨頭」出席的國民黨四屆一中全會，畢竟缺乏權威性。

就在四屆一中全會結束半個多月，一場重要的幕後交易在杭州進行：已經「下野」的蔣介石，從老家奉化來到杭州，住入澄廬。他寫了一封密信，託陳銘樞、顧孟余赴滬，面交汪精衛。一直「稱病」的汪精衛見信，立即精神抖擻，百病皆無，趕往杭州。於是。這兩個多年來互爲政敵的巨頭，在澄廬通宵密談，「相見甚歡」。這次密談，變「蔣汪對抗」爲「蔣汪聯盟」。

消息不脛而走，胡漢民氣歪了鼻子——因爲汪、胡有密約在先，兩人聯合反蔣，誰也不與蔣單獨密談。如今，汪背棄了胡，胡也就決心獨力與蔣、汪對抗。

蔣汪攜手，返回南京。一九三二年一月二十八日，汪精衛接替孫科，出任國民政府行政院院長，主持政府工作；三月六日，蔣介石復出，擔任軍事委員會委員長兼軍事參謀部參謀長，掌握軍權。從此，人們對蔣介石改稱「蔣委員長」。

從此，形成了維持多年的「蔣汪體制」，形成了「汪主政、蔣主軍、蔣汪聯合主黨」的格局。胡漢民則在兩廣主持國民黨西南執行部，跟蔣汪保持半獨立的狀態，但畢竟在中央失去了地盤。在蔣、汪之間，蔣掌兵權，實力勝於汪……

在中共黨內，鬥爭也頗激烈：

連任五屆總書記的陳獨秀，因右傾機會主義錯誤，於一九二七年七月十二月下台；

取而代之的瞿秋白，又因「左」傾盲動主義而下台；

接替瞿秋白的李立三，犯了「左」傾冒險主義而遭批判；

一九三一年一月七日，在中共六屆四中全會上，由於共產國際代表米夫的支持，他的得意門生王明掌握中共中央領導權，又開始實行「左」傾機會主義……

這一右三「左」，折騰著中共，走馬燈似的改換著領袖。從陳獨秀、瞿秋白、向忠發、李立三、王明到博古……

一九三三年二月二十八日，蔣介石發表了《告共黨書》，以譏誚的口吻，論及了中共的黨內鬥爭：

「中國自有共產黨以來，沒有一時一刻不在錯誤路線當中。十五年、十六年（**引者註：此處指民國紀元，亦即一九二六、一九二七年。下同，不另註**）有陳獨秀機會主義的錯誤；十六年、十七年又有瞿秋白盲動主義的錯誤；十八年六次大會（**引者註：指中共「六大」**）又發生了農民問題職工運動的錯誤；至於所謂立三路線的破產，鄧中夏退卻路線的荒謬，都是你們自己所宣告的。以次推論。你們便再幹若干年，也無非是一個錯誤的環境，這種鐵的事實是在雄辯著共產主義不能施行於中國，即共產黨不能存在於中國。」

「無論你是什麼策略，什麼路線，左的，右的，折衷的，總之是此路不通，遲早要壽終正寢……」[29]

蔣介石說這番話時，中共確實正處於領袖危機之中——由於中共那時沒有一個能夠穩穩地掌舵的領袖，使中共連連失誤。

然而，在蔣介石說那番話的一年多之後——一九三五年一月，中共在貴州遵義召開政治局擴大

會議，毛澤東脫穎而出，成爲中共舵手。

從此，中共形成「毛張體制」。張，即張聞天，當時用「洛甫」之名，擔任中共中央總負責，而毛澤東在遵義會議上被增選爲中共中央政治局常委，掌軍權，成爲中共實際上的領袖。

毛澤東也走過了曲折的時浮時沉的政治道路：

他上了井岡山之後，與朱德會師，成立「中國工農革命軍第四軍」，朱德爲軍長，他爲黨代表。這樣，他的最初的稱呼曰「毛黨代表」；

一九三〇年八月，「中國工農紅軍第一方面軍」成立，朱德爲總司令，毛澤東爲總政治委員。這樣，人稱「毛委員」；

一九三一年十一月七日，「中華蘇維埃共和國」成立，毛澤東出任臨時中央政府主席。從此，對毛澤東的習慣稱呼便叫「毛主席」。

不過，在中共黨內，毛澤東歷受打擊，時而被「開除出政治局」，時而被撤銷中央農民委員會書記、黨代表。前委書記職務。他又幾番病重，以至一度誤傳他病死，共產國際還爲他發了訃告！

毛澤東在中共黨內遭到批判，被戴上三頂帽子：一曰「槍桿子主義」；二曰「一貫機會主義」；三曰「狹隘經驗論」。

那時，中共受共產國際領導，毛澤東未曾在蘇聯受訓，得不到共產國際信任，遭到以王明、博古爲首的從蘇聯歸來的「二十八個布爾什維克」的排斥。然而，毛澤東畢竟在錯綜複雜的黨內鬥爭中，顯示了他的睿智和才華。特別是處在當時殘酷的戰爭環境中，誰能領導部隊打勝仗，誰就會在黨內、軍隊享有威信。

如果說蔣介石還算在日本振武學校唸過一點軍事的話，毛澤東則連這麼點「資本」都沒有。詩人氣質的他，原本書生一個，寫文章是他看家本事，打仗則純屬外行。奇怪的是，此人「從戰爭中學習戰爭」，居然從中諳熟韜略。雖說也曾打過幾回敗仗，但他十有七八能克敵制勝。就連蔣介石坐鎮指揮，也多次敗在這位「筆桿子」手下……

如此這般，當中共中央總負責博古和共產國際軍事顧問李德連連指揮失誤，幾乎斷送了紅軍之際，毛澤東在黨內、軍內呼聲甚高，也就順理成章。在遵義會議上確立「毛張體制」。

從此，「毛張體制」的中共與「蔣汪體制」的國民黨相對抗。實際上，也就開始了以毛澤東和蔣介石爲棋手（亦即「旗手」）的兩黨對抗「棋賽」……

雖說在此之前，蔣介石跟毛澤東有過幾番較量。那時，蔣介石似乎對井岡山上的朱毛紅軍不屑一顧，稱之「朱毛股匪」，先是幾番「會剿」，接著又幾次「圍剿」——不過，那只是大搏鬥之前的「熱身賽」。

在毛澤東的領導下，紅軍終於從覆滅的邊緣得以挽回，沒有成爲「石達開第二」而葬身大渡江畔。紅軍挺進陝北，在保安站穩了腳跟，再不是「朱毛股匪」。經過二萬五千里長征之後的紅軍，在陝北迅速擴大，已成爲一支不可小覷的軍事力量。

於是，在毛澤東和蔣介石之間，開始了第一次真正的較量……

注釋

① 一九七八年九月九日《人民日報》。

② 意即黃鱔在洞裏好捉，一旦游到河埠裏，那就難以逮住了。

③ 一九二二年底，俄羅斯、烏克蘭、白俄羅斯和外高加索聯邦（亞塞拜然、亞美尼亞、喬治亞）四個蘇維埃社會主義共和國宣佈組成蘇維埃社會主義共和國聯盟，簡稱「蘇聯」。後來加盟共和國擴大至十五個。一九九一年蘇聯解體。

④ 蔣介石，《蘇俄在中國——中國與俄共三十年經歷紀要》，一九五六年。

⑤ 據台灣羅家倫，《中國國民黨第一次全國代表大會出席代表名單》，《革命文獻》一九五五年第三輯。

⑥ 據余齊昭在《中國國民黨第一次全國代表大會期間若干史實考》（《中山大學學報》一九八四年一期）一文考證，中共黨員在國民黨「一全」代表中為二十三人。李加福加以補充考證，認為余文漏了中共黨員李永聲，應為二十四人（《中山大學學報》一九八五年一期）。

⑦ 《武嶺蔣氏宗譜》，蔣周泰條——此係蔣介石親自所撰條目。

⑧ 杭辛齋在大會期間，一九二四年一月二十六日去世，「一全」大會致電哀悼。

⑨ 中國第二歷史檔案館編，《中國國民黨第一、二次全國代表大會會議史料》，上卷，第四頁，江蘇古籍出版社一九八六年版。

⑩ 中共中央，《對於國民黨全國大會意見》，一九二四年一月一日。

⑪斯諾，《西行漫記》，一三五頁，三聯書店一九七九年版。

⑫在一九二五年三月孫中山去世後，葉楚傖便參加了鄒魯、謝持召開的西山會議，公開亮出反俄反共之旗。

⑬《包惠僧回憶錄》，一五一頁，人民出版社一九八三年版。

⑭亦農，《廖仲愷遇刺前後的廣州政局》，《嚮導》第一三〇期，一九二五年九月十八日出版。

⑮《政治週報》第六、七期合刊。

⑯《中國國民黨第一、二次全國代表大會會議史料》上冊，三七八頁，江蘇古籍出版社一九八六年版。

⑰《中國國民黨第一、二次全國代表大會會議史料》上冊，四七一頁，四七六頁。

⑱《中國現代作家傳略》上冊，四〇頁，四川人民出版社一九八一年版。

⑲毛澤東似乎不寫日記。本書作者在一九八九年九月採訪毛澤東秘書田家英的夫人董邊時，她說曾見過毛澤東日記，寫在無格毛邊紙上，並不是日記，只是隨手寫下旅遊或心境，並不涉及政治。

⑳邵力子，《出使蘇聯的回憶》，《人物》一九八三年一期。

㉑楊雲若、楊奎松，《共產國際和中國革命》，一二九頁，上海人民出版社一九八八年版。

㉒㉓茅盾：《中山艦事件前後》，《新文學史料》一九八〇年第三期。

㉔茅盾：《中山艦事件前後》，《新文學史料》一九八〇年第三期。

㉕李之龍當時蒙受雙重冤屈，中共內部「疑心李之龍受反動派利用」！後來，他在一九二六年六月獲釋，隨軍北伐。一九二八年二月六日在廣州遭捕，翌日被國民黨海軍第四艦隊司令殺害於廣州紅花崗。

㉖蔣介石，《總理紀念周訓詞》。

㉗《中共中央文件選集》（二），一〇一頁，中共中央黨校出版社一九八三年版。

㉘張國燾，《我的回憶》第二冊，一一〇頁，東方出版社一九九一年版。

㉙《蔣介石先生告共黨書》，載中統局內部編印的《轉變》一書，二九九至三〇〇頁，一九三三年十二月版。

第二章　幕後密使

陝北小城保安成了紅都

每當有貴賓來訪時，古人常講究「出廓相迎」。廓，外城也。對於座落在黃土地上的陝北小城保安來說，那一道磚牆之外，就算是「廓」了。

保安，「保障安全」之意，位於膚施（今延安）西北，原本是唐朝抵禦外敵的要塞。一九三四年改稱「赤安縣」。一九三六年則改稱「志丹縣」。志丹，即劉志丹，紅軍著名將領。陝北根據地的創建人之一，保安人氏。一九三六年四月，三十四歲的劉志丹，在與國民黨軍隊作戰時陣亡，於是這年六月，中共中央決定以他的名字命名他的故鄉——保安。

這座原本毫不起眼的的小縣城，自一九三六年七月三日起，成了世人矚目的紅都。在這一天，毛澤東和中共中央機關移駐此城。雖說小小保安簡直無法跟國民政府首都南京相比，毛澤東所住的那口簡陋的石窯洞也無法跟蔣介石豪華的辦公室相比，不過這裏畢竟也是首都——中華蘇維埃人民共和國中央政府的所在地，政府主席便是毛澤東。

自從一九三五年一月，中共在遵義會議上確立了「毛張體制」（毛澤東、張聞天體制）以來，紅軍走出了困境。經過二萬五千里長征，於一九三五年十月十九日到達陝北吳起鎮。此後不久，中共中央機關落腳於延安東北角的小鎮瓦窯堡（今子長縣縣城）。一時間，這座小鎮成了臨時紅都。一九三六年六月二十一日，國民黨高雙城部隊襲擊瓦窯堡。毛澤東率中共中央機關向西退至瓷窯，然後轉往保安，在這「保障安全」的小城安頓下來。

就在毛澤東住進保安的石窯洞不過十來天，一位勇敢的「高鼻子」——美國新聞記者埃德加•斯諾衝破重重封鎖線，成了進入保安的第一位「外賓」。七月十六日，斯諾在石窯洞裏首次採訪了毛澤東。

斯諾在他的名著《西行漫記》中，如此記述他當時見到的毛澤東：

「我到後不久，就見到了毛澤東，他是個面容瘦削、看上去很像林肯的人物，個子高出一般的中國人，背有些駝，一頭濃密的黑髮留得很長，雙眼炯炯有神，鼻樑很高，顴骨突出。我在一霎那間所得的印象，是一個非常精明的知識份子的面孔，可是在好幾天裏面，我總沒有證實這一點的機會。我第二次看見他是傍晚的時候。毛澤東光著頭在街上走，一邊和兩個年輕的農民談著，一邊認真地在做著手勢。我起先認不出是他，後來等到別人指出才知道。南京雖然懸賞二十五萬元要他的首級，可是他卻毫不介意地和旁的行人一起在走。」①

斯諾還寫道：

「毛澤東和他的夫人（引者註：指賀子珍）住在兩間窯洞裏，四壁簡陋，空無所有，只掛了一些地圖。毛氏夫婦的主要奢侈品是一頂蚊帳。除此之外，毛澤東的生活和紅軍一般戰士沒有什麼兩樣。做了十年紅軍領袖，千百次的沒收了地主、官僚和稅吏的財產，他所有的財物卻依然是一捲鋪蓋、幾件隨身衣物——包括兩套布制服。」

就在斯諾訪問毛澤東之後五個多月，一彪人馬沿著黃土山路朝保安城進發，來者十餘人，從西安乘汽車來到洛川，然後改爲騎馬，向北急馳，騎者一律穿張學良東北軍軍服。

爲首的一位，年約四十，相貌堂堂，頗爲斯文。與其說是軍人，倒更像書生，這一隊人馬離保安尚有二十餘里，一位穿紅軍軍服的長者，出廓相迎。

兩人見面時，長者剛說了一句：「老葉，一路辛苦了！」那來者便大笑道：「林老，你不是來接我，你是來接『光洋』的！」

那「老葉」，乃葉劍英也。「林老」，則是林伯渠。

林伯渠所說的「光洋」，是他從葉劍英拍來的電報中獲悉的。林伯渠那時任財政部長，手頭正拮据，得知葉劍英此行運回五萬光洋，喜出望外，理所當然出廓迎接。雖說五萬大洋，還只是蔣介石懸賞毛澤東首級的二十五萬大洋的五分之一，不過對於困頓之中的紅軍已是久旱甘霖了。

葉劍英哪來這麼多光洋呢？

「馬夫」葉劍英潛入西安

那是兩個多月前——一九三六年九月下旬，也是一隊人馬，出了保安城，朝鄜縣（富縣）張村驛前進，由那裏進入東北軍駐地，再換乘汽車，直奔西安。

那一行人，穿國民黨軍服。爲首的那位，胸佩「國民黨中央軍事委員會」圓形證章，顯然是長

官。不離左右、腰紮武裝帶的，則不言而喻是副官。還有一位西裝筆挺、頭戴禮帽的，風度瀟灑，則是秘書。

這一隊人馬，據云是國民黨軍事委員會派往保安的代表團，與紅軍進行談判。其實，那位長官名喚邊章伍，三十六歲，河北東鹿縣人氏，早年倒是畢業於保定軍官學校，曾任國民黨第二十六路軍師參謀長。但是他一九三一年十二月參加寧都暴動，加入了中共，出任紅軍第五軍團十四軍四十師師長。並參加了長征。

那位副官，二十九歲，河南鎮平人氏，姓彭名雪楓。他在一九二六年加入中共，擔任過紅軍師長、師政委，並參加了長征。

至於那位秘書，平素便有著「小開」的雅號，剛入「而立」之年，江蘇宜興人氏。一九二五年加入中共。他曾任左翼文化總同盟中共黨組書記、中國工農紅軍總政治部宣傳部長，爲人精明，還曾長期在中共特科工作。他的知名度頗高，潘漢年也。

在這支隊伍裏，還有汪鋒、吳自立等。

隊伍中最不引人注意的，是一位穿國民黨士兵服的馬夫。此人才是整支隊伍的真正的長官——葉劍英將軍。

這支隊伍的名單，經毛澤東和周恩來在保安窯洞裏逐一審定，派往西安。這是一支神秘的隊伍，肩負著重要的使命。臨行前，毛澤東、周恩來跟那位「馬夫」作了長時間的密談。

這支隊伍在鄜縣張村驛進入東北軍的防區。東北軍一位姓劉的師長已經接到張學良的密令，用汽車送他們前往西安，一路上通行無阻——毛澤東正在和蔣介石下一盤歷史之棋，他把葉劍英一行

作爲一顆「暗棋」，挺入西安城內。

坐鎮西安的，乃是國民黨軍事委員會海陸空軍副司令，西北剿匪總司令部副司令張學良。那時，在蔣介石的眼中，共產黨是「匪」，稱之「共匪」。所謂「剿匪」，亦即剿共。一九三五年十月三日，上海《中華日報》在刊載「西北剿總」成立的消息時，用了這樣的大字標題：

徹底肅清匪患　將在西安設立西北剿匪總司令部
俟組織就緒　蔣委員長親往巡視
將來由張學良常駐指揮一切
匪主力竄至甘川陝邊境　我即開始圍剿

年僅二十五歲的「西北剿總」副司令張學良，眾所周知，是「東北王」張作霖之長子。東北是他的老家。他的軍隊，人稱「奉軍」，又稱東北軍。「奉」，是由於當時瀋陽稱「奉天」。

張學良與日軍有著切齒之仇：一九二七年六月四日清晨，瀋陽西北皇姑屯車站附近的南滿鐵路吊橋，突然發生大爆炸，炸毀正從橋上駛過的一列火車。車上坐的正是張作霖。他被炸成重傷，急急送回瀋陽，當天上午九時半斷氣。

那炸藥，是日軍埋的。這殺父之仇，使張學良與日軍誓不兩立。緊接著，一九三一年九月十八日發生「九・一八事變」，日軍突然襲擊，一夜之間攻佔了瀋陽。又花了四個月十八天，全部侵吞了東北三省。張學良失去了老家，東北軍被迫「流浪」……

然而，當毛澤東率紅軍抵達陝北，用蔣介石的話來說，亦即「匪主力竄至甘川陝邊境」，蔣介石下了一著「妙棋」：把張學良的東北軍這顆「大棋子」移至西北，並任命張學良爲「西北剿總」副司令。張學良並非蔣介石嫡系。蔣介石用東北軍打紅軍，既可削弱東北軍，又可消耗紅軍，可謂「鷸蚌相鬥，漁翁得利」。張學良明知是計，無奈迫於蔣介石軍令，不得不於一九三五年六月間率十三萬東北軍開入潼關，坐鎭西安……

毛澤東深知張學良的心態。明裏，中共那時把張學良跟蔣介石相提並論，罵爲「賣國賊」。那篇著名的「八一宣言」，亦即一九三五年八月一日發表的《中華蘇維埃政府、中國共產黨爲抗日救國告全體同胞書》中，便這麼寫道：

「最痛心的，在我們偉大民族中間，卻發現著少數人面獸心的敗類：蔣介石、閻錫山、張學良等賣國賊。黃郛、楊永泰、王揖唐、張群等老漢奸，數年以來，以『不抵抗』政策出賣我國領土，以『逆來順受』的主張接受日寇一切要求……」②

然而，暗裏，毛澤東頻頻派出密使，前往西安城裏。葉劍英一行，便是其中一批重要的密使。

「馬夫」葉劍英來到西安，搖身一變，成了「吳先生」，住入張學良機要隨從參謀孫銘九家中……

毛澤東、張學良之間架起了熱線

圓圓的腦袋上密佈著薄薄一層白色短髮，個子不高而肩胛甚寬，坐在那裏，頭、頸、背成一直線，孫銘九如今雖已八十有四，仍一派軍人風度。筆者走訪了這位「歷史老人」，在他的客廳裏，見到牆上懸著幾幅葉劍英元帥一九七九年和他在上海的合影。

孫銘九是張學良的心腹。不久前有人問張學良將軍，如果他重訪大陸，要見些什麼人？張學良首先便提到了孫銘九。一九九一年八月，沉默多年的張學良在台北一家飯店首次接受外界採訪——向日本NHK電視台導演長井曉講述了當年坎坷歷程。

此後不久，長井曉來滬，給孫銘九放映了採訪張學良的錄影帶，並說：「張將軍很關心你的情況。」孫銘九一邊看，一邊熱淚縱橫……

孫銘九，一九〇八年一月十三日出生於遼寧新民縣（今屬瀋陽市）。往日的報導上，寫作「孫銘久」。我問起他怎麼會改名。他說上私塾時，老師給他取名「明久」，弟弟叫「明昌」。後來他去日本，改爲「銘久」。解放後，柯慶施當上海市市長，聘他爲市府參事，那聘書上寫成「孫銘九」，從此也就這樣沿用下去。

孫銘九原本在天津張學銘手下當教官。張學銘是張學良之弟，孫銘九則是張學銘同學。一九三一年，張學良出任國民黨海陸空軍副總司令。從南京經天津赴北平。路過天津時，張學銘派孫銘九護送哥哥張學良，張學良頗爲看重孫銘九，送了一塊表面上印著他的頭像的錶。

這錶是張學良向瑞士訂製的，專送給一些關係密切、友情甚篤的友人。得了這塊錶，表明張學良對孫銘九的充分信任。此後，孫銘九成了張學良的機要隨從參謀。後來，又擔任衛隊營營長，成爲張學良嫡系中的嫡系。

東北軍進軍西安，張學良住在城內金家巷，孫銘九則住在不遠處的一座四合院。當那「馬夫」進城之後，張學良關照孫銘九，一位紅軍代表「吳先生」要住在那四合院內，務必保證「吳先生」的絕對安全。

孫銘九不敢怠慢，他和夫人劉靜坤改住門房，上房住的是張學良隨從秘書應德田，讓出了廂房。廂房共三間，當中的一間是過道，裏間住著中共黨員朱光亞，另一間靠近門房的，則安排給「吳先生」下榻。孫銘九對放哨的部下說，「吳先生」是他的親戚，進進出出不得阻擋，不得盤問。

住了數日，孫銘九見張學良總是秘密會見「吳先生」，便知此人來歷不凡。當他從張學良那裏得知，「吳先生」原來是紅軍名將葉劍英，更是加強了安全保衛工作。

張學良——葉劍英——毛澤東之間，架起了一條秘密「熱線」。光是一九三六年十月，葉劍英在西安城裏發往紅都保安的密電，便達十八次之多。

葉劍英平日深居簡出。有一天，他去澡堂洗澡，被孫銘九得知，頗爲著急。孫銘九擔心，葉劍英當年在黃埔軍校擔任教授部副主任，學生們都認得他，萬一在西安街頭被人認出，那就麻煩了。孫銘九關照葉劍英，再不能去公共澡堂。

又有一回，西安城裏一個中共秘密聯絡站附近，突然出現許多警察。中共地下人員以爲出事，飛報孫銘九。孫銘九當即用汽車從家中接走葉劍英。後來才知道，那些警察並非搜查秘密聯絡點，

於是那汽車載著葉劍英在外兜了一圈之後，又重返那四合院。

葉劍英不光是溝通了張學良和毛澤東的聯繫，甚至通過張學良，還溝通著「西北剿總」司令蔣介石和被蔣介石稱之爲「匪」的毛澤東之間的聯繫。

毛澤東、周恩來託葉劍英帶了一封信給張學良，其中提及：「將敝方意見轉達蔣介石先生速即決議，互派正式代表談判停戰、抗日的具體條件。」

十月二十九日，葉劍英在西安發密電給中共中央：

「蔣、張已會談，結果亟惡。蔣表示匪不剿完決不抗日……劍（英）擬三日後離西（安）回保（安），詳細報告。可否，覆。」

在十一月上旬，發自保安的電報告知葉劍英：「回保安商量，並順便問張將軍可否幫助我們一點經費？」葉劍英當即向張學良轉告了來自紅都的意思。

張學良對紅軍充滿友情，一口答應給紅軍五萬光洋。

當葉劍英覆電保安，財政部長林伯渠當然欣喜萬分。

正因爲這樣，林伯渠出廓二十里，前去迎接葉劍英一行……

然而，作爲「西北剿匪總司令部」副司令的張學良，怎麼在暗中如此慷慨援「匪」呢？

天主教堂裏的徹夜密談

一九三六年四月九日上午，一架「波鷹」（今譯「波音」）飛機從陝西中部的洛川縣起飛。在那時，黃土地上空難得見到飛機的影子。

飛機鑽入雲霄，不知去向。

飛機的駕駛員，竟是三十五歲的張學良將軍！

張學良多才多藝，會開汽車、摩托車，也會開飛機。

一九三四年，張學良乘車去鄂東麻城視察。當地的「父母官」聞張將軍至，率部下出廓三十里迎接。等了許久，等不到張學良，後來才知道，公路上曾駛過一輛汽車，那司機便是張學良！當地的「父母官」見到那輛車，以爲是「開道車」，張將軍的專車必定在後邊哩！

又有一回，張學良在天津，因急事要趕回北平。他竟駕著一輛摩托車，獨自急駛，只花了兩個來小時，便回到了北平！

他購了一架「波鷹」飛機，成了他的專機。他喜歡飛來飛去。飛機快捷，辦事效率高。

這一回，他親自駕機飛行，卻爲的是高度保密。飛機上的三位乘客，是經他嚴格挑選的：東北軍六十七軍軍長王以哲、隨身機要參謀孫銘九。還有一位神秘的人物。

飛機起飛後，繞了一個圈子，然後才朝北飛行。直至機翼下出現蜿蜒的黃濁的延河，還有那小山頂上的寶塔，張學良才降低飛機的高度，穩穩地降落在一片河灘上。那便是膚施，亦即延安。

孫銘九記得，一行四人下了飛機，朝城裏步行。沒多久，來到膚施城東北軍住地休息，等待著

一位重要的人物的到來——此人來自紅區，現已在膚施城東川口，準備天黑時分進城。

張學良知道這位要人的到來，是因爲他在三日前——四月六日，接到毛澤東、彭德懷從瓦窯堡發給張學良、王以哲的電報：

「敝方代表周恩來偕李克農於八日赴膚施，與張先生商談救國大計，定七日由瓦窯堡啓程，八日下午六時前到達膚施城東二十里之川口，以待先生派人至川口引導入城，關於入城之安全請張先生妥爲佈置。……」

原來，那位要人便是周恩來！

周恩來一行五人，副手爲李克農。李克農，安徽巢縣人氏，一九二六年加入中共，一九二八年起便在上海中共中央特科從事秘密工作。

一九三一年四月下旬，中共中央政治局候補委員、特科三科科長顧順章在武漢被捕、叛變，供出了擔任國民黨中央組織部調查科首腦徐恩曾的機要秘書錢壯飛乃中共黨員，供出了正在上海的周恩來的地址。那從武漢發往南京的電報被錢壯飛知悉，火急轉告李克農，李克農迅即安排周恩來及中共中央在上海的機關轉移……李克農參加了長征，抵達陝北後出任中共中央聯絡局局長。張學良便是他的聯絡對象。

夜幕低垂，周恩來一行五人秘密地來到膚施城內天主教堂，張學良早已在那裏恭候。這是周、張平生頭一回見面。周恩來留著濃黑長髮，張學良稱之「美髯公」。張學良與「美髯公」一見如故，相談甚歡。五十多年後，張學良在台北接受日本ＮＨＫ電視台採訪時，回憶初識周恩來，便作出十二字評價：「反應敏銳，言談出眾，學識淵博。」

張學良介紹了與他同機而來的神秘人物，說是他的秘書。周恩來一見這位張學良秘書，不禁大笑起來，與他熱烈握手。

聽張學良介紹說：「這是貴黨的劉鼎先生」，周恩來也就順口稱那人爲「劉先生」，說道：「劉先生好！」那人也連聲說：「周先生好！周先生好！」

其實，這位「劉先生」，是周恩來的老部下，三十三歲，四川南溪人氏，真名闞尊民，化名劉鼎，後來竟以化名傳世，一九三〇年，當劉鼎從蘇聯留學回來，到了上海，便是向周恩來報到的。劉鼎和他的妻子吳先清，都是周恩來領導下的特科工作人員。劉鼎精明能幹，頗得周恩來賞識。吳先清也是一員強悍的女將。一九三三年，吳先清調離中共中央特科，在共產國際遠東情報局擔任諜報組組長，她居然就住在上海市警察局局長閔鴻恩的隔壁！

至於劉鼎怎麼會變成張學良的秘書？倒也頗爲曲折：

一九三五年五月，上海曾發生轟動中外的「《新生》事件」。《新生》是一家週刊，在二卷第十五期發表了署名易水的《閒話皇帝》一文。文中寫道：「目下的日本……捨不得丟棄『天皇』的這一個古董，是企圖用天皇來緩和一切內部各階層的衝突，和掩飾了一部人的罪惡。」還說：「在現今的皇帝中，最可憐的，恐怕還要數僞滿洲國的僞皇帝溥儀了」。……

此文發表之後，日本駐滬總領事向上海市政府提出強烈抗議。國民黨上海市政府居然以妨害「邦交」爲由，由江蘇高等法院第二分院判處《新生》發行人杜重遠有期徒刑一年零二個月。

杜重遠是吉林懷德縣人，與張學良私交頗深。一九三五年十一月下旬，張學良由南京來滬時，看望了正在獄中的杜重遠。杜重遠的一句話，深深打動了張學良的心：「不聯共抗日，就是空談抗

日！」

張學良聽進了杜重遠的話。二十多天後，他在滬秘密會晤了東北義勇軍將領李杜。李杜是遼寧義縣人，年長張學良二十多歲，曾在奉軍任職，擔任過長春戒嚴司令、東北陸軍第十五師師長，授陸軍中將銜。「九・一八」事變後，任吉林自衛軍總司令，揭起抗日大旗。他曾於一九三三年八月上了廬山，面謁蔣介石，提出組織東北義勇軍四條政見，被蔣介石所拒絕。

張學良在上海見到了老部下李杜，頗爲欣喜。言談之中，李杜的意思與杜重遠完全一致：「聯共抗日！」張學良知道李杜雖不是中共黨員③，但與中共有聯繫。張學良以爲中共中央在上海，便託李杜與中共聯繫，能否與中共領導人商談聯合抗日之事。

李杜果真有辦法。一九三六年三月初，李杜從上海給張學良發來電報：「尋找的朋友，已經找到。」張學良當即派了高級參謀趙毅前往上海，把李杜所介紹的「朋友」接往西安。三月十一日，張學良跟這位「朋友」首次見面。這位「朋友」便是劉鼎！劉鼎作爲中共代表，留在張學良身邊工作，而對外則稱是「秘書」。

除了張學良主動找中共聯繫之外，中共也主動找張學良，張學良部將高福源，於一九三五年十月在榆林橋戰役中被紅軍所俘，進入中共所辦「東北軍軍官政治學習班」。經過學習，高福源換了思想。一九三六年一月，高福源攜毛澤東、周恩來致張學良的信件抵達洛川，第一次溝通了中共中央與張學良的聯繫。於是，高福源往返於洛川和瓦窯堡之間。

由於高福源的奔走，中共中央聯絡局局長李克農出面了。在高福源的陪同下，一九三六年二月二十五日李克農冒著鵝毛大雪，在洛川與王以哲見面、會談。接著。三月三日，張學良又親自駕機從西安飛抵洛川，與李克農密談。張學良向李克農提出，希望面晤毛澤東或周恩來……

高福源、李克農、劉鼎秘密地穿針引線，終於促成了膚施教堂裏周恩來和張學良的徹夜長談……

毛澤東從「反蔣抗日」到「逼蔣抗日」

周恩來雖說是跟張學良頭一回見面。才說了幾句話，便猛然縮短了距離。

據周恩來回憶，他跟張學良一見面便說：「我是在東北長大的。」

張學良當即接上去說：「我知道，我聽我的老師張伯苓說起過。」

張伯苓，天津人氏，曾創辦天津南開中學、南開大學（後來，在一九四八年任國民黨政府考試院長）。周恩來十五歲時就讀於南開中學，校長便是張伯苓。周恩來覺得奇怪，張學良怎麼也是張伯苓的學生？

張學良笑道：「我原來抽大煙、打瑪啡，後來聽了張伯苓的規勸，完全戒除了，因此拜伯苓爲師。」

笑罷，張學良又道：「我和你同師。」

這別具一格的寒暄既畢，雙方便切入正題。

對於共同抗日，雙方毋須多言，早已一致：日軍佔據了東北軍的老家，使他們背井離鄉來到西

北，東北軍全軍上下抗日一心，與中共的抗日主張完全吻合。

周恩來跟張學良會談的核心是如何對待蔣介石。

周恩來說明了中共的立場：蔣介石奉行「攘外必先安內」的政策，「安內」即「剿共」，因此中共不能不針鋒相對地提出「抗日反蔣」。

周恩來說：「願聞張將軍意見。」

張學良直率陳言。他以爲紅軍是「真抗日」的隊伍，這毋庸置疑。蔣介石呢？據他觀察，蔣介石也可能抗日，「抗日反蔣」這口號不利於團結抗日。

張學良說明了自己的理由：蔣介石是國內最大的實力派，又是國民黨的主流派。如果反蔣，勢必拋棄了國內最大的一支力量。蔣介石提出「攘外必先安內」，這固然是錯的，但蔣介石並未降日。蔣介石現正在歧路上。

張學良說：「在國民黨要人之中，我只佩服蔣介石，他尚有民族情緒和領導能力，故寄希望於蔣介石抗日。但是，蔣介石左右也有很多親日派，使他不能下抗日決心，而且處於極度矛盾之中。我主張，我在裏面勸，共產黨在外面逼，促使蔣介石改變錯誤政策，走抗日之路。如果蔣介石真的降日，那我就辭職另幹！」

周恩來非常仔細地傾聽著張學良這番「抗日必須聯蔣」的主張，以爲頗爲在理。周恩來說：「作爲我個人，贊同張將軍意見。但這是個大政策，我要回去，帶上張將軍的意見，提請中共中央考慮、決定。」

對於周恩來的表態，張學良覺得很爲滿意。雙方推心置腹，充分信任。會談直至翌日凌晨四時結束。臨別，張學良把《申報》六十週年紀念印製的我國第一本比較精確的高投影彩色地圖贈周恩來，意味深長地說：「共同保衛中國！」……

周恩來離去時，原本一行五人，此時變成了六人——劉鼎亦隨他前往瓦窯堡，向毛澤東匯報。

對於中共改變「反蔣抗日」口號，張學良的意見起了重要作用。

巧真巧，就在一九三六年四月九日夜十二時——那時周恩來正在膚施跟張學良密談，毛澤東發給洛甫（張聞天）的電報中，便寫道：

「目前不應發佈討蔣令，而應發佈告人民書與通電。」

「在此時機發討蔣令，策略上把我們自己最高的政治旗幟弄模糊了。我們的旗幟是討日令，在停止內戰的旗幟下實行一致抗日，在討日令旗幟下實行討蔣，這是最便利於實行國內戰爭與實行討蔣的政治旗幟，中心口號在停止內戰。……」④

毛澤東所說的「在討日令旗幟下實行討蔣」，亦即「反蔣抗日」或「討日討蔣」。

周恩來一行離膚施不久，遇大雨，不得不中途住十里鋪，於四月十二日回到了瓦窯堡，向毛澤東及中共中央匯報了膚施天主教堂密談的內容，特別是轉達了張學良的「聯蔣抗日」的意見。毛澤東接受了張學良的意見。

一九三六年五月五日，以中華蘇維埃人民共和國中央政府主席毛澤東、中國人民紅軍革命軍事委員會主席朱德聯名發表的《停戰議和、一致抗日通電》中，不再像往常稱「賣國賊蔣介石」了，而是以「蔣介石氏」這樣中性、不褒不貶的稱呼相稱。

《通電》向南京政府「諸公」進言：

「……以『兄弟鬩於牆外禦其侮』的精神，在全國範圍首先在陝甘晉停止內戰，雙方互派代表，磋商抗日救亡具體辦法，此不僅諸公之幸，實亦民族國家之福。如仍執迷不悟甘爲漢奸賣國賊，則諸公的統治必將最後瓦解，必將爲全中國人民的所唾棄，所傾覆。語云：『千夫所指，不病而死』，又云：『放下屠刀，立地成佛』，願諸公深思熟慮之。」⑤

這一段話，有著鮮明的「毛氏筆法」的特色。雖朱毛聯名通電，顯然出自毛澤東筆下。

到了一九三六年九月一日，中共中央發出的內部指示，則明確地指示全黨改變「抗日反蔣」的口號爲「逼蔣抗日」：

（一）目前中國的主要敵人，是日帝，所以把日帝與蔣介石同等看待是錯誤的，「抗日反蔣」的口號，也是不適當的。

（二）在日帝繼續進攻，全國民族革命運動繼續發展的條件之下，蔣軍全部或其大部有參加抗日的可能。我們的總方針，應是逼蔣抗日……⑥

楊虎城曾二度申請加入中共

周恩來跟張學良會談後，向毛澤東作了匯報，又匆匆離去。翌日——一九三六年四月十四日，毛澤東致電周恩來：

「張楊兩部關係由你統一接洽並指導之，以其處置隨時告我們，我們一般不與發生關係，對外示統一，對內專責成。」

毛澤東此處提及的「楊」，即楊虎城。

楊虎城與毛澤東同庚，都生於一八九三年，他是陝西蒲城人氏。楊虎城本名楊𧆞，這是一個很冷僻的名字，唸「忠」。後來以號為名，改為楊虎臣。據其女楊拯英告訴筆者⑦，楊虎城與謝葆真戀愛時，情書署「呼塵」，亦即「虎臣」諧音。一九二六年，他主持陝西軍務，在吳佩孚部將劉鎮華入陝時，他和李虎臣一起堅守西安，人稱「二虎守長安」。為表守城之志，兩人均改名「虎城」，即楊虎城、李虎城，一時傳為佳話。後來，楊虎城竟以此名傳世。

楊虎城在一九二四年加入國民黨，旋任國民軍第三師師長。一九二九年投歸蔣介石，任國民革命軍新編第十四師師長。不久，任十七路軍總指揮，兼任陝西省政府主席，成為陝西權重一時的人物。他的軍隊大都是本地兵，稱「西北軍」。與張學良的東北軍一樣，西北軍也非蔣介石嫡系。

一九三三年三月，蔣介石派嫡系胡宗南部隊進入甘肅，以鉗制楊虎城。同年六月三日，蔣介石突然宣佈解除楊虎城的陝西省政府主席之職。委派邵力子替代。於是，蔣、楊矛盾日益明顯。自從張學良的東北軍入陝，張、楊兩將軍很快就結為摯友，因為他們都主張抗日，主張聯共，而且又都與蔣介石有著矛盾。

比起張學良來，楊虎城與中共的關係更深，楊虎城甚至多次申請過加入中共……

早在一九二七年，當楊虎城出任國民革命軍第二集團第十路軍總司令時，他的四周便一片「赤

色」：軍部秘書長蔣聽松是中共黨員，軍部政治處處長魏野疇是中共黨員，第一師參謀長寇子嚴、第二師政治處處長曹力如也都是中共黨員。他辦了個軍事學校，校長南漢宸也是中共黨員——後來，南漢宸出任中共中央統戰部副部長、中國人民銀行總行行長、中國銀行董事長。

給了楊虎城以極大影響的，還有一位意想不到的小小女子。她便是前文已經提及的謝葆真。

據楊拯英告訴筆者，謝葆真原名謝寶珍，西安人，比楊虎城小整整二十歲。

一九二七年，十四歲的謝葆真剪掉了辮子，換上軍裝，成爲馮玉祥的國民革命軍第二集團軍總司令部政治部所直轄的「前線工作團」團員。這個「工作團」，近似歌舞團。政治部部長乃中共黨員劉伯堅，他早在一九二二年便加入中共，擔任旅歐總支部書記。「工作團」團長乃中共黨員宣俠父，一九二三年加入中共，黃埔軍校一期畢業生。受劉伯堅、宣俠父影響，小小年紀的謝葆真加入了中共。

不久，謝葆真被調往正駐守在安徽省太和縣的楊虎城部隊的政治處宣傳科工作。楊虎城愛上了這位年輕活潑的女性。

楊虎城在與南漢宸、魏野疇談話時，好幾次提及，希望能讓謝葆真幫助他「讀書學習」。南漢宸、魏野疇知道楊虎城所說的「讀書學習」的含意。於是，他們向中共河南省委請示——太和縣在安徽西北部，與河南相鄰，楊虎城部隊中的中共組織當時受中共河南省委領導。一九二八年一月，中共河南省委批准了謝葆真和楊虎城結婚。於是，三十五歲的楊虎城和十五歲的謝葆真，在一九二八年春節前夕步入太和縣教堂，舉行了婚禮。

對於楊虎城來說，這是他的第三次婚姻：第一次：一九一六年，二十三歲的他和羅培蘭結婚。

第二次：一九一九年，二十六歲的他和張惠蘭結婚。

在和謝葆真結婚的宴會上，有人問：「楊將軍，你爲什麼愛上小謝？」

楊虎城坦然答道：「我知道她思想進步。結了婚，她可以直接幫助我。」

謝葆真即接著說道：「我不要你山盟海誓，只要你革命就行了！」

楊虎城高高舉起酒杯：「好！爲革命到底，白頭到老，乾杯！」

楊虎城決意和謝葆真結合，是知道小謝的政治身分。也正因爲這樣，楊虎城才會向南漢宸、魏野疇提出要小謝幫他「讀書學習」——他知道南、魏的政治身分。

楊虎城在一九二七年冬，便曾提出申請，要求加入中共。當時中共河南省委致中共中央的報告中，便寫及：

「楊本人近來因環境所迫，非常同情我黨，並要求加入我黨，要求我們多派人到他的部隊中去，無論政治工作人員和軍事工作人員都歡迎。」⑧

但是，中共河南省委又認爲，「楊軍係土匪和民團湊合而成」。⑨爲此，他們沒有同意楊虎城加入中共——只是批准了謝葆真和楊虎城結婚。

一九二八年四月，楊虎城和妻子謝葆真及秘書米暫沉（亦為中共黨員）赴日本療養，在日本再度向中共東京市委提出申請，要求加入中共。他說他要「作一個賀龍」。中共東京市委即向中共中央請示。

一九二八年十月九日，中共中央函覆中共東京市委：

「楊虎臣中央已允其加入，交由你們執行加入手續。加入手續如下：須三個同志的介紹，候補

期爲半年。再望你們與他談一次話，指明兩點：（一）目前黨的任務主要是爭取廣大的群眾以準備暴動，而不是馬上就要實行總暴動，總暴動是我黨的前途，目前當不是一個行動的口號而是一個宣傳的口號，尤不是每個同志一加入就派回國來暴動。（二）每個黨員加入後，如在工作上需要時，黨仍須調其往他處工作，不應給某個同志以固定時期的修（休）養。」⑩

此函由於傳遞延誤，送達東京時，楊虎城已於一九二八年十一月十六日回到上海，中共東京市委錯過了爲楊虎城辦理入黨手續的機會。楊虎城呢？他誤以爲中共不同意他入黨，既然兩度申請均未獲准，從此他也沒有再提出加入中共的申請——雖說中共中央一九二八年十月九日函，已批准他加入中共。

不過，楊虎城對中共一直有著親切感。何況，他的妻子謝葆真、秘書米暫沉均爲中共黨員，不斷溝通著他與中共之間的聯繫。

後來，當他出任陝西省主席時，居然任命南漢宸爲省政府秘書長——雖說那時南漢宸自一九二八年因中共河南省委遭破壞，而失去組織關係。

紅色密使頻訪楊虎城

毛澤東率紅軍抵達陝北後，目光關注著這位西北軍的首腦。毛澤東知道楊虎城曾有過紅色歷史，以及和中共的密切交往，便在暗中和他聯絡。

一位中共密使，懷揣毛澤東親筆信，於一九三五年十一月從陝北鄜縣西部紅軍前線指揮部出發，潛入西安。此人名叫汪鋒。

據汪鋒回憶，他那時正在瓦窯堡，忽地賈拓夫前來找他。瓦窯堡，賈拓夫那時化名關鋒——三十年後關鋒曾名噪中國，只不過那位「中央文革」的關鋒，並非此關鋒。賈拓夫這「關鋒」在「文革」中挨鬥，於一九六七年五月含冤去世。

賈拓夫是陝西神太縣人，一九二八年加入中共，擔任過中共陝省委秘書長，參加過長征。此時，他擔任陝甘寧邊區中央局白區工作部部長。他通知汪鋒，馬上趕往前線總指揮部——鄜縣兩邊的套通塬東村。汪鋒星夜趕到那裏，見到前線總政治部主任楊尚昆，才知是毛澤東找他。

毛澤東在一個土窯洞裏接見了汪鋒，交給他一封致楊虎城親筆信，要他潛入西安，面呈楊虎城。

汪鋒把毛澤東的信縫入羊皮襖，出發了。他一路日夜兼程，在長武縣附近被兩個特務所注意，抓住他搜查，搜出了藏在羊皮襖中的信。幸虧那個人是「土特務」，見信是寫給楊虎城的，嚇了一跳。汪鋒也就趁機說自己乃是西北軍派往紅軍的特工，倒是把對方懵住了。後來，特務同意用卡車「押送」汪鋒進西安，使汪鋒一路上省了許多麻煩。

到了西安，汪鋒把毛澤東的信交給了楊虎城秘書。毛澤東的信，全文如下：

> 鄙人等衛國有心，劍履具備，行程兩萬，所謂何來？既達三秦，願求同志。倘得閣下一軍，聯鏢並進，則山河有幸，氣勢更雄，減少後顧之憂，增加全軍之力。鄙人等更

願聯合一切反蔣抗日之人，不問其黨派及過去之行為如何，只問今日在民族危急關頭是否有抗日討蔣之誠意，凡願加入抗日討蔣之聯合戰線者，鄙人等無不樂於提攜，共組抗日聯軍，並設國防政府主持抗日討蔣大計。

此時此際，毛澤東所提及的，尙是「反蔣抗日」、「抗日討蔣」。

楊虎城看罷，並未對毛澤東的信作出熱烈的反應，只是派軍法處處長張依中出面，招待汪鋒住下，說是容他考慮一些時日。

楊虎城爲什麼如此冷淡？其實，他讀了毛澤東的信，是極度高興的。但是，他從不認識汪鋒，生怕其中有詐——萬一那封毛澤東的信是僞造的，而來者是蔣介石手下的特務，事情就麻煩了。他不能不謹愼行事。

楊虎城急派手下的陝西省府秘書崔孟博去天津。楊虎城知道，崔孟博是中共地下黨員，而那時南漢宸正在天津。楊虎城要崔孟博向南漢宸了解，來人汪鋒究竟是何等人物？是否真的由毛澤東所派？崔孟博抵達天津時，不巧，南漢宸外出，未遇。崔孟博於是前往中共北方局，情報部部長王世英接待了他。

王世英，字子傑，山西洪洞縣人，剛過「而立」之年。他雖年輕，卻從事中共地下工作多年。一九三一年，他作爲中共特派員潛伏國民黨的心臟地區——南京，派出多名中共黨員打入蔣介石的特務部門復興社。翌年，當新的特務組織藍衣社成立時，他又派了七八個中共黨員打入。後來他被國民黨特務察覺，才匆匆離開南京，轉往上海，又轉往天津，出任中共北方局情報部部長。

知道事關重大。王世英親自隨崔孟博前來西安。崔孟博一到西安，馬上告訴楊虎城的機要秘書王菊人，說是他從天津帶來了一位比南漢宸更爲重要的人物。

王菊人巧妙地安排了楊虎城和王世英見面：他先把王世英帶到西安九府街楊虎城的別墅止園，讓王世英坐在客廳東面的一間小屋裏，然後把門反鎖，帶走鑰匙，交給了楊虎城。中午時分，楊虎城說是要到止園午睡。待警衛們離開客廳之後，他悄然打開小屋的鎖，入內與王菊人進行低聲密談……

就這樣，楊虎城不僅與中共北方局有了直接的聯繫，而且從王世英那裏得到證實，汪鋒確係毛澤東所派。

楊虎城臉上狐疑的神色消失了。他終於決定親自會晤汪鋒。他跟汪鋒熱烈地進行了交談。

汪鋒在西安城裏住了一個多月，跟楊虎城進行了三次會談。

此後，毛澤東又頻頻派出密使，進入那座四四方方的西安城：

一九三六年春，從德國留學歸來的王炳南，被派往楊虎城那裏，負責楊和中共之間的聯絡工作。

一九三六年八月十三日，毛澤東又寫親筆函致楊虎城，交秘書張文彬前往西安，面呈楊虎城。

二十六歲的張文彬，湖南平江人。他後來曾任中共南方工作委員會副書記、廣東省委書記，於一九四四年死於國民黨獄中，時年不過三十四歲。所以不大爲人所知曾任毛澤東秘書。

毛澤東這封信寫道——

虎臣先生勳鑒：

先生同意聯合戰線，盛情可感。九個月來，敝人未曾視先生為敵人。……先生如以誠意參加聯合戰線，則先生之一切顧慮與困難，敝方均願代為設計，務使先生及貴軍全部立於無損有益之地位。比聞貴部將移防膚施，雙方更必靠近，敝方慶得善鄰，同時切望貴部維持對民眾之紀律，並確保經濟通商。雙方關係更臻融洽，非特兩軍之幸，抑亦救國陳戰之福。具體辦法及迅速建立通信聯絡等事，均囑張同志趨前商訂。專此奉達，不盡欲言。敬頌

公祺

毛澤東

八月十三日

射向汪精衛的子彈幫了蔣介石大忙

走筆行文至此，該掉過筆頭，寫一寫本書的另一主角——蔣介石了。

那時的蔣介石，面臨著三大對手：

就國際而言，日軍步步進逼，威脅著他的生存；

就國內而言，毛澤東領導的中共，被他視爲心腹大患；

就黨內而言，汪精衛跟他面和心不和，爭權奪利日烈。

自一九三二年一月二十八日汪精衛出任國民政府行政院長，三月六日蔣介石出任軍事委員會委員長，形成了「汪主政、蔣主軍、蔣汪聯合主黨」的「蔣汪體制」。然而，一九三五年十一月一日，一陣突然響起的槍聲，擊碎了勉強維持了三年多的「蔣汪體制」……

那天，國民黨四屆六中全會在南京舉行。會議按照預定的程序，一步接一步進行著：

清早七時，全體代表到紫金山中山陵謁陵；

上午九時，會議在中央黨部禮堂開幕，由汪精衛作報告；

汪精衛的報告不過二十來分鐘。報告畢，一百多名中委走出禮堂，在門口拍照留念。中委們分成五排，前排坐，後排站。

前排正中的兩把椅子，理所當然是留給蔣介石、汪精衛坐的。汪精衛已經坐定，而蔣介石的位子卻空著。

等了一會兒，說蔣介石有事，不來拍照了。於是，九時三十五分，一陣「咯嚓」聲之後，攝影完畢。

就在中委們回身朝禮堂走去時，在記者群中忽地發出「打倒賣國賊」的呼喊，緊接著連響三槍，均命中汪精衛：一槍中左臂，一槍中左頰，一槍中背部肋骨。

汪精衛踉蹌倒下。

這突如其來的槍聲，嚇懵了張靜江，他連忙趴在地上。孔祥熙趕緊鑽到附近一輛汽車底下。倒是張群鎮靜，回過身子，一把攔腰抱住那開槍的記者。那記者這時又連鳴兩槍。說時遲，那時快，張學良飛起一腿，踢掉了記者手中的短槍。

這時，汪精衛的衛士，擊倒了那記者。

蔣介石聞槍聲，帶著衛士趕來。他趕緊來到汪精衛身邊，半跪著，扶起汪精衛的頭，那模樣極爲關切。

正在淌血的汪精衛，以爲自命難保，吃力地對蔣介石說道：

「蔣先生，你今天大概明白了吧。我死之後，要你單獨負責了。」

這時，正在一側的汪精衛之妻陳璧君，對蔣介石不客氣了。在她看來，拍照時蔣介石不在場，顯然是蔣介石要對汪精衛下毒手。她當著張學良、陳公博、褚民誼等中委的面，對蔣介石大聲說道：

「你不要汪先生幹，汪先生就不幹，爲什麼要派人下此毒手！」

頓時，蔣介石如同啞巴吃黃連，有口難辯！他只得強忍著，陪著陳璧君，把汪精衛急送中央醫院救治。

此事乃爆炸性新聞，馬上被各報刊以醒目地位加以報導，標上「中央震驚」、「舉國震驚」之類大字標題。

議論如沸，蔣介石一時成了猜疑的中心。蔣汪之間，早已面和心不和，所以連陳璧君都當著蔣介石的面，說出那樣的話，更何況別人會說是蔣介石殺汪！

不過，也有明顯的令人費解之處：蔣如要殺汪，何必當著全體中委的面殺他？

其實，那天蔣介石見現場頗亂，張學良、閻錫山及西南的一些地方實力派都帶馬弁二名，記者又那麼多，生怕出事，便坐在休息廳裏，不願去拍照。汪精衛見蔣介石沒有下來，特地去請他。

蔣介石對汪精衛道：「今天秩序很不好，說不定要出事，我決定不參加攝影，我希望你也不要出場。」

汪精衛聞言，說：「各中委已佇立良久，專候蔣先生。如我再不參加，將不能收場，怎麼能行？我一定要去。」

事情果真被蔣介石料中。汪精衛一去，便倒在血泊中！

殺手究竟是誰？

當場被汪精衛衛士擊倒的，是晨光通訊社記者，叫孫鳳鳴。原本是十九路軍的一名排長。他受傷頗重，送入醫院已是垂危了。他斷斷續續地說：「我是一個老粗，不懂得什麼黨派和主義，要我刺汪的主使人就是我的良心！」

雖然孫鳳鳴被列爲「要犯」，蔣介石下令全力搶救，以查清此案，憲兵司令谷正倫守在他的床前，但孫鳳鳴只說那麼幾句話，再不願說什麼，於翌晨死去。

此案驚天動地，自然要深究細查。後來才弄明白，只是孫鳳鳴、華克之、張玉華、賀坡光這四位青年策劃的，並無大人物指使。孫鳳鳴要刺殺的，原本是蔣介石。他們認爲，蔣介石對日軍步步退讓，只有殺蔣介石才能拯救中華民族。誰知蔣介石詭詐多疑，那天不下來參加攝影，孫鳳鳴便把子彈射向了汪精衛。

這四位青年中的華克之，如今年已九旬，仍健在。他後來奔往延安，受到毛澤東的接見。他加入中共，成爲潘漢年手下的秘密工作者。一九九二年，江蘇人民出版社出版了《華克之傳奇》，記述他傳奇的一生。

那四位小人物刺殺汪精衛，雖說汪精衛未死，然而重傷使他不得不暫離政壇，出國治療。誠如一九二五年廖仲愷被刺，成了蔣介石晉昇、奪權的絕好機會；這一回，汪精衛被刺，又成了蔣介石獨攬大權的絕好機會——雖說刺廖和刺汪，確實與蔣介石無關。刺客的子彈射向蔣介石的政敵，理所當然給蔣介石幫了大忙。

國民黨的四屆六中全會，是爲召開「五全」大會作準備的。汪精衛遭刺後的第十一天——十一月十二日，國民黨第五次全國代表大會在南京召開。十二月七日，則召開國民黨五屆一中全會，蔣介石當選爲國民黨中央常委會副主席——主席雖是胡漢民，但受蔣排擠而在國外。蔣介石又兼任了原先由汪精衛擔任的行政院長。這樣，蔣介石也就集黨、政、軍大權於一身。「蔣汪體制」——「蔣主軍、汪主政，蔣、汪共同主黨」的局面，從此畫上句號。

這時，毛澤東在中共方面的地位，與蔣介石頗爲近似：在黨務方面，雖然名義上張聞天是總負責，但實際領袖是毛澤東；另外，毛澤東是中華蘇維埃共和國政府主席，又是紅軍的最高軍事首長之一（**雖然中央軍事革命委員會主席此時是朱德**）。

何香凝的裙和續范亭的血

蔣介石對於中共在「四・一二」政變之後，向來是一個「剿」字：

對於井岡山一次次「會剿」；

對於江西中央蘇區五次「圍剿」；

紅軍被迫長征，來個前堵後截；

紅軍到達陝北後，則來個「西北剿匪」。

面對著日本的侵略，蔣介石的「名言」是「攘外必先安內」。此言出典於一九三一年七月二十三日蔣介石的《致全國同胞電》。同年，一月三十日，蔣介石在顧維均就任外交部長的宣誓儀式上，對這一方針又作了如下的解釋：

「攘外必先安內，統一方能禦侮，未有國不統一而能取勝於外者。故今日之對外，無論用軍事方式解決，或用外交方式解決，皆非先求國內統一不能爲功。」

蔣介石把意思說得很明白，那就是只有先消滅中共，方能抗日。

隨著日軍步步深入，國土成片淪陷，抗日呼聲日益高漲，對於蔣介石的「攘外必先安內」國策的不滿愈加強烈。

一九三五年，蔣介石忽地收到一個包裹，其中是一條裙子！是誰給蔣介石寄裙子？爲什麼給蔣介石寄裙子？包裹內放著一首署名何香凝的一首詩。何香凝，廖仲愷夫人也。她的詩，全文如下：

⑪ 爲中日戰爭贈蔣介石及中國軍人以女服有感而作

枉自稱男兒，甘受倭奴氣，
不戰送山河，萬世同羞恥。

吾儕婦女們，願往沙場死，
將我巾幗裳，換你征衣去。

消息傳出，一時間成爲新聞笑談。

剛剛爆過笑的新聞，又爆出哭的新聞：那是一九三五年十二月二十六日下午五時，南京中山陵祭堂前忽地傳出一聲慘叫，一位男子用短劍自戕，血流一地。他的司機急送他至醫院，因搶救及時，才算免於一死。

此人便是國民黨「五全」大會代表、中將續范亭。他在自戕前，留下《哭陵》一詩：

謁陵我心悲，哭陵我無淚；
瞻拜總理陵，寸寸肝腸碎。
戰死無將軍，可恥此為最；
腼顏事仇敵，瓦全安足貴。

續范亭的詩，道出國民黨內抗日軍人的心聲。恰好和何香凝的詩相呼應。

何香凝贈裙，續范亭自戕，是中國抗日大潮中的兩朵花。全國上下對「攘外必先安內」的抨擊日烈。

最使蔣介石惴惴不安的是，在國民黨五屆一中全會上當選爲主席的胡漢民，原是人所共知的國民黨右派，卻居然發表與「攘外必先安內」相左的言論：

「與其亡於日，毋寧亡於赤！」

「寧願掛紅旗，不願掛日旗！」

蔣介石審時度勢，意識到再堅持「攘外必先安內」會危及他的地位。雖說他仍在那裏「剿共」，卻在暗中派出密使，希冀跟中共進行和談……

不過，雖說蔣介石每天都在戰場上跟毛澤東交手，可是要找到一條安全、可靠的秘密途徑給毛澤東遞上橄欖枝，倒也頗費一番周折。

「波茨坦」號上奇特的「隨員」

一九三五年底，國民黨五屆一中全會結束不久，聖誕節前夕，一艘名叫「波茨坦號」的德國巨型郵輪，離開上海黃埔江碼頭，駛向遙遠的歐洲。

船上的貴賓艙裏，住著國民黨政府新派的駐德大使程天放、少將陸軍武官鄷悌。此外，還住著隨員李融清和江帆南。

按照國民黨政府的規定，隨員是不能住貴賓艙的，只能住二等艙或三等、四等艙。這一回，爲什麼破例呢？

原來，那兩位隨員來歷非凡。按職務，比程天放、鄷悌高得多。那位化名李融清的，乃國民黨

中央組織部部長陳立夫，而化名江帆南的，則是國民黨中央執行委員張沖。其實，這和葉劍英化裝成馬夫進入西安酷似——國共兩黨在進行秘密工作時，所用手法竟是如出一轍！

三十五歲的陳立夫是國民黨要人。所謂「四大家族」，即蔣介石、宋子文、孔祥熙、陳果夫陳立夫。

陳果夫、陳立夫是親兄弟，陳果夫爲兄，陳立夫爲弟，浙江吳興人氏。陳家與蔣介石的關係，非同一般：

陳果夫，陳立夫之父，叫陳其業。陳其業之二弟，叫陳其美，亦即陳英士。蔣介石十九歲時赴日本求學，陳其美是他的同學，並介紹他加入同盟會。蔣介石與陳其美爲結盟兄弟，也就視陳果夫、陳立夫爲侄子，深得信任。

陳立夫早年赴美，獲礦業碩士學位。一九二六年夏，陳立夫經其兄陳果夫介紹，出任蔣介石機要秘書，從此成爲蔣介石心腹。

一九二八年，陳立夫任國民黨中央黨部調查科長、國民政府軍事委員會機要科主任。以陳立夫和陳果夫爲首，建立了「中央俱樂部」，英文名稱爲Central Club，簡稱「CC」。CC派成了蔣介石的特工組織。也真巧，「陳」姓的英文開頭字母也是「C」，「CC」恰好是「二陳」！在國民黨五屆一中全會上，陳立夫當選國民黨中央執行委員會常委，足見他地位的顯要。

蔣介石指派陳立夫爲密使，理所當然。至於爲什麼選擇張沖爲陳立夫的副手，有三層原因：

其一，比陳立夫小四歲的張沖，浙江樂清人氏，十九歲時從溫州中學畢業後，便入北京大學俄語系，精熟俄語。

其二，張沖是CC派中堅人物，任中央組織部調查科總幹事。

其三，一年前張沖曾去歐洲考察政治、經濟，熟悉那裏的情況。

這樣，他裝爲「隨員」的陳立夫、張沖，均爲CC要員，一個精通英語，一個諳熟俄語。

令人費解的是，蔣介石爲什麼把密使派往遙遠的歐洲？

那是因爲蔣介石曾非常仔細地讀了共產國際「七大」的文件。共產國際第七次代表大會於一九三五年七月至八月在莫斯科召開。中共代表團在會上提出關於組織「全中國統一的人民的國際政府」的建議書。

季米特洛夫表示「完全贊同中國共產黨的這種提議」。

蔣介石曾訪問過蘇聯，訪問過共產國際，深知共產國際是中共的上級。他捨近而求遠，派出陳立夫、張沖赴歐，爲的是轉道蘇聯，與共產國際取得聯繫，同時也希求建立中蘇抗日同盟。

陳立夫、張沖的行蹤，雖說極端保密，都瞞不過日本間諜機關的眼睛。陳、張在意大利登陸後，正在與莫斯科聯繫，日本的報章公佈了蔣介石密使欲訪蘇聯的消息。蔣介石得知後，急急召回陳立夫和張沖，使兩位密使此行半途而廢。

國共莫斯科密談

就在陳立夫、張沖奉蔣介石之命返回中國之際，蔣介石卻又發出另一份密電到新疆迪化，急令

剛從蘇聯回到迪化的重要人物重返莫斯科，以求完成陳立夫、張沖未曾完成的使命。

此人不過三十一歲，湖南醴陵人，姓鄧，字雪冰，名文儀。鄧文儀和陳立夫、張沖一樣，也是深得蔣介石信任的人。他是黃埔軍校第一期學生，蔣介石的得意門生。一九二五年從黃埔軍校畢業後，送往蘇聯莫斯科大學學習。兩年後回國，擔任黃埔軍校政治部副主任、代理主任——須知，原本擔任主任之職的是周恩來。自一九二八年起，鄧文儀擔任蔣介石的侍從參謀、侍從書記，成爲蔣介石的心腹。四年後，他和戴笠組織三民主義力行社及中華復興社，出任訓練處長，成爲國民黨特務系統要員。考慮到他原來在蘇聯學習過兩年，自一九三四年冬起，他被派往莫斯科，擔任駐蘇聯大使館武官。⑫

當陳立夫、張沖從上海出發，踏上「波茨坦」號郵輪的時候，正值鄧文儀離開莫斯科返國述職，路過新疆迪化。

那時，中共吳玉章等人，在法國巴黎創辦了一份中文報紙，叫《救國報》。《救國報》初爲週刊，後爲五日刊，宣傳中共的主張，發行四十三個國家，也在中國國內的北平、上海、天津、西安、武漢銷售，總發行量達二萬多份。

一九三五年十一月，該報因受法國政府干涉，被迫停刊。但在一九三五年十二月，改名《救國時報》，重新登記，又得以發行。

一九三五年十二月九日的《救國時報》，刊載中共駐莫斯科共產國際代表團所擬的中共宣言，透露重要信息：第一次稱蔣介石爲「南京蔣總司令」！

宣言指出：

「趕快停止中國人和中國軍隊之間的一切內訌」；

「一切願意抗日的各黨派、各社會團體和各群眾組織立刻開始談判共禦外侮的條件和方法」；

「不論蔣總司令的軍隊也好，不論其他黨派的軍隊也好，不論共產黨領導下的紅軍也好，馬上停止內戰，槍口一致對外」。

蔣介石注意到這從巴黎傳來的駐莫斯科中共代表團的重要信息。

一九三六年一月二十二日，蔣介石同蘇聯駐華全權代表鮑格莫洛夫會談時，得悉駐莫斯科的中共代表團確有談判意願。於是，奉蔣介石密令，鄧文儀重返莫斯科，通過蘇聯當局，跟中共駐共產國際代表團進行了聯絡。中共代表團同意與鄧文儀接觸。

於是，鄧文儀與中共代表團團長王明面對面坐在一起，進行了秘密談判。這是國共兩黨自一九二七年決裂之後，頭一回直接進行談判。

據鄧文儀回憶，他跟王明「懇談」；首先說及蔣介石注意到中共代表團在共產國際「七大」上提出的建議書，決定著手與中共進行接觸、談判。

鄧文儀傳達了蔣介石的三項條件：

（一）取消中國蘇維埃政府，這個政府的所有領導人和工作人員參加南京政府；

（二）改編中國工農紅軍爲國民革命軍，因爲同日作戰必須有統一指揮；

（三）國共兩黨間恢復一九二四年——一九二七年存在的合作形式，或任何其他形式。在這種情況下，中國共產黨繼續獨立存在。

五短身材的王明，很仔細地傾聽著鄧文儀傳達的蔣介石三項條件。

鄧文儀還表示，蔣介石已注意到中共的「八一宣言」。

鄧文儀說：「當然，紅軍不會接受國民政府的軍事工作人員，但紅軍和國民政府間應交換政治工作人員以表示互相信任和尊重。蔣委員長知道，紅軍沒有彈藥、武器和糧食。國民政府能夠給紅軍一定數量的武器和糧食，以及派出若干軍隊幫助紅軍，以便紅軍開到內蒙古前線，而國民黨軍隊將保衛長江流域。」

王明馬上表示，紅軍不能「開到內蒙古前線」。因爲那樣意味著：紅軍必須放棄陝北根據地。

王明和鄧文儀的莫斯科會談雖說是短暫的，卻畢竟是歷史性的——共產黨和國民黨終於坐了下來，開始秘密談判。

王明還說明了實情：雖然共產國際是中共的上級，但是要進一步開展國共談判，還是要找在國內的中共中央，要找毛澤東，只有毛澤東，才能最後拍板。

鄧文儀迅即把來自莫斯科的秘密訊息，電告蔣介石。

於是，蔣介石明白「捨近求遠」不行。要解決問題，還得找老對手毛澤東！

肩負重任的「紅色牧師」

又一個重要的訊號，出現在一九三六年一月二十九日法國巴黎出版的《救國時報》上。這一期報紙刊載了中華蘇維埃人民共和國政府主席毛澤東、人民外交委員王稼祥對《紅色中華》社記者所發表的談話。《紅色中華》社，亦即新華社的前身。談話稱：

「中國蘇維埃政府對於蔣介石的態度非常率直明白，倘蔣能真正抗日，中國蘇維埃政府當然可以在抗日戰線上和他攜手……」

這清楚地表明，毛澤東願與蔣介石「攜手」！

也就在這時候，一位神秘的牧師，從上海來到古城西安，求見張學良。他向張學良提出了出乎意料的要求：希望通過東北軍的防地，進入紅軍的防地！

此人自稱姓周，名繼吾，是一位牧師。當然，他深知，光是說自己是牧師，未必能使張少帥答應他那非同一般的要求。他出示了一份重要的證件，那是孔祥熙親筆簽署的「財政部調查員」的委任狀。據云，他要進入紅軍防地進行「調查」。

張學良知道此人來歷不凡，當場沒有馬上答應。在送走這位牧師之後，馬上發密電到南京。南京方面證實，這位牧師確是南京政府派出的重要密使，前往中共中央進行聯絡。

張學良又用電台跟瓦窯堡聯絡，那裏的回電表明，中共中央也知道此人，並請張學良提供方便，幫助此人前往瓦窯堡！

這位牧師，居然在南京和瓦窯堡都得到認可，表明此人神通廣大。

關於此人，後來，斯諾在他的名著《西行漫記》中，多次若隱若現地提到他，寫到緊要關頭便打住。在跟斯諾交往時，此人不再姓周，卻改姓王，斯諾在《西行漫記》中稱他為「王牧師」。斯諾寫道，他要從西安去保安，他的一位老朋友作了「指點」：

我得到的指點就是到西安府某家旅館去，要了一個房間住下來，等一個自稱姓王的先生來訪，除此之外，我對他一無所知。確實是一無所知，除了他會設法給我安排搭乘——他們這樣答應我——張學良的私人座機去紅區！

我在旅館裏住下來後過了幾天，有一個身材高大，胖得有點圓滾滾的，但是體格結實，儀表堂堂的中國人，身穿一件灰色綢大褂，穿過打開著的房門進來，用一口漂亮的英語向我打招呼。他的外表像個富裕的商人，自稱姓王，提到了我在北京的那個朋友的名字，並且還以其他方式證實了他就是我等的那個人。

在這以後的那個星期裏，我發現即使僅僅為了王一個人，也值得我到西安府一行。我每天花四五個小時聽他聊天，回憶往事，還聽他對政局作比較嚴肅的解釋。他是我完全意想不到的一個人。

他曾經在上海一所教會學校裏受教育，在基督教圈子裏頗有地位，一度自己有個教堂，我後來知道，在共產黨中間，大家都叫他王牧師。像上海的許多發達得意的基督教徒一樣，他參加過操縱該市的青幫，從蔣介石（也是青幫中人）到青幫頭子杜月笙，他都認識。他一度在國民黨中擔任過高級官員，但是我現在也不能洩露他的真實姓名。

一些時候以來，王牧師就丟官棄教，同共產黨合作。這樣有多久了，我不知道。他成了一種秘密的、非正式的使節，到各種各樣的文武官員那裏去進行遊說，幫助共產黨把他們爭取過來，使他們了解和支持共產黨的成立「抗日民族統一戰線」的建議。

這位王牧師，人稱「紅色牧師」，確實非同凡響。他既與蔣介石有交情，又與毛澤東有交往。他的真實姓名，毛澤東在一九三六年八月十四日致宋子文函中，倒是提及了：

「前次董健吾兄來，托致鄙意，不知已達左右否？」⑬

此信收入《毛澤東書信選集》，編選者在信末對董健吾加了這麼一條註釋：

「董健吾，公開身分是牧師，當時在中國共產黨領導下，在上海等地從事秘密工作。」

這大抵是迄今爲止關於董健吾官方的最詳盡的一條註釋。然而，這條註釋的語言是含糊的，並未點明他的政治身分——是否係中共黨員？

其實，董健吾不僅是中共秘密黨員，而且還是中共特科成員。這可以從現存於北京中央檔案館的《博古關於南京來人談話結果致張聞天、毛澤東等電》（一九三六年二月二十七日）中查出：董係「上海特科人員」，「董左右有前特科一部約十餘人」。

考慮到密使肩負的任務的重大，國共雙方派出的人員，都是自認爲絕對可靠的：國民黨派出的大都是CC系的，如陳立夫、張沖等，中共派出的則大都是特科的，如李克農、劉鼎以及這位董健吾等。

比之一般的中共特科人員，董健吾有著從事秘密工作更好的背景：他與宋子文原是上海聖約翰大學同學，交情頗深。他曾做過古董生意，成爲宋家購買古董、字畫的「高參」。借助於宋子文的推薦，孔祥熙爲他簽署了委任狀。這樣，這位中共特科成員，有了國民黨官員的身分。

董健吾還有一層重要的關係：他與宋子文之姊宋慶齡也有著密切聯繫。

最初，蔣介石打算打通與中共直接的管道，找了宋子文，宋子文則找宋慶齡，而宋慶齡推薦了

董健吾。

董健吾出發前，蔣介石接見了他。蔣介石向他面談了與中共談判的條件：

「甲，不進攻紅軍；

乙，一致抗日；

丙，釋放政治犯；

丁，武裝民眾。」

宋慶齡則交給董健吾一大包雲南白藥，因爲她聽說紅軍缺乏止血藥，託他帶給中共中央。

如此這般，「紅色牧師」董健吾肩負著重任，前來西安。

與董健吾同行的，還有一位二十二歲的小伙子。小伙子知道董健吾的真實身分，而董健吾卻不知他，以爲他是國民黨委派的代表……

在上海四馬路暗中接頭

要說清那位小伙子的來歷，又得花費一番筆墨。

陳立夫在奉命和張沖一起赴蘇之際，陳立夫又託曾養甫在國內尋覓與中共聯繫的管道。

曾養甫也是CC系中人物，原名曾憲浩。他是廣東平遠人，原本是技術界人士。他畢業於天津北洋大學礦治系，然後赴美國匹茲堡大學研究院深造。一九二五年，二十七歲的他回國，出任國民

革命總司令部後方總政治部主任。此後，當選國民黨中央執行委員、鐵道部次長。一九三四年，他發起興建錢塘江大橋。

曾養甫欲在國共之間架「橋」，他想起了一個非常合適、能夠幫助架「橋」的人物——他在天津北洋大學讀書時的同學諶小岑。

諶小岑，跟周恩來、鄧穎超都有著不錯的友誼。一九一九年九月十六日，當周恩來在天津草廠庵學聯辦公室召開覺悟社成立大會時，第一批會員二十人在座，鄧穎超、諶小岑都是第一批會員。諶小岑是湖南安化人，年長周恩來一歲。諶小岑和周恩來、鄧穎超同在「五四」運動中搏擊，結下深誼。此後，諶小岑於一九二〇年八月赴武漢，周恩來則赴法國，從此分手。不過諶小岑曾加入中共，後來脫離了中共，仍與中共有著種種聯繫。

曾養甫雖說過去也認識周恩來，畢竟沒有多少交情。他找到了諶小岑。爲了便於架「橋」，他任命諶小岑爲鐵道部勞工科長。

諶小岑如今雖已九十有六，記憶仍清晰。據諶小岑回憶，架橋時找了左恭。左恭乃清末湘軍首領左宗棠的後裔，任南京《扶輪日報》編輯。又在國民黨中央宣傳部下屬的徵集部任主任，只知他跟中共有聯繫，但並不知道左恭乃中共地下黨員。諶小岑在一九三二年和左恭合辦過《生力》雜誌頗熟。左恭從諶小岑那裏得知重要信息，即趕赴上海，向中共上海臨時中央局作了報告。中共上海臨時局派出了代表，此人便是前文敘及的小伙子。

大凡行跡詭秘、變幻莫測的人物，換一個姓名，如同換一頂帽子似的，不當一回事。董健吾時而姓王，時而姓周，這位小伙子時而姓黃，時而姓張，而他的真實姓名倒鮮爲人知，叫王緒祥。如

今，人們通常稱他張子華——雖說那原本是他的化名。本書也照人們的習慣，稱他張子華。

張子華是寧夏中寧人氏。一九三〇年，年僅十六歲的他，加入了中共。

一九三五年，他擔任中共上海臨時中央局組織部秘書，特科成員。他奉中共上海臨時中央局之命，與諶小岑接頭。

那是一九三六年一月三日，在上海四馬路（今福州路）上一所不起眼的惠中旅社，諶小岑從南京趕來，住在那裏。不久，張子華便來到那裏。

諶小岑如此回憶道：

> 我們對面坐下來，他答覆我他姓黃。緘默了幾秒鐘，我說明了來意，請他代為轉達中共中央，派一位正式代表，同南京談判，停止內戰，一致對外。他答應說：「願為此事奔走。」第二天，他來了，我們在一起清靜的房間裏談了兩個小時，主要是他提出南京政府是否抗日的問題，向我答覆。黃君聽了之後，再次表示他願為此事奔走。第二天，他派了一個交通員來同我聯繫。交通員是一個二十歲左右的青年印刷工人。
>
> 三天後，黃君來對我說，希望南京派一個人到陝北去。這天，曾養甫正好來上海，經考慮，我們一時派不出適當的人來，還是希望中共自己有人為此奔走。幾天後，他來表示同意由他自己想辦法，我就回南京去了。

派誰去呢？中共上海臨時中央局指派「黃君」，亦即張子華，前往陝北。張子華曾任中共豫鄂

陝邊區特派員。去過陝北一帶。

正在這時，那位「紅色牧師」也受命啓程——雖說董健吾聯繫的是另一條途徑。於是，中共上海臨時中央局決定張子華與董健吾同行。

他倆由上海到達西安，正遇雨雪交加。交通斷絕。他倆在西安等了些日子，看看天氣沒迅速轉好的跡象，只得求助於張少帥。

當張學良從南京方面得到證實，知道「王牧師」來頭不小，乃是行前見過蔣介石的人物，於是決定用飛機送「王牧師」及其「隨員」黃君前往膚施。

不過，也正因爲得到南京方面的證實，張學良知道了蔣介石絕密信息，知道蔣介石與中共之間有密使來往，因此他也就更大膽地與中共暗中來往。

毛澤東和蔣介石開始幕後對話

一時間，張學良也成了「橋樑」。他在與南京聯絡之後，又與陝北瓦窯堡聯絡。來自中共中央的覆電表明，同意接待「紅色牧師」及其「隨員」。

一九三六年二月十九日，一架「波鷹」飛機冒著風雪從西安起飛，載著那兩名神秘的乘客，朝北前進。

漫山遍野，白雪皚皚。螺旋槳攪動著寒風，飛機在雲層中穿行，終於平安降在膚施城延河邊

上。

駐守膚施的東北軍接到張學良的命令，派出一個騎兵連，護送兩位密使，前往瓦窯堡。

二月二十七日，董健吾和張子華千里迢迢，終於到達中共中央的所在地。紅軍邊防司令李景林，親自在「邊境」迎接他們。

當天，林伯渠、吳亮平、李維漢、袁國平在窯洞裏設宴，爲兩位密使洗塵。

兩位密使急於要見毛澤東。不巧，毛澤東正和張聞天、彭德懷在山西石樓前線。周恩來呢？也不在瓦窯堡。他和劉志丹正在瓦窯堡東面的折家坪。只有博古在瓦窯堡。

當晚，兩位遠客由林伯渠陪同，前往博古那裏。博古仔細聽取董健吾的報告，而張子華作爲「隨員」，並未多言。

然而，在與「紅色牧師」談話結束之後，博古卻又單獨會晤了張子華，聽取了匯報——如前文所述，董健吾並不知道張子華也是中共特科成員。

夜探，博古馬上向山西石樓發出「關於南京來人談話結果」的密電，報告毛澤東、張聞天。如前文所引，電報中，博古說明了董健吾的身分係「上海特科人員」，「董左右有前特科一部約十餘人」。

也正巧，就在毛澤東接到電報時，那位中共北京局情報部長王世英正在毛澤東那裏，匯報關於和楊虎城密談的情況。

三月二日，毛澤東致電博古及周恩來，要求他們和董健吾等一起趕往山西石樓，與他見面。

董健吾因急於要回南京覆命，未能去石樓。張子華表示，他可以留下來，去見毛澤東。

這樣，毛澤東於三月四日，與張聞天、彭德懷聯名給周繼吾（即董健吾）發來一份電報：

博古同志轉周健吾兄：

（甲）弟等十分歡迎南京當局覺悟與明智的表示，為聯合全國力量抗日救國，弟等願與南京當局開始具體實際之談判。

（乙）我兄覆命南京時望懇切提出弟等之下列意見：

（一）停止一切內戰，全國武裝不分紅白，一致抗日；

（二）組織國防政府與抗日聯軍；

（三）容許全國主力紅軍迅速集中河北，首先抵禦日寇邁進；

（四）釋放政治犯，容許人民政治自由；

（五）內政與經濟上實行初步與必要的改革。

同意我兄即返南京，以便迅速磋商大計。

張、毛、彭

四號十二時[14]

這是毛澤東對蔣介石託董健吾轉告的四項條件的答覆。毛澤東和蔣介石之間終於開始對話，雖說是通過「橋樑」對話的。

既然毛澤東「同意我兄即返南京」，「紅色牧師」於三月五日便離開了瓦窯堡。臨走時，博古

和林伯渠託他帶了別緻禮品贈宋慶齡：三枚刻著鐮刀斧頭圖案的銀幣，那是當年江西蘇區鑄造的。另外，還有一套紅區的紙幣。中共用這樣特殊的方式，向宋慶齡表示敬意。對於中共來說，宋慶齡是在國民黨高層中真誠地表示支持的重要人物。那些日子，一個秘密電台便設在宋慶齡的友人路易・艾黎家中，使中共上海地下組織與陝北中共中央保持著聯繫。

「紅色牧師」一路躥行，風風火火趕回南京，向蔣介石通報了毛澤東的意見。

當「紅色牧師」欲再從南京前往陝北之際，風聲走漏。「山西王」閻錫山不知從什麼途徑獲知蔣介石派人去瓦窯堡，當即致電南京責問：爲什麼聯合紅軍打晉軍？

蔣介石知道此事聲張出去，大爲不妙，從此不敢再起用「紅色牧師」這一「橋樑」。

張子華穿梭於南京和陝北之間

「紅色牧師」的那位「隨員」，不聲不響，繼續穿梭於陝北和南京之間……

張子華沒有和董健吾一起離開瓦窯堡。他東渡黃河，前往山西前線，去見毛澤東。他向毛澤東、張聞天、彭德懷作了詳盡匯報。

一九三六年三月，中共中央政治局在山西石樓附近召開擴大會議。會議討論了關於與國民黨談判的問題，批准了毛、張、彭致董健吾電報中所提出的五項條件。

會議還就談判問題作出決定：今後與國民黨軍隊的談判，集中於軍委；與國民黨的談判，集中於黨中央常委，全部由常委指揮。

一九三六年四月下旬，一位重要人物從陝北來上海，當即與魯迅長談，傳達了中共中央對文藝工作的意見。此人便是馮雪峰。馮雪峰來滬，除了與魯迅、沉鈞儒等建立聯繫外，還建立了一個與延安通報的秘密電台。

與馮雪峰同行，一起離開陝北的，是張子華。

張子華來到南京，秘密晤會了曾養甫。張子華轉達了中共中央的五項條件，希望南京方面就聯共抗日也提出條件。

不久，陳立夫聽了曾養甫的報告，作出反應。曾養甫打電話約諶小岑來家裏，諶小岑一進去，便見陳立夫在座，陳立夫當場口授了四條，由諶小岑抄錄後，轉給了張子華。這四條是：

一、歡迎共方的武裝隊伍參加對日作戰；

二、共方武裝隊伍參加對日作戰時與中央軍同等待遇；

三、共方如有政治上的意見，可通過即將成立的民意機關提出，供中央採擇；

四、共方可選擇一地區試驗其政治經濟理想。

另外，覃振還交給張子華一封信，託他轉給林伯渠。覃振和林伯渠有著舊誼，他們同是湖南人，都於一九〇五年在日本加入同盟會。一九〇八年，覃振在長沙密謀起義，因事洩被捕，判處終身監禁，辛亥革命光復長沙後出獄。他在國民黨「一全」大會上當選中央執行委員。

此後，擔任國民政府司法院院長。林伯渠則加入中共，成爲中華蘇維埃共和國財政部部長。覃振致函老友林伯渠，重敘友情，亦是爲了國共再度攜手。

張子華深知肩負的使命何等重要，星夜兼程，從南京奔赴陝北。這一回，他已是熟門熟路了。他趕到了陝北延川縣大相寺，中共正在那裏召開方面軍團以上幹部會議，毛澤東、周恩來、博古、彭德懷等都在那裏。張子華向毛澤東等當面作了匯報。

這時，正值周恩來赴膚施天主教堂跟張學良會談不久，毛澤東曾明確由周恩來負責與國民黨的聯絡工作。於是，五月十五日，周恩來在大相寺，親筆寫了兩信，託張子華，亦即「黃君」帶往南京。

周恩來的一封信是寫給諶小岑的，全文如下——

別了十五六年，幾如隔世。黃君來，得知老友為國奔走，爽健猶昔，私衷欣慰。

十餘年來，弟所努力，雖與兄等異趣，但丁茲時艱，非吾人清算之日，亟應為民族生存，迅謀聯合。此間屢次宣言。具備斯旨。今幸得兄相與倡和，益增興感。黃君回，面托代罄積愫並陳所見，深願兄能推動各方，共促事成。

養甫先生本為舊識，幸代致意。倘願惠臨蘇土，商討大計，至所歡迎。萬一曾先生不便親來，兄能代表貴臨，或更糾合同道就便參觀，尤所企盼。

國難當前，幸趨一致，矧在老友，敢賦同仇。春風有意，諸維心照不宣。⑮

這封信表明，在「別了十五六年」之後，周恩來又與諶小岑恢復了直接聯繫。信中又對「養甫先生」，表示歡迎「惠臨蘇土」。

周恩來的另一封信，是寫給他與張學良「同師」的張伯苓先生。周恩來寫道：

> 不親先生教益，垂廿載矣。曾聞師言，中國不患有共產黨，而患假共產黨。自辛革命十餘年，所成就者，尚足為共產黨之證，未曾以假共產黨之行敗師訓也。
>
> 去歲末，復聞先生於一二八事變後，曾擬挺身入江西蘇區，主停內戰，一致對外。惜當時未得見先生，而先生亦未得見蘇維埃與紅軍歷次抗日宣言，向使當時果來蘇區，紅軍北上抗日之路，或可早開，又何致直至去歲始得迂迴曲折，以先鋒軍轉入陝甘！經二萬五千里歷十一省之長征，在事為難能，在紅軍抗日之意更可大白於天下，而戰勝聲威，為抗日保存活力，或亦先生所樂聞歟？……⑯

周恩來在信中，希望老校長張伯苓也爲國共合作、共同抗日出力。

林伯渠也給老朋友覃振寫了覆函。

張子華帶著周恩來、林伯渠親筆信，返回南京。這樣國共之間開始書信往返。

張子華在南京曾養甫家中遞交了周恩來、林伯渠的親筆信之後，突然失蹤了！

張子華到哪裏去了呢？

他被曾養甫下令關進了監獄。

如此重要的密使，怎麼會身陷囹圄？雖然關於張子華被捕的原因，有種種說法，近來漸漸透露出其中真實的原因：蔣介石通過曾養甫——張子華這一途徑，與毛澤東、周恩來暗中來往，在國民黨內是極端機密的，就連陳布雷這樣的貼身秘書也不知道。張子華當時要求諶小岑在南京爲他弄一住房，他以中共代表身分公開宣傳抗日。蔣介石聞訊，連忙下令把他抓進獄中，以免像「紅色牧師」那樣走漏風聲！

一週後，中共上海地下黨發覺張子華失蹤，指令左恭出面向諶小岑要人，諶小岑對曾養甫說：「兩國相爭，不斷來使，何況我們正在講和呢！」曾養甫這才放出張子華，由諶小岑親自陪同，由南京前往上海。

曾養甫讓張子華去上海，爲的是避開南京眾多的耳目。張子華給了諶小岑一份密電碼和上海信箱號碼，便於諶小岑在南京跟他保持秘密聯繫；曾養甫則給了張子華漢口電台的呼號，讓張子華與漢口保持無線電聯繫，由漢口轉告南京——倘若直接與南京聯繫，容易走漏風聲……

籌劃中的蔣介石、周恩來的秘密會談

張子華回到上海不久，接到南京密電，要他去一趟南京。

在南京，曾養甫交給他一封致周恩來的信，託他送往陝北。

曾養甫在信中寫道：

「盼兩方能派負責代表切實商談，如兄能屏除政務來豫一敘，至所盼禱。」

這表明，國民黨方面希望國共「切實商談」，提高到周恩來這樣的高層級別。

於是，張子華攜曾養甫的信，第三次前往陝北。

就在這時，一九三六年七月十日至十四日，國民黨五屆二中全會在南京召開。蔣介石在會上發表演講，對於抗日作了比較明確的表態：

「中央對於外交所抱的最低限度，就是保持領土主權的完整，任何國家要求侵害我們領土主權，我們絕對不能容忍，我們絕對不簽訂任何侵害我們領土主權的協定，並絕對不容忍任何侵害我們領土主權的事實。再明白些說，假如有人強迫我們簽訂承認僞滿洲國等損害領土主權的協定的時候，就是我們不能容忍的時候，就是我們最後犧牲的時候。」

蔣介石講話的調子，比往日提高了一些，雖說他還只是講「有人」，尚未鮮明地亮出抗日之旗。

中共對蔣介石的演說，作出了公開反應。一九三六年八月二十五日，《中國共產黨致中國國民黨書》公開見報。信中指出：

現在是亡國滅種的緊急關頭了。本黨不得不向貴黨再一次的大聲疾呼：立即停止內戰，組織全國的抗日統一戰線，發動神聖的民族自衛戰爭，抵抗日本帝國主義的進攻，保衛及恢復中國的領土主權，拯救全國人民於水深火熱之中。……

蔣委員長依然不願提出組織抗日統一戰線的任務，依然拒絕了立即發動神聖的抗日戰爭，以亞比西尼亞的失敗為藉口，繼續了自己的退讓政策。這是非常可惜的，這是非常不能滿足全國人民的要求的。⑰

信中，中共明確談及關於開展國共談判以結成抗日統一戰線的願望：

> 我們方面是早已準備在任何地方與任何時候派出自己的全權代表，同貴黨的全權代表一道，開始具體實際的談判，以期迅速訂立抗日救國的具體協定，並願堅決的遵守這個決定。假如你們同我們的統一戰線，你們我們同全國各黨派各界的統一戰線，一旦宣告成功的話，那末，你們我們及全國人猶有權利高呼：讓那些漢奸賣國賊以及一切無氣節的奴才們，在日本帝國主義暴力前面高喊：「中國無力抗日」罷！偉大的中華民族的子孫是誓不投降，誓不屈服的！我們要為大中華民族的獨立解放奮鬥到最後一滴血！中國絕不是亞比西尼亞！⑱

就在《中國共產黨致中國國民黨書》剛剛發表，八月二十七日，張子華風塵僕僕，抵達紅都保安。張子華來的正是時候，因為他所帶來的曾養甫的信，恰恰是代表國民黨就國共談判表了態。

毛澤東、周恩來細細讀了曾養甫的信。

中共方面，仍由周恩來出面聯絡。八月三十一日，周恩來寫就致曾養甫函，告知「亟願與貴方負責代表進行具體談判」。

周恩來寫道：

> 「倘兄及立夫先生能惠臨敝土，則弟等願負全責保兄等安全。萬一有不便之處，則

華陰之麓亦作為把晤之所。但弟身外出安全，須貴方代為策劃。」⑲

這就是說，周恩來願作爲中共代表，與國民黨談判。連談判的地點，都具體提出來了。

翌日，周恩來又寫一信致陳果夫、陳立夫兄弟，信中提及了「黃君」（即張子華）與「養甫先生」的往來，也提及「兩先生」的「聯俄之舉」——亦即陳立夫化爲「隨員」和張沖一起遠赴歐洲尋求共產國際聯絡。

周恩來的信，一開頭便這樣寫道：

> 分手十年，國難日亟。報載兩先生有聯俄之舉，雖屬道路傳聞，然已可窺見兩先生最近趨向。黃君從金陵來，知養甫先生所策劃者，正為賢者所主持。呼高應遠，想見京中今日之空氣，已非昔比。敝黨數年呼籲，得兩先生為之振導，使兩黨重趨合作，國難轉機，實在此一舉。⑳

周恩來的信中說「兩先生居貴黨中樞，與蔣先生又親切無間」，希望二陳爲國共聯合抗日多多出力。周恩來還寫道：

> 現養甫先生函邀面敘，極所歡迎。但甚望兩先生能直接與會。如果夫先生公冗不克分身，務望立夫先生不辭勞瘁，以便雙方迅作負責之商談。想兩先生樂觀事成，必不以

鄙言為河漢。㉑

同日，周恩來還修書一封，致胡宗南。周恩來的信，稱之「宗南同學」，卻又寫道：

「黃埔分手後，不想竟成敵對。十年來，兄以剿共成名，私心則以兄尚未成民族英雄爲憾。」

周恩來希望胡宗南「立停內戰，共謀抗敵」。

張子華帶著周恩來的信，南下廣州，因爲他得知陳立夫正在廣州。九月二十日，張子華趕到廣州時，適值陳立夫到廣東別的地方去了。張子華見到了諶小岑，把周恩來的信交給諶小岑。

九月二十三日，陳立夫回到廣州，見了周恩來的信，指示由曾養甫出面，與張子華會談。

九月二十七日，曾養甫與張子華晤面。曾養甫說，國民黨方面如派代表到陝北保安，「恐惹人注意」，他建議請周恩來到香港或廣州會談。他取出國民黨政府爲周恩來準備的護照，交給張子華，以便周恩來能進入香港。這表明，國民黨方面已確實打算與共產黨談判。

曾養甫還轉告了國民黨方面三項新的承諾：

一、蘇維埃區域可以存在；

二、紅軍名義不要，改聯軍，待遇與國軍同；

三、共產黨代表公開參加國民大會。

毛澤東於翌日收到張子華用密電發來的消息。十月八日，毛澤東和張聞天聯名給朱德、張國燾、徐向前、陳昌浩、任弼時、賀龍、關向應、劉伯承九人發了一封電報。電報說：

「爲確保政治、軍事外交秘密，從今日起用秘字編號發給你們之電，請指定專人翻譯，限於你

們九同志閱看後立即燒毀。請你們向我們負責，不使任何別人知道。」㉒

這就是說，即使在中共方面，派密使與國民黨接觸，也屬極端機密的行動，僅限於高層極小範圍內知悉。誠如國民黨內，也只限於高層極小範圍內。

毛澤東的電報寫及了張子華的情況：

「第三次與南京聯絡之代表（引者註：即張子華）九月二十日到廣州，二十八日來電稱彼方代表北來恐惹人注意，約恩來飛往香港或廣州會談。」㉓

毛澤東以爲：「恩來飛赴廣州，在確保安全條件下是可行的。」㉔

毛澤東這樣判斷形勢：

「估計南京在日本新進攻面前有與我們成立妥協可能，但一面仍以重兵壓境，企圖迫我就範。我們應爭取迅速開始主要代表之談判，求得在實行抗日與保存蘇區、紅軍等基本條件下成立雙方之統一戰線。」㉕

張子華於十月十四日趕到西安，在那裏向中共派駐西安的葉劍英作了匯報。

十月十七日下午四時，毛澤東和張聞天、周恩來共同署名發出致「九同志」的電報，作了通報：「與南京談判有急轉直下勢，第三次與南京聯絡之代表（引者註：指張子華）十四日回西安，攜來國民黨條件。」㉖

毛澤東等的電報中，還寫及一重要變化：

「蔣介石十六日到西安，我們正交涉由蔣派飛機到膚施接恩來到西安與蔣直接談判。」

這就是說，周恩來要飛往西安，跟蔣介石直接談判！

只是事態的變化，使毛澤東預計中的「蔣周會談」未能實現……

周小舟聯絡「姜府」和「龔府」

行文至此，該寫一寫國共聯絡的另一秘密管道。那是在曾養甫把「打通共產黨的關係」的任務交給諶小岑時，諶小岑除了通過左恭找到張子華之外，又打通了另一管道。

諶小岑記起了同鄉翦伯贊。那時，翦伯贊在南京擔任南京政府司法院副院長覃振的秘書。

翦伯贊是湖南桃源人，卻是維吾爾族。一九二四年，二十六歲的他在美國學習經濟——雖說如今人們一提到他，總是稱之爲歷史學家，那是後來的事。一九二六年回國，加入國民黨。一九二八年卻又因「左傾」（亦即傾向中共）而失去國民黨黨籍。這時，他在北京結識歷史學家呂振羽、譚丕謨，從此開始研究歷史。翌年，他參與覃振的反蔣活動，從此跟覃振結下深誼，以至擔任覃振秘書。

諶小岑跟翦伯贊在一九三二年曾一起編過刊物《豐台》，知道翦伯贊中「左翼」人士有些聯繫（翦伯贊後來在一九三七年加入中共）。翦伯贊起初建議，從南京獄中釋放一兩名中共幹部，作爲密使派往陝北，曾養甫以爲不妥。接著，翦伯贊提及了呂振羽。

呂振羽那時是北平中國大學教授，北平自由職業者大同盟書記。翦伯贊知道，呂振羽此人亦「左傾」，他的學生有不少中共黨員，於是建議諶小岑與呂振羽聯繫。

一九三五年十一月，諶小岑給呂振羽寫了一封頗爲有趣的信：

「近年以來，東鄰欺我太甚，惟有姜府和龔府聯姻，方期可以同心協力，共謀對策，以保家財。兄如有意作成，希即命駕南來……」

信中的「東鄰」，當指日本。「姜府」、「龔府」又是指什麼呢？「姜」，蔣的諧音也；「龔」，共產黨也。「姜府和龔府聯姻」，乃是國共合作的暗語。

果真，呂振羽和「龔府」有聯繫。他把諶小岑的信，交給了一位二十三歲的小伙子周懷求。周懷求這名字，對於廣大讀者來說是陌生的。然而，一提他後來改的名字——周小舟，人們就很熟悉。周小舟在一九三六年八月起擔任毛澤東秘書。解放後任中共湖南省委書記。一九五九年在廬山會議上，和彭德懷一起被打成「反黨集團」，名震中國——誠如翦伯贊解放後出任北京大學歷史系主任，在「文革」中被打成「黑幫」份子，亦名噪華夏。

雖說那時用周懷求之名，爲了照顧讀者的閱讀習慣，此處仍稱之周小舟。那時，周小舟正在中共北平市委工作，看了諶小岑的信，馬上請示中共中央北方局。這時，由高文華任中共中央北方局書記。中共中央北方局迅即電毛澤東。電報說，擬派周小舟、呂振羽赴南京聯絡。

毛澤東覆電同意。

這樣，國共之間又開闢了一條新的聯絡管道。

爲了探明諶小岑的意圖，呂振羽先於一九三五年十一月底由北平去南京「姜府」。這時，呂振羽雖然尚不是中共黨員，但很得中共中央北方局的信任。呂振羽在南京晤會了諶小岑，把詳況寫信告訴了周小舟。

一九三六年一月，南京新街口北面的一家旅館，住進一位身穿長衫的年輕人。此人便是周小舟（從這時起用化名周小舟，與國民黨談判。不料，此後竟一直用周小舟這一化名）。他向呂振羽傳達了中共關於與國民黨談判的四項條件：

一、立即發動抗日戰爭；

二、開放民主自由；

三、釋放政治犯；

四、恢復民眾組織和活動，保護民眾愛國運動。

於是，周小舟、曾養甫兩人居幕後，由呂振羽、諶小岑兩人進行接觸。

不久，周小舟回天津、北平，呂振羽則留在南京，曾養甫任命他爲「鐵道部專員」，發給他「車馬費」。實際上，呂振羽成了在南京的常駐代表。

這時，呂振羽提出了加入中共。一九三六年三月，周小舟二進南京，通知呂振羽，已正式批准他爲中共黨員，並由王巨英直接與他聯繫。

這一回，周小舟從衣服夾層中取出一批寫在白綢上的信件，那是毛澤東、周恩來等致宋子文、孫科、馮玉祥、程潛、曾養甫、覃振的信件。

此後，周小舟又於六月、八月，三進、四進南京。

周小舟賦詩贈呂振羽：

片衫片履到都門，

佇足三年悟死生；
擬向荊卿求匕首，
雨花台畔刺嬴秦。

呂振羽則和曰：

潛蹤南渡到石城，
艱危未計死和生；
為挽狂瀾聯吳策，
殘篇斷簡續亡秦。

後來，由於「姜府」和「龔府」已通過張子華及另一途徑直接聯絡，也就決定放棄通過中共中央北方局轉達的這一途徑。

周小舟於一九三六年八月進入陝北，向毛澤東匯報南京談判的情景。毛澤東很喜歡這位能幹的二十四歲的同鄉（他是湖南湘潭縣黃荊坪鄉人，離韶山沖不遠），留下他擔任秘書。

「小開」架起新的國共之橋

在中共的三位密使——董健吾、張子華、周小舟，以三條不同的途徑多方奔走，國共之間日漸溝通，正式談判的條件日臻成熟了。

前文已經寫及：一九三六年九月下旬，一支奇特的隊伍從紅都保安出發，前往西安。這一群人之中，大都穿國民黨軍服，唯有一人西裝革履。在這支化裝成「國民黨軍事委員代表團」的隊伍中，那位「馬夫」葉劍英是真正的首腦，而那位戴禮帽、挾黑皮包、穿西裝的「秘書」，則是中共特科要員潘漢年。

潘漢年身上，帶著周恩來在九月二十二日寫成的致蔣介石親筆信。這是一封極爲重要的信件。周恩來寫道：

介石先生：

自先生　反共以來，為正義與先生抗爭者，倏已十年。先生亦以清黨剿共勞瘁有加，然勞瘁之代價所付幾何？日本大盜已攫去我半壁山河，今且昇堂入室，民族浩劫，高壓於四萬萬人之身矣？近者，先生解決西南事變，漸取停止內戰方針，國人對此，稍具好感。惟對進攻紅軍猶不肯立即停止，豈蘇維埃紅軍之屢次宣言、全國輿論之迫切呼籲，先生猶可作為未聞耶？

……

先生為國民黨及南京政府最高領袖，統率全國最多之軍隊，使抗日無先生，將令日寇之侵略易於實現，此漢奸及親日派份子所企禱者，先生與國民黨之大多數，決不應墮其術中。全國人民及各界抗日團體嘗數數以抗日要求先生。先生統率之軍隊及黨政中之抗日份子，亦嘗以抗日領袖期諸先生。共產黨與紅軍則亟望先生從過去之誤國政策抽身而出，進入於重新合作共同抗日之域，願先生變為民族英雄，而不願先生為民族罪人。先生如尚徘徊歧路，依違於抗日親日兩個矛盾政策之間，則日寇益進，先生之聲望益損，攘臂而起者，大有人在。局部抗戰，必將影響全國。先生縱以重兵臨之，亦難止其不為抗戰怒潮所捲入，而先生又將何以自處耶？

奉上八月廿五日敝黨中央與貴黨中央書，至祈審察。迫切陳詞，佇候明教。順祝起居佳勝！不一。

周恩來

九月廿二日[27]

潘漢年隨葉劍英進入西安城，在那裏秘密會晤了張學良。他還與從廣州前往陝北的中共密使張子華作了長談。

毛澤東和葉劍英之間，保持著密電往來。

十月十四日下午四時，毛澤東致電葉劍英：

「在進攻未停止，恩來來未出動以前，準備派在滬之潘漢年同志進行初步談判，此項請告毅並

轉年。年何日去滬，毅何日去寧？」㉘

電文中的「年」，即潘漢年。「毅」，即張學良。

接毛澤東此電，潘漢年便離開西安，直奔上海……

潘漢年此人，有著非凡的活動能力：

紅軍長征前夕，前往國民黨陳濟棠部隊秘密談判的便是他；

紅軍長征至遵義，召開了遵義會議。張聞天找他談話，派他和陳雲前往上海，然後又去蘇聯莫斯科共產國際滙報遵義會議的情況。在那裏，他參加了中共駐共產國際代表團的工作；

在莫斯科，潘漢年又跟國民黨政府駐蘇在大使館武官鄧文儀接觸。

王明告訴鄧文儀將派潘漢年回國，作爲國共談判的聯繫人。鄧文儀把回國後如何跟陳果夫聯絡的途徑通知了潘漢年。

一九三六年五月初，潘漢年抵達香港。按照鄧文儀提供的途徑，潘漢年給陳果夫去了一封信。不久，陳果夫派出了幹練的張沖前來香港，跟潘漢年晤面，然後陪他坐船到上海，再前往南京，住入揚子飯店。

陳果夫又派出曾養甫，跟潘漢年密談。不過，陳果夫託曾養甫轉告潘漢年：

「你來自莫斯科，是王明所派，只代表駐共產國際的代表團，不能代表國內的中共當局。你最好去一趟陝北，帶來毛澤東的意見——我們的談判的對手是毛澤東！」

七月上旬，潘漢年返回上海。正值張學良和他的「秘書」劉鼎在上海。潘漢年當即通過劉鼎，跟張學良在上海一家大飯店裏見了面。

機智靈活的他，又通過劉鼎，於八月初從上海朝陝北進發。八月八日，他來到陝北，向中共中央匯報了共產國際的情況以及和國民黨政府代表接觸的情況。不久，他到陝北安塞，和葉劍英一起做駐守那裏的東北軍的工作。接著，他又來到西安，秘密晤會張學良。

八月二十六日，毛澤東給他發來電報，稱他爲「小開兄」——他風度瀟灑，如同「小老板」，在上海便得了「小開」的雅號。

毛澤東的電報，全文如下：

小開兄：

（甲）因為南京已開始了切實轉變，我們政策重心在聯蔣抗日，李毅兄繼續保持與南京的統一是必要的。

（乙）你來信及南京密碼今日收到，但張子華未到。現急需兄去南京談判並帶親筆信與密碼去，談判方針亦須面告。但如不能取道膚施，則往返需時過久。能否取道膚施，即覆。

東

二十六日二十二時㉙

「小開」接到毛澤東電報，趕回紅都保安。他面聆毛澤東關於去南京談判的機宜。

不久，「小開」一身西裝革履，出現在那支奇特的隊伍中。這位「秘書」，與「馬夫」葉劍英

一起，進入西安城……

潘漢年、陳立夫會談於上海滄州飯店

南京方面頗爲看重「小開」，因爲他們知道：

第一，他來自莫斯科，中共駐共產國際代表團團長王明指定他爲國共談判聯繫人；

第二，他去了陝北，見了毛澤東，又受毛澤東委派，指定他爲國共談判聯繫代表。

這麼一來，南京方面對潘漢年的重視，自然超過了董健吾、張子華、周小舟——值得順便提一筆的是，不論是國民黨還是中共，這些秘密聯絡管道往往彼此並不知曉，以求嚴格保密。彼此平行不交叉。即使是與張學良、楊虎城聯絡，張不知楊與中共有聯繫，楊亦不知張與中共有聯繫，而張、楊又不知蔣與中共有聯繫。這一切，都在幕後極端秘密地進行。當然，也有個別的例外，如張子華知董健吾，潘漢年知張子華。

潘漢年到了西安，由於要幫助葉劍英做東北軍的工作，沒有馬上去南京。他怕南京方面著急，給張沖拍發了一份密電，告知他已抵西安。

由於南京方面看重潘漢年，張沖接到電報，竟直奔西安。此人也有神通，他通過潘漢年的姊夫路寶宗，找到了潛藏在西安城裏的潘漢年。張沖急於想了解毛澤東對談判的意向，向潘漢年探聽口氣。聽了潘漢年的介紹，張沖隨即趕回南京。

不久，葉劍英接到毛澤東十月十四日電報，詢問：「年何日去滬？」潘漢年得知，料理了工作，便去上海。

十月十九日，潘漢年乘火車抵達南京對岸的浦口。那時。旅客們要下車，一節節車廂被推上渡輪，渡過長江，才能抵達南岸南京，再從那裏上火車。擺渡要花費兩三個鐘頭。

選擇了擺渡那亂糟糟的時刻，趁別人不注意，兩位神秘的人物找到了潘漢年，跟他低聲交談著。這兩人便是從對岸南京趕來的張沖及其助手杜桐蓀。張沖對潘漢年說了到達上海之後的聯絡途徑。就在渡船上，潘漢年把中共中央致國民黨中央的信，悄然交給了張沖。

潘漢年到了上海，一副「小開」打扮。他本來是要跟陳果夫會談的。

陳果夫患肺病多年。他的衣服口袋裏，總是放著一個特製的小痰盂。當他發表演說時，那小痰盂便放在講台上。講畢，往衣袋裏一放，隨身帶著。那時，他的肺病加重了，日夜咳嗽，便讓弟弟陳立夫出面，跟潘漢年會談。

十一月十日，在上海滄州飯店，國共雙方的高級代表——陳立夫和潘漢年，一個是國民黨CC首腦，一個是中共特科要員，終於在上海晤面了。潘漢年向陳立夫遞交了周恩來的親筆信，正式表明他是中共中央指派的聯絡代表。初次會談，雙方各自闡述立場，互通情報。張沖也參加了會談。

陳立夫傳達了蔣介石的意見。蔣介石說，首先是對立的政權與軍隊必須取消，中共軍隊最多只能編三千人至五千人，師以上幹部一律解職出洋，半年後如回，量才錄用，適當分配到南京政府各機關服務。如軍隊能如此解決，中共所提的政治各點就好考慮了。

蔣介石也深深懂得「槍桿子裏面出政權」的道理，所以他開列的第一個條件，便是要解決中共

的軍隊。他的這一條件，理所當然被潘漢年所拒絕。

潘漢年回答道：「這是蔣先生站在剿共的立場上的收編紅軍條件，不能說是合作抗日的談判條件。」

潘漢年又道：「請問陳先生，當初鄧文儀在俄活動，曾養甫派人去蘇區，所談均非收編而是討論合作。蔣先生爲什麼目前有此設想？大概是誤認爲紅軍已到了無能爲力的地步，或者受困於日本防共之提議。」㉚

接著，潘漢年介紹了中共的立場：

兩黨應合作抗日，建立全國抗日救國聯合陣線；停止內戰；建立兩黨代表組成的混合委員會，作為經常接洽與討論之機關；雙方保持政治上組織上之獨立性。

陳立夫聽罷，仍強調首先要解決中共的軍隊，然後再談別的條件。

這麼一來，雙方僵持著。首次會談，便很難談得攏。

陳立夫建議，請周恩來出來談判，以使國共雙方會談昇級——由周恩來和蔣介石直接會談。陳立夫道：「你我均非軍事當局，從旁談判也無結果，可否請恩來出來一次？」㉛

潘漢年則以爲，像這樣「收編」式的會談，周恩來是不會出馬的。

潘漢年說：「如不把貴黨的條件報告，僅說蔣願見他，豈不是要我騙他出來？！」㉜

第一輪會談，以毫無結果而告終。不過，不論怎麼說，國共雙方的代表能夠坐下來談判，這本身就意味著是歷史的進步。

潘漢年把會談的簡況，用密電發往紅都保安。十一月十二日，毛澤東覆電潘漢年，全文如下：

漢年同志：

（甲）真電（引者註：當時流行以韵月代日，真即十一日），張子華亦到。

（乙）南京對紅軍究能容許至何限度。望詢實電告。如果條件使紅軍無法接受，恩來出去也無益。近日蔣先生猛力進攻，不能不使紅軍將領生疑。

（丙）據張子華說，曾養甫云：

（一）黨公開活動；

（二）政府繼續存在；

（三）參加國會；

（四）紅軍改名受蔣指揮，照國民革命軍編制與待遇，但不變更紅軍原有之組織與領導。為一致對日，我們並不堅持過高要求，可照曾談原則協定。

（五）你在南京談判地待命。

子任

文亥㉝

電末所署「子任」，是毛澤東的筆名。毛澤東字潤之，子任乃潤之顛倒後的諧音。一九二五年

至一九二六年，毛澤東在《政治週報》上發表文章時，用過「子任」這一筆名。這一回用於電報署名，顯然是爲了保密。

至於「文亥」，「文」即十二日，「亥」即亥時，「文亥」指十二日二十一時至二十三時。

蔣介石的「猛力進攻」和毛澤東的「決戰動員令」

談談打打，打打談談，邊談邊打，邊打邊談。對於國共兩黨來說，如此這般，見怪不怪。

毛澤東十一月十二日給潘漢年的電報中所稱「近日蔣先生猛力進攻」，便是指蔣介石加緊了「圍剿」。

就在潘漢年、陳立夫會談前，十月二十二日中午餐時，一架飛機從南京起飛，朝西飛向西安，於下午三時徐徐降落。步出機艙的是身著馬褂長衫、留著八字鬍的蔣介石，他的身邊是梳著長長瀏海的宋美齡，身後跟著侍從室等一處主任錢大鈞、秘書毛慶祥等十餘人。

蔣介石選擇這個時候前來西安，一是爲了督促「剿共」，因爲中共主力已轉移至陝北；二是爲了「避壽」——眼看著十月三十一日就要到來。這天是他的生日。這年的生日不比往常，他正好四十九歲。按照中國做壽「做九不做十」的習慣，虛歲五十，要大大慶祝一番。據云，倘若他在南京過五十歲生日的話，那要引起一番轟動。

早在九月二十七日，上海四家影片公司——明星、天一、聯華、新華的明星們，便假座上海金城大戲院（今黃埔影劇場）舉行爲蔣介石祝壽的遊藝大會，上海各報紛紛登巨幅廣告，那位藍蘋（江青）也參加演出契訶夫的獨幕劇《求婚》……

十月二十七日，蔣介石在長安軍官訓練團開學典禮上，發表演講，強調「剿共」：

「軍人要明禮義，知廉恥。在家要盡孝，爲國要盡忠，要服從長官。」

「不剿共而言抗日，在家爲不孝，在國爲不忠。對不忠不孝的軍人要制裁。」

「革命軍人要分清敵人的遠近。我們最近的敵人是共黨，這是東北軍必須要打的敵人。日本離我們很遠。」

「如果不積極剿共而輕言抗日，就是遠近不分，內外不分，是非不分，緩急不分，本末倒置，便不是革命。」

蔣介石這番話，在東北軍中傳開，議論紛紛。

十月二十九日，蔣介石爲了「避壽」，來到了洛陽。

然而，十月三十日，即便在洛陽，那慶壽典禮也是夠隆重的。上午九時，蔣介石偕宋美齡來到洛陽西宮廣寒宮，西北各將領傳作義、張學良、閻錫山爲蔣介石的「稱觴典禮」致賀。空中，排成「五十」兩字隊形的飛機掠過，造成了「轟動效應」。孔祥熙送來的特大蛋糕最爲引人注目。宋美齡親自切開大蛋糕，分贈賓客們……

那排成「五十」兩字的戰鬥機，是從西安起飛的。蔣介石調來了一百架戰鬥機、轟炸機。西安機場擺不下那麼多飛機，不得不連夜派兵擴建。蔣介石還北調三十個師的兵力。這些部隊，虎視眈眈，撲向陝北紅區——亦即毛澤東所說「近日蔣先生猛力進攻」也。

在潘漢年和陳立夫滄州飯店會晤後的一星期——十一月十八日，毛澤東面對「蔣介石猛力進攻」，下令猛力反擊。以下是毛澤東下達的「決戰動員令」全文，從中可窺出當年陝北戰場上濃烈的火藥味：

一、二、四方面軍各兵團軍事、政治首長均鑒：

從明日起，粉碎蔣介石進攻的決戰各首長，務須以最堅決的決心、最負責的忠實，與最吃苦耐心的意志去執行，而且要諄諄告訴下級首長轉告於全體戰鬥員，每人都照著你們的決心忠誠與意志，服從命令，英勇作戰，克服任何的困難，並準備連續的戰鬥。因為，當前的這一個戰爭關係於蘇維埃，關係於中國，都是非常之大的。而敵人的弱點、我們的優點又都是很多的。我們一定要不怕疲勞，要勇敢衝鋒，多捉俘虜，多繳槍砲，粉碎這一次進攻，開展新的局面，以作三個方面軍會合於西北蘇區的第一個贈獻給勝利的全蘇的人民的禮物。

紅軍勝利萬歲！

蘇維埃勝利萬歲！

抗日民族戰爭萬歲！

（發佈到全軍的連隊）

毛澤東　張國燾　彭德懷

任弼時　朱德　周恩來　賀龍㉞

雙方劍拔弩張，一場惡戰即將在西北黃土地上展開。

從「山窮水盡」到「柳暗花明」

打管打，談管談。就在毛澤東發佈「決戰動員令」前兩天——十一月十六日，陳立夫從南京給在上海的潘漢年發來電報，邀他赴南京舉行第二輪談判。

翌日，潘漢年趕到南京，張沖告知，陳立夫帶著毛澤東十二日覆潘漢年的電報，到洛陽去向蔣介石請示去了。陳立夫讓張沖轉告，請潘漢年在南京稍候。

就在毛澤東的「決戰動員令」發佈翌日——十一月十九日，陳立夫從洛陽回到南京，馬上跟潘漢年會談。陳立夫帶回的蔣介石的話，口氣是非常強硬的。陳立夫說，蔣介石仍堅持原來的意見，絕無讓步的可能。蔣介石要潘漢年將此意見電告毛澤東。

潘漢年提及，曾養甫代表國民黨，曾經提出關於國共合作的四項條件，與蔣介石今日的意見相距甚遠。陳立夫完全否認曾養甫曾提出過四項條件，說：「純屬子虛烏有！」

談判的氣氛變得緊張了。

陳立夫說：「日德正在拉蔣先生加入反蘇戰線，中蘇關係可能會惡化，那時，紅軍豈不更糟糕？」

潘漢年針鋒相對道：「蔣先生要加入反蘇戰線，就不會抗日，我們今天的談判也不需要了。」

聽潘漢年這麼說，陳立夫又道：「我們不希望中國加入反蘇陣線，因此更希望紅軍方面能爲民族捐棄成見。」

這樣一來，第二輪會談依然沒有成果。

十一月二十一日，潘漢年把會談情況，電告毛澤東和張聞天。

二十二日，署名「東、天」的密電從陝北發到潘漢年手中——

小開：

（甲）南京兩電、上海兩電均收到。目前此事無從談起。恩來事忙，暫難出去。

（乙）我只能在保全紅軍全部組織力量、劃定抗日防線的基礎上與之談判。

（丙）從各方面造成停止進攻紅軍的運動，先醞釀，然後發動，一處發動，到處響應，以此迫蔣停止剿共，此是目前抗日統一戰線的中心關鍵。詳容另告。

東、天

十一月二十二日亥㉟

這麼一來，國共談判只好暫且畫上休止符。

這時，中共紅軍和國民黨胡宗南部隊正激烈交火。戰鬥在甘肅東部環縣山城堡打響，那裏在紅都保安以西並不太遠。自從毛澤東在十八日下達「決戰動員會」，紅軍一、二四方面軍三大主力開赴山城堡，於二十一日一下子殲滅了胡宗南部隊一個旅又兩個團。

雖說吃了敗伏，蔣介石剿共之心益切。他和宋美齡飛太原，飛濟南，飛綏遠。在太原，蔣介石鼓勵山西省主席、晉軍首腦閻錫山剿共。在濟南，蔣介石策動山東省主席韓復渠全力剿共。在綏遠，蔣介石要傅作義調部隊剿共。

這時，毛澤東則加強了逼蔣抗日的策略。毛澤東等十九人致書蔣介石。此信一派毛氏文風，況且如今已收入《毛澤東書信選集》，足以確證出自毛澤東筆下——雖說信末是下十九人共同署名**（其中王稼薔即王稼祥）**：

毛澤東　朱德　張國燾　周恩來　王稼薔　彭德懷　賀　龍　任弼時　林　彪　劉伯承　葉劍英　張雲逸　徐向前　陳昌浩　徐海東　董派堂　羅炳輝　邵式平　郭洪濤　率中國人民紅軍同上

此信花了一大段筆墨，回顧蔣介石歷次剿共的敗績，一直數落到山城堡之敗。然後筆鋒一轉，勸起蔣介石來。

毛澤東陳詞於蔣介石，時而慷慨激昂，時而曉之以理，動之以情。現照錄此信後半段原文於下：

> 天下洶洶，為公一人。當前大計只須先生一言而決，今日停止內戰，明日紅軍與先生之西北「剿共」大軍，皆可立即從自相殘殺之內戰戰場，開赴抗日陣線，綏遠之國防力量，驟增數十倍，是則先生一念之轉，一心之發，而國仇可報、國土可保，失地可復，先生亦得為光榮之抗日英雄，圖諸凌煙，馨香百世，先生果何故而不出此耶？吾人敢以至誠，再一次地請求先生，當機立斷，允許吾人之救國要求，化敵為友，共同抗

日，則不特吾人之幸，實全國全民族唯一之出路也。今日之事，抗日降日，二者擇一。徘徊歧途，將國為之毀，身為之奴，失通國之人心，遭千秋之辱罵。吾人誠不見天下後世之人聚而稱曰，亡中國者非他人，蔣介石也，而願天下後世之人，視先生為能及時改過救國救民之豪傑。語曰，過則勿憚改，又曰，放下屠刀，立地成佛。何去何從，願先生熟察之。寇深禍亟，言重心危，立馬陳詞，佇候明教。㊱

就在毛澤東發出此信後不久，十二月七日，紅軍一、二、四方面軍會師，決定組成統一的中華蘇維埃共和國政府中央革命軍事委員會，委員二十三人，以毛澤東爲主席，周恩來、張國燾爲副主席，朱德爲中國紅軍總司令，張國燾爲總政委。從這一天起，毛澤東一直擔任中央革命軍事委員會主席（後來改為中共中央革命軍事委員會，簡稱「中央軍委」㊲），直至他去世。這一職務，表明毛澤東成爲中共最高軍事首長。與之相應的，國民黨設軍事委員會，蔣介石任委員長，亦爲最高軍事首長，所不同的是，一個稱「主席」，一個稱「委員長」，亦即「毛主席」、「蔣委員長」。

在毛澤東就任中央革命軍事委員會主席的翌日，中共中央發出給潘漢年的電報，對於談判作了如下指示：

「離開實行抗日救亡的前提，就沒有任何商談的餘地。蔣介石如有談判的誠意，應立即停戰並退出蘇區，絕對不作無原則的讓步。」

這樣，國共談判落到了山窮水盡的地步！

然而，就在「疑無路」之際，忽地「柳暗花明又一村」！

那是在幾天之後——十二月十三日，陳立夫在南京心急火燎趕到張沖助手杜桐蓀家中，命令他在最短的時間裏找到潘漢年！

杜桐蓀雖說見過潘漢年，可是，從未直接跟他聯繫過——平時，都是由張沖出面與潘漢年聯繫，而此時張沖正在西安，無法聯絡。杜桐蓀只隱約記得，張沖似乎說起過，潘漢年住在上海租界的一家小裁縫鋪裏。不過，杜桐蓀並不知道那小裁縫鋪在什麼街，門牌多少，偌大的租界從何找起？事情非常緊急。陳立夫不管三七二十一，非要杜桐蓀立刻趕往上海尋找潘漢年不可。杜桐蓀只得從命。

杜桐蓀在上海租界找得好苦。在一片暮色之中，他忽地見到一條小巷裏，掛著一塊「潘記裁縫店」招牌，不由得心中大喜。

杜桐蓀步入裁縫店內，見到一老頭子，一問才知道。老板姓潘，已經打烊回家去了。杜桐蓀便問，樓上住著誰？老頭子答曰：「小潘先生。」杜桐蓀猜想，這位「小潘先生」興許是潘漢年！

於是，杜桐蓀便在裁縫店裏坐等。

夜深，忽地閃入一人。杜桐蓀一看，正是潘漢年，頓時歡呼雀躍！

潘漢年一怔：杜桐蓀爲何深夜等他？

杜桐蓀急急說明來意，拉起潘漢年便走，要他馬上去南京——陳立夫有十萬火急之事找他！

陳立夫爲什麼如此焦急，要跟潘漢年見面？

那是因爲十二月十二日凌晨，在西安發生了震撼中國的事變——張學良和楊虎城將軍下令在臨潼扣押了蔣介石……

注釋

①斯諾，《西行漫記》三聯出版社一九七九年版。

②《中共中央文件選集》，第十卷，中共中央黨校出版社一九九一年三月版。

③李杜後來於一九四五年加入中共。一九四九年當選為中國人民政治協商會議全國委員會委員。一九五六年病逝於重慶。

④《文獻與研究》一九八五年第三、四期。

⑤《紅色中華》第二七六期，一九三六年五月十六日版。

⑥《中共中央關於逼蔣抗日問題的指示》，《中共中央文件選集》第十一冊，中共中央黨校出版社一九九一年版。

⑦一九九一年四月二日採訪於西安。

⑧⑨⑩丁雍年，《西安事變前的中共和楊虎城的關係》，載《楊虎城研究》，陝西人民出版社一九九一年版。

⑪廖夢醒，《我的母親何香凝》，人民出版社一九八四年版。

⑫鄧文儀後來成為國民黨中央常委。一九四九年去台灣，曾任國民黨台灣省主任委員。晚年著回憶錄《冒險犯難記》上下冊，由台灣學生書局於一九七三年出版，透露了他一九三六年在莫斯科的重要使命。

⑬《毛澤東書信選集》。四五—四六頁，人民出版社一九八三年版。

⑭中國人民解放軍國防大學，《中共黨史教學參考資料》第十五冊。

⑮《周恩來統一戰線文選》，十六頁，人民出版社一九八四年版。

⑯《周恩來統一戰線文選》，十四頁，人民出版社一九八四年版。

⑰⑱《中共中央文件選集》第十一冊，中共中央黨校出版社一九九一年版。

⑲《周恩來書信選集》，九八頁，中央文獻出版社一九八八年版。

⑳㉑《周恩來統一戰線文選》，十七—十八頁，人民出版社一九八四年版。

㉒㉓㉔㉕《文獻與研究》，一九八五年第三、四期。

㉖中國人民解放軍國防大學，《中共黨史教學參考資料》，第十五冊。

㉗《周恩來統一戰線文選》，二一一—二一三頁，人民出版社一九八四年版。

㉘《文獻與研究》，一九八五年三、四期。

㉙《文獻和研究》，一九八五年三、四期。

㉚㉛㉜《潘漢年就與南京政府談判合作抗日給毛澤東、張聞天、周恩來、博古的報告》（一九三六年十一月十二日）。

㉝《文獻與研究》，一九八五年第三、四期。

㉞《中共黨史教學參考資料》，第十五冊。

㉟《中共黨史教學參考資料》，第十五冊。

㊱《毛澤東書信選集》，八八—八九頁，人民出版社一九八三年版。

㊲一九三七年國共第二次合作後，中華蘇維埃共和國中央政府改為陝甘邊區政府。作為中華蘇維埃共和國政府的中央革命軍委員會，只得改為黨的組織，即中共中央革命軍事委員會。

第三章　西安鬥智

劉鼎子夜急購乾電池

幾乎很少有這樣的顧客，子夜時分擂響電器行的門，說是要買電池，即便是價格高了一倍也行！

那是一九三六年十二月十二日，人稱「雙十二」。凌晨零時，一個身穿東北軍軍裝的漢子三步兩腳從西安城裏金家巷張學良公館奔了出來，朝南院門一家電器行疾行。用他自己的話來說，那就是「一分鐘都不敢耽誤」！

此人便是張學良的「秘書」、中共地下黨員劉鼎。此刻，西安全城一片漆黑，連路燈也全部熄滅了。他好不容易叫醒沉睡中的電器行店主，買到了乾電池。又是「一分鐘都不敢耽誤」，奔了回去……

在凌晨零時，張學良將軍忽地把極端重要的消息，告訴劉鼎，他的部隊已在緊急行動，扣押蔣介石！

聽到這突如其來的消息，劉鼎的第一個反應便是馬上發電報報告毛澤東。然而，爲了配合這一緊急行動。張學良下令西安全城停電。沒有電，無法發電報，劉鼎這才風風火火趕去買乾電池。

張學良將軍發動的這一震驚中外的緊急行動，史稱「西安事變」。

一九九三年一月十六日日本《東京新聞》，刊登了該報記者不久前在台北對張學良的採訪報導。張學良說：他在西安事變發生前，只在延安的教堂裏和周恩來見過一次面。他強調指出，西安事變與其說是來自中國共產黨的教唆，不如說他以愛國者的立場主動發起的。

劉鼎的回憶跟張學良與日本記者的談話完全一致。劉鼎是在十二日凌晨零時，當張學良主動把緊急行動的消息告訴他，他才得知——西安事變確是張學良和楊虎城兩將軍主動發起的。中共雖然在此前跟他們有過多次秘密談判，那是爲了結束內戰、一致抗日，而對蔣介石舉行「兵諫」，全然是張、楊自己的決策。

據劉鼎回憶：「電池買回時，蔣已被抓住了，我即把這個消息發報出去。」

劉鼎的密電，由報務員彭紹昆發出，迅即飛入陝北紅都保安。

當年周恩來的警衛員小劉——劉九洲，迄今仍清楚記得：一九三六年十二月十三日清早，天還未大亮，周恩來早就在土窯洞裏工作了。

「周副主席，這麼早起床幹什麼？」劉九洲問道。那時，周恩來擔任中央革命軍事委員會副主席，人們習慣於稱他「周副主席」。

「把蔣介石捉住了，你知道不知道？」周恩來說出了這一驚人消息。

「啊！」劉九洲莫名驚詫。

「蔣介石被捉住了，你說殺掉不殺掉？」周恩來問小劉。

「不殺！」劉九洲隨口答道。

周恩來一聽，大笑道：「爲什麼不殺？」

劉九洲答曰：「我們不是規定不殺俘虜嘛！」

小劉的答覆，使周恩來笑得更厲害了，誇獎他答得好。毛澤東也是在十二日清早接到劉鼎發來的密電後，才知道西安城裏發生驚天動地的變化。

毛澤東的第一反應是大笑：哈哈，你蔣介石也有今天！

十年了，蔣介石一直是毛澤東的死對頭。如今，這個最大的政敵，突然在一夜之間，由總司令變爲階下囚，毛澤東怎不仰天大笑！

笑罷，緊接著而來的是困惑：怎麼處置蔣介石？

這突然到來的特大喜訊，給毛澤東及中共領袖們出了一道棘手的難題。

斯諾在《中共札記》中寫道：

「周恩來告訴王炳南：我們有一星期沒睡覺……這是我們一生中最困難的決定。」

確實，這是一道政治敏感度極高的難題，需要高超的智慧和反覆的權衡，才能作出最爲恰如其分的答覆……

華清池籠罩著緊張氣氛

一九三六年十二月十二日凌晨，是扭轉中國歷史的時刻。

一時間，位於西安之東的臨潼縣華清池，成了舉世關注的焦點。

華清池，座落在臨潼縣城之南驪山西北麓，早在唐朝貞觀十八年（公元六四四年），便於此建湯泉宮。唐朝詩人白居易在其名作《長恨歌》中，便寫及楊貴妃沐浴華清池的情景：

「春寒賜浴華清池，溫泉水滑洗凝脂，侍兒扶起嬌無力，始是新承恩澤時。」

一九三六年十月二十二日，從南京「避壽」而來西安的蔣介石，住進華清池，把那裏作爲行轅。行轅，亦即行館、行宮。十月二十九日，蔣介石東赴河南洛陽「避壽」，然後於十二月四日上午，又住入華清池。

那時的華清池，共有八間客房。其中五間在院內東南隅，依山臨水，人稱「五間廳」。另三間在東首。稱「三間廳」。

朱柱、青瓦的五間廳，在綠樹掩映之中。一號房成了侍從室。二號房爲蔣介石臥室。三號房是蔣介石的辦公室。四號房爲會議室。五號房則爲秘書室。這樣，五間廳便成了行轅的中樞。四周，憲兵和蔣介石的侍衛嚴密警戒著。

那裏，原本沒有電燈。爲著蔣介石的到來，在那兒，張明勝客店安裝了一台發電機，使五間廳及其四周有了明亮的電燈。

蔣介石與毛澤東不同的是，他每天記日記。即便是在他西安事變那生命攸關的日子裏，依然記日記。他曾依據日記口述，由「文膽」陳布雷捉刀，寫出《西安半月記》——在此前不久，他五十大壽之際，亦由陳布雷爲之代筆，寫出《報國與思親》。毛澤東與之截然不同，他幾乎不發表這類文字。

在《西安半月記》中，蔣介石記述：

「十二月十一日，早起在院中散步，見驪山上有二人向余對立者約十分鐘，心頗異之。及回廳前，望見西安至臨潼道上有軍用汽車多輛向東行進，以其時已屆余每日治事之時間，即入室辦公，未暇深究。……」

這就是說，那天他已發覺有點異常的動向，只是「未暇深究」。

傍晚，蔣介石「招張楊于與各將領來行轅會餐，商議進剿計畫。」

「張楊于」，即張學良、楊虎城、于學忠。于學忠是山東蓬萊人，原在吳佩孚手下任長江上游副司令。吳佩孚倒台，他轉入奉系，任東北保安司令部長官公署軍事參謀官。一九三〇年九月，任東北軍第一軍軍長。一九三五年六月，調任陝甘邊區「剿匪」總司令，又任甘肅省政府主席。在東北軍中，他的地位僅次於張學良。

蔣介石所說的與「張楊于」商議「進剿計畫」，亦即準備於翌日下達第六次「剿共總攻擊令」。

不過，「楊于」未到，張學良本來也不去華清池的。因爲那天晚上，張、楊、于聯名在西安城裏綏靖公署新城大樓宴請蔣系軍政大員。傍晚，蔣介石來電要張學良去華清池，張學良只得從命。

蔣介石與張學良共席，他發覺「漢卿今日形色匆遽，精神恍惚，余甚以爲異」①漢卿，亦即張學良。蔣介石直至「臨睡思之，終不明其故」。②

其實，張學良「形色匆遽，精神恍惚」，因爲他急於趕回西安城。他先是趕到新城大樓，和楊虎城見面，主持宴會，直至十時席終人散，他才又匆匆走向金家巷。

金家巷五號矗立著A、B、C三幢三層新樓，原是西北通濟信託公司建造的。一九三五年秋剛峻工，正值張學良由漢口遷西安，便租下這三幢樓，人稱張公館。青磚朱窗，典雅寧靜。張學良踏著青磚鋪成的台階進了樓，東北軍的高級將領已在客廳靜候了。

張學良步入客廳，向東北軍高級將領們莊嚴宣告，他和楊虎城將軍決定，拘押蔣介石，要求停止內戰、一致抗日！

張學良派出手下三員大將，前往臨潼，執行這一歷史性使命：

第一員大將是他的衛隊營營長孫銘九。他是張學良心腹，向來參與機要，完全信得過。只是覺得孫銘九乃留日士官生，尚缺乏實戰經驗。因此，他又加派另外兩員大將，即騎兵第六師師長白鳳翔和該師第十八團團長劉桂五。

白、劉二人皆出身綠林，槍法極好。據云，夜晚見亮不用瞄準，抬手即中。然而，兩人皆非張學良嫡系。張學良敢用他們二人執行如此機密又如此重大的使命，除了因爲他們都堅決抗日之外，還對他們進行了一番考驗。

據劉桂五回憶：

「記得有一次，我同副司令（引者註：指張學良）在一起，他拿出一個小盒子，盒內忽然冒煙，他趕快跑開，並連聲說：『不好，炸彈！炸彈！』我拿起來急速扔到窗外。他到我身邊說：『你怎麼不跑？』並摸摸我的心口跳不跳。我說：『我能自己跑開，丟下副司令不管嗎？』他笑著說：『你真行，有膽量。』……」

在三天前——十二月八日下午二時，張學良召見劉桂五。見面時，張學良並不搭話。劉桂五正感到奇怪，張學良忽地猛然一拍劉桂五的肩膀。劉桂五一楞，問道：「怎麼，副司令，我有什麼錯？」張學良笑道：「我是想看看你遇事沉著不！」

笑罷，張學良才向劉桂五透露了要對蔣介石實行「兵諫」的意思，並要劉桂五執行扣蔣介石。劉桂五當即答應了。張學良說：「我帶你去見委員長，你向他請訓，藉些機會熟悉那裏的環境，便於執行任務。」

到了臨潼，張學良把劉桂五介紹給蔣介石，自己卻走開了。這使劉桂五極爲感動。後來，他曾對同事陳大章說起：「副司令讓我單獨跟委員長在一起，一點都沒有擔心我會『賣主求榮』，對我夠信任的！」

劉桂五提出，白鳳翔最好也能參加這一重大行動。張學良接受了他的意見。白鳳翔那時駐守在甘肅固原，接到張學良電報，馬上乘小汽車趕到西安。

白鳳翔從張學良那裏帶回兩箱十二枝手槍，他吩咐副官把槍一一擦好。副官不知何用。白鳳翔解釋道：「西安附近的王曲山上有一隻老虎傷人，要準備去打老虎！」

後來，他的部下們才明白，「老虎」原來在華清池裏！

張、楊終於發出扣蔣令

張學良記得，當他成爲軍人的那一天，父親張作霖便對他說：「你要做軍人嗎？你要把腦袋割下來掛在褲腰帶上！」

在下達扣蔣命令之際，張學良大有「把腦袋割下來掛在褲腰帶上」的感覺。

孫銘九對筆者說起，十二月十一日夜十時左右，當他奉命來到金家巷張公館，記得張學良這麼對他說：「現在要你去請蔣委員長進城！絕對不能把他打死！」張學良意識到這一「兵諫」之舉倘若失敗，後果將會如何。他對孫銘九如此說：「明天這個時候，說不定我和你不能再見面了。你死，我死；說不定了。」

孫銘九也意識到此行也許有去無回。這樣，他在出發前回家向妻子劉靜坤告別。他還匆匆寫了一張遺囑式的紙條，放在軍裝上衣右邊的口袋裏。他寫道：

「如果我回不來，拜託應德田把我的兄弟孫明昌送到陝北或者蘇聯去學習。」

應德田，也就是跟他同住一個四合院的張學良隨從秘書。

午夜，東北軍、西北軍展開了聯合行動：張學良的東北軍負責前往臨潼扣蔣，楊虎城的西北軍則負責扣押蔣介石在西安城內的軍政大員。

張學良任命東北軍第一〇五師師長劉多荃爲總指揮。東北軍又分內外線：外線在華清池四周警戒，防止蔣介石的衛隊武裝突圍；內線則是孫銘九、白鳳翔、劉桂五以及張學良衛隊第一營營長王玉瓚，深入華清池，執行扣蔣任務。內線由第一〇五師第二旅旅長唐君堯指揮。

在一切佈置停當，張學良把這一重要消息告訴了秘書劉鼎。就在劉鼎匆忙去買乾電池時，孫銘九已和白鳳翔、劉桂五朝臨潼進發了。他們所率的東北軍士兵，當時並不知道行動的真相，長官們只對士兵們詐稱：副司令張學良被扣押在華清池，趕快前去營救！要活捉蔣介石。因爲蔣介石扣了

張學良，只有扣了蔣介石才能救張學良！

事先摸清的蔣介石衛隊兵力是：院內，約三十人左右。院外，禹王廟附近，有憲兵四十人左右（後來才知是七十人左右）。

王玉瓚率領的一營，負責解決禹王廟的憲兵。

張銘九手下的連長王協一，率五十人乘一輛卡車，首先出現在華清池大門前。門衛攔車，王協一的卡車仍朝裏進。門衛開槍了，打破了黑夜的寧靜。王協一指揮兵士下車還擊，雙方激烈槍戰。

這時。孫銘九的卡車到達，車上也有五十多人。

在混戰中，孫銘九率部衝過大門。二道門的火力甚猛，因爲蔣介石的衛隊聽見槍聲，火速起床加入了戰鬥！

孫銘九繞過二道門前密集的彈雨，和連長王協一摸進了五間廳。當他們闖入蔣介石的臥室，吃了一驚：人去房空！

環顧四周，桌子上放著蔣介石的軍帽、皮包以及假牙，衣架上掛著大衣，孫銘九用手一摸被窩，還是溫暖的，這表明蔣介石剛剛出走。床旁的一扇窗開著，說明蔣介石可能由此越窗而逃。

白鳳翔、劉桂五帶領的隊伍也先後到達五間廳。聽說蔣介石逃了，都吃了一驚，分頭開始搜索。

劉多荃師長在華清池門口接通了張學良的電話，向他報告蔣介石逃跑的消息，張學良也捏了把汗。就在這時，孫銘九前來報告，說是一名士兵在後山牆下發現一只鞋子，表明蔣介石可能翻過牆頭上山去了。

「搜山！」劉多荃下了命令。

那山，也就是驪山。驪，亦即毛色純清的馬。那山形似馬，山色純青，得名驪山。此山自古以來，便頗有名氣。相傳周幽王舉烽火戲諸候的那個烽火台，就在此山上。秦始皇陵，在此山北麓。華清池及唐朝華清宮故址，在山的西北麓。

東北軍沿著驪山西北麓，開始搜山。此時，東北軍的士兵們才從長官那裏得知，搜山是爲了搜蔣委員長，並嚴格規定，絕對不許傷害蔣委員長——士兵們終於明白此次行動的真正目的。誰活捉蔣委員長，賞錢一萬元。士兵們紛紛踴躍搜山。

在半山腰，孫銘九那二營八連的班長陳思孝抓住一個蔣介石侍衛。孫銘九聞訊，疾步趕了上去。那侍衛在寒風中哆嗦著，但不肯講出蔣介石在哪裏。事後才知，此人是蔣介石的貼身侍衛、侄兒蔣孝鎮。

孫銘九用手槍對著蔣孝鎮的腦袋，逼問蔣委員長在哪裏。蔣孝鎮雖仍不肯講，但無意朝山上斜睨了一眼。孫銘九敏銳地察覺，也就指揮士兵朝他眼睛所瞟的方向追索。

沒多久，陳思孝在前面大喊：「報告營長，委員長在這裏呢！在這裏呢！」

孫銘九飛步奔去。見到蔣介石從一山洞裏出來，正扶著洞口的岩石站著。此時，天色微明。蔣介石光著腳，光著頭，灰白短髮，上身穿一件古銅色綢袍，下身穿一件白色睡褲，顫巍巍立在朔風之中。事後，才知是蔣孝鎮揹著他上山，避於山洞之中。

蔣介石此時，尚在雲裏霧中。他不知突襲華清池行轅的是什麼部隊——他最擔心的是紅軍發動襲擊。於是他問道：「你們是哪裏來的？」

孫銘九立即答道：「是東北軍！」

蔣介石一聽，鬆了一口氣。

孫銘九繼續說道：「是張副司令命令我們來保護委員長的，請委員長進城，領導我們抗日，打回東北去！」

關於此後的情景，美國記者斯諾在其一九三七年出版的名著《西行漫記》中，是這麼寫的③：

> 孫銘九向他打了招呼，總司令的第一句話是：「你是同志，就開槍把我打死算了。」
>
> 孫回答說，「我們不開槍。我們只要求你領導我國抗日。」
>
> 蔣介石仍坐在大石上，結結巴巴地說，「把張少帥叫來，我就下山。」
>
> 「張少帥不在這裏。城裏的部隊已起義；我們是來保護你的。」
>
> 總司令聞此似乎感到放心多了，要求派一匹馬送他下山。
>
> 「這裏沒有馬，」孫銘九說，「不過我可以揹你下山。」他在蔣介石前面蹲下。
>
> 蔣介石猶豫了一會就同意了，吃力地趴在這個年輕軍官的寬闊背上。他們就這樣在軍隊衛護下下了山，等僕人送來他的鞋子，然後在山腳下上汽車開到西安去了。
>
> 「既往不咎，」孫銘九對他說：「從今開始，中國必須採取新政策。你打算怎麼辦？……中國的唯一緊急任務就是打日本。這是東北人民的特別要求。你為什麼不打日本而下令打紅軍？」

「我是中國人民的領袖，」蔣介石大聲說：「我代表國家，我認為我的政策是正確的。」

筆者採訪孫銘九時，他還憶及：

在山上，他一說是東北軍，蔣介石馬上就說：「哦，你是孫營長，孫銘九。」孫銘九很驚訝，蔣介石怎麼會知道他的名字？蔣介石解釋說：「有人向我報告過。」緊接著，蔣介石誇獎他道：「你是好青年！」蔣介石的言外之意是說，雖然有人「報告」，但講的是好話。孫銘九請蔣介石下山，蔣介石說：「我腰痛不能走！」孫銘九便叫士兵挾架著蔣介石，下了山，然後連推帶拉，把他送上小汽車。那是一輛敞篷轎車，車牌號為「一五七七」。在車上，孫銘九坐在蔣介石左邊，唐君堯坐在蔣介石右邊，前座坐著司機和副官長譚海。

在許多輛載著東北軍士兵的大卡車護送下，小轎車朝西安城裏進發。

國民黨洛陽航空分校校長王勳得知蔣介石臨潼被扣，急派飛行組長蔡錫昌駕駛小型教練機「北平」號，直飛臨潼，冒險降落在臨潼城外公路上，企圖「救駕」。飛機剛一著陸，便被十七路軍裝甲團所扣留。

車隊駛入西安城，直奔綏靖公署新城大樓，蔣介石便被扣押在大樓內東廂房。

與此同時，隨蔣介石來西安的南京軍政大員蔣作賓（內政部長）、陳誠（軍政部次長）、衛立煌（豫鄂皖邊區綏靖主任）等，被扣押在西安招待所。

在戰鬥中，國民黨中常委邵元沖死於流彈，蔣介石的副侍衛長蔣孝先被東北軍打死，此外死亡的還有蔣介石速記秘書蕭乃華、中央憲兵二團團長楊鎮業、中央憲兵三團中將楊國珍等。

「雙十二」飛舞於華清池的彈雨，從此載入了史冊……

九秩老人張學良回首話當年

一九九〇年十二月九日、十日，隨著日本NHK電視台在黃金時間播出該台在台北獨家採錄的專題片《張學良現在開口訴說》和《張學良：我的中國和日本》，八十九歲高齡的張學良再度成爲新聞人物。

這位歷史老人，回眸往事，坦然說出了自己發動西安事變的初衷……

張學良透露了自己生日的秘密：前些天，一九九〇年五月三十一日，在台北圓山飯店，台灣八十位國民黨黨政要員爲慶賀他九秩大壽（虛齡），舉行儀式。這實際上是爲他平反。新聞傳媒廣爲報導，轟動海內外。然而，那一天並非他真正的生日！

張學良真正的生日，是光緒二十七年辛丑陰曆四月十七日。在一九二八年，陰曆四月十七日，是公曆六月四日。恰恰在這一天，皇姑屯一聲猛烈的爆炸，他父親張作霖的專列被日軍炸毀，「大帥」死於非命。

「我父親死的那一天正好是我生日。」張學良說道。從此，「真的生日我不要了。我不能過生日，因為這會使我想起父親。」

日軍殺父之仇，深深埋在他的心中。即便過了半個多世紀，他首次打破緘默，也選擇了日本電視記者，以便通過日本傳媒，使日本年輕一代知道歷史的真相。他在接受採訪，一開始便說起自己的「生日之謎」，道出了那血的歷史。

張學良又說及了日軍當年侵佔東北三省。他說：「家仇國難集於我一身，同日本有不共戴天之仇。」正因為這樣，他是非常堅決的抗日派。

張學良憶及，父親被刺之初，日本政府曾派出特使、中國通林權助前來遊說，希望他倒向日本。張學良當時這樣對林權助說：

「林老先生，你替我想的事情比我自己想的都周到，但是你有一件事情沒替我想到。他很驚訝，他說哪件事情沒替你想到？我說，我是個中國人呀！」

於是，張學良下令東北易幟，掛起青天白日旗。張學良回憶道：「只用三天工夫，被服廠就把青天白日旗做好。我當時要求是很嚴的，下令做什麼，必須要做好。」

一九二八年十二月二十九日，張學良通電東北易幟。十二月三十一日，國民政府任命張學良為東北邊防軍司令長官。從此，張學良開始了跟蔣介石的合作。

張學良說：「我和蔣先生個人關係非常好，他死時我去看過他。我和他的關係可以用兩句話說明！」說著，張學良拿過一張紙，把這兩句話寫了下來：

「關懷之殷情同骨肉，政見之爭宛若仇敵。」

張學良對他與蔣介石的政見之爭，作了說明：

「我同蔣總統（引者註：雖然蔣介石在一九四八年才當選總統，但蔣總統在台灣已成了對蔣介石的習慣稱呼）存在政見之爭，就是蔣總統主要是安內攘外，我就主張攘外安內，就是攘外就能安內，那麼蔣總統說先安內，以後再攘外。從開始我們兩人就存在這方面的意見分歧，但沒有後來這麼尖銳。」

張學良也就談及了關於共產黨問題。他說：

「我根本就不願意剿共。東北軍想回家鄉是主題。他們要同日本人打。他們不願意同共產黨作戰失去力量，想保存力量同日本人作戰。當時，中國抗日情緒高，政府不想抗日，共產黨利用抗日抓住了民心！」

他說自己堅決反對內戰：

「當時根本不願和共產黨打仗。實實在在地不願意。」

九秩老人張學良回首話當年，他對日本ＮＨＫ電視記者所說的對日本、對蔣介石、對中共的看法，也就完全說清楚了他當年下達扣押蔣介石命令時的動機。當然，他也僅僅是下令扣蔣，而非殺蔣——如他所言，就個人感情來說，他和蔣介石「情同骨肉」。

當年，「三國四方」：日本，國民黨的中華民國，中共的中華蘇維埃人民共和國，而中華民國之中又有蔣介石一方，張、楊另一方。張學良說清了他處於「三國四方」之中的錯綜複雜的關係，也就理清了歷史的思路……

「先禮」不成，這才「後兵」

張學良說及他和蔣介石的「政見之爭」，從一開始就存在，「但沒有後來這麼尖銳」。臨潼扣蔣，是「尖銳」到了無法解決才斷然發動的。

這「尖銳」，是一步步加劇的。

先禮後兵。在「兵諫」之前，張學良對蔣介石進行了一次次「言諫」。

當蔣介石在洛陽「避壽」的那些日子裏，張學良曾對他訴說心中的痛楚：

「我遭國難家仇，卻受國人唾罵爲『不抵抗將軍』，對不起國家，對不起部下，處此環境，有何面目……」

張學良勸蔣介石「停止內戰，共同抗日」。

蔣介石大爲不悅，說道：「紅軍已成強弩之末，只要大家努力，短期內不難徹底消滅。安內之後便可攘外。」

張學良又與閻錫山一起，勸起蔣介石來。蔣介石益發不悅，斥道：「是我服從你們，還是你們服從我？」

於是，蔣介石在洛陽軍分校訓話時，不點名地訓斥起來：「有人想聯共。任何想與共產黨聯合的人都比殷如耕還不如！」

殷如耕何許人?早年倒是加入了同盟會，一九三五年十一月與日本特務土肥原勾結，成爲大漢奸，策劃在華北五省成立親日「自治政府」。蔣介石警告張學良，你要聯共的話，比大漢奸都不

如！

蔣介石咄咄逼人。他知道東北軍、西北軍不願剿共，十二月六日，他在華清池行轅召見張、楊，向他們攤牌了。

蔣介石毫不含糊地說：「無論如何，此時必須討伐共產黨，如果反對這個命令，中央……不能不給以相當的處置。」

蔣介石提出兩個方案，讓張、楊抉擇：

第一方案，服從命令，將東北軍、十七路軍全部開向陝北前線，進攻紅軍；

第二方案。如不願剿共，則將東北軍調至福建，十七路軍調至安徽，讓出陝甘兩省，由中央軍進剿。

這兩個方案，顯然都是張、楊所難於接受的。蔣介石把張、楊逼上梁山了！

抱著一線希望，張學良於翌日上午再赴華清池行轅，向蔣介石面諫。

張學良此時下了破釜沉舟的決心，直陳己見，直抒胸臆：

「日寇侵略我國，貪得無厭，繼東北淪陷之後，華北已名存實亡。最近，日偽軍又大舉進犯綏遠④，進一步窺視我西北。國家民族的存亡已經到了最後的關頭，非抗日不足以救亡，非停止內戰，不足以救國。繼續剿共，斷非出路。」

「當今是抗日第一，紅軍問題可用政治方法解決，只有一致對外，才能安內，一旦抗日，即能統一。東北軍抗日情緒很高，不可壓制。」

蔣介石聽罷，寸步不讓，針尖對麥芒一般，加以反駁：

「你明白共產黨，你是受了共產黨的蠱惑。中國最大的敵人不是日本，是共產黨。」

「今天確是到了剿滅共產黨的時候了。你不主張剿，而主張聯，簡直是反動。」

最後，蔣介石說出了最爲強硬的話：

「現在你就是拿槍把我打死，我的剿共計畫也不能改變！」

聽了蔣介石這句話，張學良知道「言諫」已經不再有什麼效果。

隨後，楊虎城亦到，又對蔣介石勸說了一番。蔣介石也毫不客氣地對楊虎城說：

「你是本黨老同志，要知道我們跟共產黨勢不兩立，消滅了共產黨，我會抗日的。紅軍已成流竄之眾，我決心用兵！我有把握消滅紅軍！十七路軍中若有不主張剿匪而主張抗日的軍官，你放手撤換，我都批准。」

到了這地步，張、楊心中明白，苦勸是勸不動蔣介石的。就在這一天——十二月七日，張、楊定下了實行「兵諫」的決心。於是，張學良便帶著白鳳翔、劉桂五前往華清池察看地形了。

據孫銘九回憶，使張、楊下定「兵諫」決心的，還有一封密電：

那是十二月初，張學良部將王化一從武昌發來的。他說，據何成濬（當時任湖北省政府主席）密告，何赴洛陽見蔣介石時，曾在蔣介石侍衛長錢大鈞的辦公桌上，見到一份擬好的電報稿，內容是調東北軍到蘇皖，然後調福建去，使之與共產黨及楊虎城分離開。王化一請張學良有所準備。

這一密電內容，在張、楊十二月六日與蔣介石的談話中，得到證實，表明蔣介石早已在安排處置東北軍。

就在乾柴已佈滿之際，蔣介石反倒自己點了一把火！

那是在十二月十一日，蔣介石給陝西省主席邵力子送達手諭。這手諭是他十二月九日在華清池親筆寫的：

力子主席兄勳鑒：

可密囑駐陝大公報記者發表以下消息

蔣鼎文衛立煌先後皆到西安

聞蔣委員長已派鼎文為西北剿匪軍前敵總司令　衛立煌為晉陝綏寧四省邊區總指揮

陳成亦來謁蔣　以軍政部次長名義指揮綏東中央軍各部隊云

但此消息不必交中央社及其他記者　西安各報亦不必發表為要

中正

十二月九日

蔣介石葫蘆裏賣的是什麼藥？或許是故意放出空氣，要以蔣鼎文、衛立煌取代張、楊，以此逼張、楊剿共；或許是借報端披露消息，觀察一下張、楊的反應。當然，也可能蔣介石真的要下這一步棋。

另一逼迫張、楊總攤牌的舉措，是蔣介石決定於十二月十二日頒佈第六次剿共總攻擊令。張、楊如不服從總攻擊令，便以違反軍令處置。

蔣介石的憲兵團和陝西省警察局已在暗中拿到了東北軍及十七路軍中中共及親共人員名單，只待第六次剿共總攻擊令下達，馬上著手逮捕。

雙方的箭都已在弦上。終於，十二月十二日凌晨，華清池響起了急驟的槍聲。

順便提一筆，驪山上蔣介石被扣之處，也從此名聞遐邇。國民政府在那裏先是建了一座草木結構的亭子，先曰「蒙難亭」，又改稱「復興亭」。一九四六年，胡宗南令桂永清推倒舊亭，建一鋼筋水泥結構的亭子，曰「正氣亭」。一九五〇年，此亭依舊，只是易名「捉蔣亭」。一九八六年，爲紀念西安事變五十週年，此亭再度改名，曰「兵諫亭」。從「蒙難亭」、「復興亭」、「正氣亭」，到「捉蔣亭」、「兵諫亭」，歷史給那小小的亭子打上不同的印記。

古城西安沸騰了

真可謂「一石激起千層浪」，西安事變的消息傳到哪裏，哪裏就轟動。

實際上，那是一次對蔣介石的態度的大檢閱：反蔣者歡欣若狂，擁蔣者如喪考妣，這兩種人雖說心態相左，但都旗幟鮮明。妙不可言的是一些表面上擁蔣、暗地裏踩蔣一腳的人物，態度曖昧，連連做著小動作……沸沸揚揚。

保安─西安─南京，這三座政治舞台上演出了不同的戲。

槍聲只是行動。行動需要宣言加以闡明。臨潼扣蔣，發生在十二月十二日清晨，當天的報紙已無法加以報導。當天，張、楊印發的第一號《號外》，是關於西安事變的最早報導。現照原件全文

抄錄於下：

號外 第一號

張副司令楊主任暨西北各將領對於蔣委員長實行兵諫

（一）為停止內戰，已將委員長妥為保護促其省悟

（二）已通電全國並要求政府立即召集救國會議

（三）已請南京政府釋放一切政治犯

（四）此後國是完全決諸民意，容納各黨各派人才共負救國責任

這第一號《號外》，非常清楚地道出張、楊發動西安事變的本意，那就是兩個字——「兵諫」！

「諫」什麼呢？緊接著，當日印發的第二號《號外》，闡明了張、楊的八項主張。現仍照原件，全文抄錄於下：

號外 第二號

張副司令楊主任暨西北各將領救國主張

（一）改組現在南京政府，容納各黨各派人才共同負責救國

（二）停止一切內戰

（三）釋放上海被捕之愛國領袖
（四）釋放全國一切政治犯
（五）開放民眾愛國運動
（六）保障人民集會結社一切之政治自由
（七）確實遵行孫總理遺囑
（八）立即召開救國會議

這八項主張的核心，一是「停止一切內戰」，亦即停止剿共；二是「救國」，亦即抗日。兩份號外，短短三百來字，簡潔地闡明了華清池槍戰的緣由。

號外只能當天在西安城裏撒發，張、楊還於當天向全國發出通電表態。電文中寫道：

「蔣委員長介公受群小包圍，棄絕民眾，誤國咎深。學良等涕泣進諫，屢遭重斥。……學良等多年袍澤，不忍坐視，因對介公作最後之諍諫，保其安全，促其反省。」

通電中同樣開列了那八項主張，闡明「諍諫」的含義。

隨著號外、通電的發出，古城西安沸騰了。十二月十二日上午，「捉蔣」成了西安三十萬市民最激動、最熱門的話題。

街上，一輛輛宣傳車在撒號外。人們自發組織遊行，高呼著口號：

「擁護張、楊八項主張！」

「公審蔣介石！」

「槍斃蔣介石！」

這後面兩句口號，雖說從未見諸於張、楊宣言，但是東北軍、西北軍士兵和西安的老百姓，卻喊了出來！

西安是座四四方方的古城，城中央的鐘樓向來是人來人往最頻繁的所在。那裏頓時貼滿了標語和漫畫，標語的主題句是支持張、楊，漫畫的大主角則是被抓的蔣介石。圍觀的市民裏三層、外三層，密密匝匝，口號聲此起彼落。

這天下午，西安幾十個草眾組織紛紛開會，忙著發表宣言，發表通電，不亦樂乎。諸如《致全國將領及全體武裝同志電》、《擁護張楊救國宣言》、《告各黨各派書》等等，群情激昂，無不擁戴張楊……

毛澤東笑謂「元兇被逮，薄海同快」

最早得悉西安異常動向的，是毛澤東。那是劉鼎從張學良那裏得知即將發動兵諫的消息，立即給紅都保安發去密電。

劉鼎的電報，常被說成在十二月十二日凌晨零時在三十分發到保安。但據劉鼎自己回憶，他「電池買回時，蔣已被抓到了，我即把這個消息發報出去」。⑤時間則應是十二日清早四、五點鐘了。

劉鼎的密電，報告了西安發生緊急事變。毛澤東事先未曾與聞此事，急切欲知詳情。

緊接著，早上六時左右，張學良囑劉鼎和應德田爲他起草了致中共中央電報，立即發出。毛澤東讀罷，才略知西安事變的大概：

> 吾等為中華民族反抗日利益計，不顧一切，今已將蔣介石及其重要將領陳誠、朱紹良、蔣鼎文、衛立煌等扣留，迫其釋放愛國份子，改組政府，兄等有何高見，速覆，並望紅軍全部速集於環縣一帶，以便共同行動，防胡北進。

電報中提及的「防胡北進」，指防胡宗南北進。

張聞天、周恩來、朱德、博古都住在附近的窯洞裏，聞此急訊，都趕到毛澤東那裏。

「蔣介石惡貫滿盈，豈知也有今日！」毛澤東顯得非常高興、輕鬆。

周恩來的話，引起眾人大笑：「他過去多次懸賞八萬元捉拿我，這一回抓他，我們可一文未花啊！」

朱德則接著說：「這次恐怕要首先拿這個委員長開刀了！」

中共領袖們喜形於色，唯張聞天言語不多，陷入思索之中。

這是突如其來的緊急情報，所知也僅限於電文中那幾行字。毛澤東和他的同事們著手處置這一緊急事態，最初作出的是兩件事：

第一，擬好了《中共中央關於張學良來電稱蔣介石被扣問題給共產國際書記處電》。那時，中共受共產國際領導，必須把這一突發事變向共產國際報告、請示。電報中，轉摘了張學良的來電——也就是前面所引述的電文。

第二，立即覆電張學良，以求證實來電所述情況的可靠性。毛澤東稱，「元兇被逮，薄海同快」，表達了他對蔣介石被扣的喜悅。覆電建議，張、楊立即將東北軍主力調集西安平涼一線，十七路軍主力調集西安潼關一線，由紅軍擔任北面箝制胡宗南部隊的任務。覆電還提議，派周恩來趕赴西安，和張、楊共商大計。

毛澤東最初論定西安事變的性質是「抗日起義」中共對於張、楊持支持的態度。

這樣，十二月十三日出版的中華蘇維埃中央政府機關報《紅色中華》上，便以這樣的標題加以報導：「西安抗日起義，蔣介石被扣留——張學良楊虎臣⑥堅決的革命行動」。這期《紅色中華》，還加了這麼一條大字標語：「擁護張學良楊虎臣將軍西安抗日起義，驅逐日寇出中國！」毛澤東的窯洞裏，機要人員進進出出，不時送來西安密電，使他對西安突發事態漸漸有所了解。

張學良接到中共覆電，知道中共擬派周恩來前來西安，大喜：「他來了。一切都有辦法了！」⑦張學良馬上告訴劉鼎，準備派專機接周恩來到西安。

十二日夜十時，毛澤東收到了張學良的覆電。

十二日夜十二時，中共中央發出了致共產國際電報，報告了對於西安事變採取五點緊急處置意見——這是毛澤東對於西安事變的最初措施。⑧

一、以周恩來、張學良、楊虎城組成三人委員會，以葉劍英爲參謀長主持大計；

二、召集抗日救國代表大會，在西安開會，準備半月內實現之；

三、組織抗日聯軍，以紅軍、東北軍、楊虎城軍、晉綏軍四部爲主，爭取陳誠所屬之蔣軍加入，抵抗日本之乘機進犯；

四、以林森、孫科、馮玉祥、宋子文、于右任、孔祥熙、陳立夫等暫時主持南京局面，防止並抵抗親日派勾結日本進犯滬寧，以待革命的國防政府之成立；

五、爭取蔣軍全部。

毛澤東的窯洞徹夜亮著。在十二月十二日凌晨四時，中共中央又發電報給共產國際。電報提出毛澤東的很重要的策略：

「爲穩定並爭取蔣介石之部下及資產階級計，我們站在西安事變的側面說話，並在數日之內不發表公開宣言，以減少日本及漢奸認爲西安事變是共產黨主動的造謠所能發生的影響。」

正是出於這一策略上的考慮，在西安事變發生之後，全國各地大大小小的實權派，大大小小的組織，紛紛發表通電、聲明表態，唯獨中共保持沉默——雖說中共在致張學良、楊虎城的密電中，明確地表示支持。

中共的動作如迅雷。十二月十三日，位於西安城東北的七賢莊一號，原本的「德國牙醫博士海伯特牙科醫院」，忽地換成了「中國抗日紅軍駐西安聯絡處」招牌。

那裏，原是劉鼎在一九三六年春，根據周恩來的指示建立的秘密聯絡站。爲了遮人耳目，劉鼎通過美國女記者史沫特萊從上海請來了一位德國的牙科博士，來此開診所。此人叫海伯特・溫奇，猶太人，受德國法西斯迫害來華，同情中共。另外，劉鼎還指派了曾任中共中央政治局候補委員的鄧中夏（已於一九三三年被國民黨特務殺害於南京雨花台）之妻夏明，以護士名義，在此從事地下工作。不久，劉鼎又從上海請來在中共中央特科工作的徐作潮，來此屋地下室設立了電台。這樣，七賢莊一號便成了中共任西安的重要據點。華清池的槍聲一響，這裏也就由地下轉爲「地上」，公開亮出了紅軍聯絡站的牌子……

南京袞袞諸公意見紛爭

與紅都保安中共中央相比，南京的國民黨中央獲知西安事變消息，要晚得多。

據當時在南京的陳布雷十二月十二日日記所載：

「是日下午一時余方在寓，忽接果夫電話，詢余有無西安之消息，余怪而問之，則謂西安至南京電報已不通矣。」

這表明，南京方面，直至十二日下午一時，尚不知西安風雲突變。陳果夫只因西安至南京電報不通，感到詫異。

下午三時五十分，南京方面這才收到國民黨駐潼關部隊的將領樊松甫發來的電報，告知蔣委員

長「失蹤」。這下子，南京方面才知西安動向異常。

直至下午五時二十分，南京方面收到張、楊通電，這才大吃一驚，知道「介公」被扣。比起中共來，差不多晚了整整十二個小時！

像炸開了鍋似的，蔣介石被扣的消息，使南京政府袞袞諸公，先是不知所措，緊接著則意見紛爭。

就在保安毛澤東窯洞徹夜通明之時，南京的國民黨中央常委們也於十二日夜十一時聚集在一起，召開緊急會議，商議對策。會議開至十三日凌晨三時結束。接著，又召開中央政治會議，加以討論。

兩個會議作出四項決定：

一、孔祥熙以副院長代理蔣介石之行政院長職；

二、軍事委員會執委增至七人，包括何應欽、陳誠、李烈鈞、朱培德、唐生智、陳紹寬；

三、軍委會工作向副委員長馮玉祥及執委負責；

四、陸軍部長何應欽及軍委會成員負責指揮部隊。

會議還決定：「褫奪張學良一切官職並緝拿嚴辦，同時決定由何應欽指揮部隊討伐叛亂。」

會上，以何應欽爲首的主戰派佔了上風。

陳立夫另有妙計，他以爲妥善解決西安事變，可另闢蹊徑：通過潘漢年與中共緊急聯絡。

於是，他急急忙忙去找張沖的助手杜桐蓀，命他火速趕往上海尋找潘漢年。

國民黨和中共在幕後建立的秘密聯繫，在這關鍵的時刻，發揮了作用。

當杜桐蓀好不容易在上海「潘記裁縫店」裏找到潘漢年，已是十三日深夜。潘漢年隨杜桐蓀趕往南京，與陳立夫見面，則已是十四日上午了。

暫且按下潘、陳會談不表，該敘一敘正在上海的宋美齡。

一九三六年十月二十二日中午十二時，當蔣介石的專機飛往西安時，宋美齡和他同行，同住華清池行轅。此後，當蔣介石在洛陽「避壽」，宋美齡也同往。五十誕辰那天，蔣介石吹熄蛋糕上五十支蠟燭時，宋美齡也在一側幫助丈夫吹。

十二月四日，當蔣介石在張學良陪同下，由洛陽飛往西安時，宋美齡因病去上海治療。這樣，當華清池彈雨紛飛之際，宋美齡不在場。

宋美齡發表過《西安事變回憶錄》，其中寫及「初聞」蔣介石被扣的情形：

> 余初聞余夫蔣委員長為西安叛兵劫持之訊，不啻晴天霹靂，震駭莫名。時適在滬寓開會，討論改組「全國航空建設會」事，財政部長孔祥熙得息，攜此惡耗來余寓，謂「西安發生兵變，委員長消息不明。」余雖飽經憂患，聞孔氏言亦感惶急，時西安有線無線電報交通皆已斷絕，越數小時仍不能得正確消息，然讕語浮言，已傳播全球。駭人者有之，不經者有之；群眾承知之心切，頗有信以為真者，世界報紙竟據之而作大字之標題矣。

當宋美齡從上海趕到南京，已是十三日早晨。這時，國民黨中央常委會及中央政治會議已經結束，那四項決定已經作出。

然而，宋美齡見了那四項決定，大爲不滿。她這樣憶及：

「中央諸要人於真相未全明瞭之前，遽於數小時內決定張學良之處罰，余殊覺其措置太驟，而軍事方面，復於此時以立即動員軍隊討伐西安，毫無考量餘地……然余個人實未敢苟同，因此立下決心，願竭我全力以求不流血的和平與迅速之解決。」

這樣，南京又出現了以宋美齡爲首的主張「不流血的和平」的主和派。主和派包括孔祥熙、宋子文、孫科、王寵惠等。

十三日午後，一架由宋美齡所派的專機，從南京機場起飛，朝西北飛去。機上坐著宋美齡指派的特使……

毛澤東提出公審蔣介石

就在宋美齡派出的專機、特使朝西北飛去時，由張學良派出的一架專機離開西安，朝紅都保安飛去。

十三日上午，保安的紅軍和老百姓緊急動員修飛機場。保安這麼個小縣城，從未有過飛機場。張學良聽說中共中央派周恩來前來西安，決定派專機迎接。於是，中共方面找了保安城外一塊平坦的地方，派人急急加以修整，算是保安臨時機場。空中響起了飛機的轟鳴聲，轉了幾個圈，飛機無法降落——那臨時機場質量太差了，專機只得悻悻地返回西安。

也就在十三日上午，中共中央舉行常委擴大會議（**也有的文獻稱政治局會議**）。會議由中共中央總負責張聞天主持，主題是討論處理西安事變的方針。

這次會議的記錄，現存於中央檔案館。透過會議記錄，可以窺見當時會上爭論的真實情形。

會議一開始，首先由毛澤東作報告。毛澤東肯定了西安事變，說是有革命意義的，張、楊的行動、綱領都有積極意義，我們應該擁護。

不過，毛澤東報告中談到的兩個問題，引起了爭論：

一是毛澤東提議，「是否在西安成立全國政府」？他說，「我認爲在事變上⑨應成立一個實質的政府，叫抗日援綏委員會。名義上又不是全國政府。」毛澤東還主張：「我們應以西安爲中心來領導全國，控制南京，以西北爲抗日前線，影響全國，形成抗日戰線的中心。」

對於毛澤東這一見解，周恩來首先提出不同的看法。周恩來說：「我們在政治上不採取與南京對立。」顯然，他並不主張「以西安爲中心」。

張國燾則說：「我們要以西安爲抗日中心。」他以爲，這「就包含了以西安爲政權中心的意義」。張國燾主張：「以抗日的政府代替妥協的政府。因此打倒南京政府，建立抗日政府，應該討論怎樣來實現。」

顯然，張國燾反對周恩來的意見「在政治上不採取與南京對立」。

這時，張聞天經過久久思索，終於開腔。他明確地支持周恩來的意見。張聞天說，我們「不採取與南京對立方針。不組織與南京對立方式（**實際是政權形式**）」。他以爲，張、楊所提出的「改組南京政府的口號並不壞」。他說，我們的方針，應是「把局部的抗日統一戰線，轉到全國性的抗日戰線」，使中共「轉到合法的登上政治舞台」。

博古最初支持毛澤東的觀點，聽了張聞天的講話，覺得言之有理，他修改了自己的話，說西安事變「應看成是抗日的旗幟而不是抗日反蔣的旗幟」。

看來，保安窯洞裏，中共高層的爭論並不亞於南京。其中爭論最爲激烈的是如何處置蔣介石。毛澤東在報告中明確地提出「審蔣」、「罷蔣」、「除蔣」。他說：「第一，在人民面前揭破蔣罪惡，擁護西安事變。第二，要求罷免蔣介石，交人民公審。」毛澤東還說：「在我們的觀點，把蔣除掉，無論在那方面，都有好處。」

毛澤東主張「審蔣」、「罷蔣」、「除蔣」，心情是容易理解的。蔣介石跟中共打了十年，是中共的死對頭，中共領袖們恨透了他。

朱德主張，殺了蔣再講其他。

博古也說：「要使群眾的抗日運動的開展，基本口號應宣佈蔣介石罪惡，要求公審。」

張國燾也力主審蔣、殺蔣。後來，他在回憶錄中寫及當時的情形，倒也頗爲真切：「我們這些中共中央負責人，沒有一個想到西安事變可以和平解決；都覺得如果讓蔣氏活下去，無異是養癰遺患。有的人主張經過人民公審，將這個反共劊子手殺了，以絕後患；有的人主張將他嚴密拘禁起來，作爲人質，逼南京抗日，並形成西安的軍事優勢。」⑩

對於殺不殺蔣，周恩來、張聞天沒有吭聲。張聞天含蓄地說：「盡量爭取南京政府正統，聯合非蔣系隊伍。」

南京，國民黨中常委主戰、主和兩派爭論；保安，中共常委也爭論熱烈。

畢竟毛澤東已是中共權威性領袖。中共的行動是按照毛澤東的意見去實行。

十二月十三日下午四時，保安三四百人舉行集會，堅決要求公審蔣介石。斯諾夫人在《延安札記》中，描述了大會群情激憤的情景：「從一九二七年，『四•一二』以來，蔣介石欠我們的血債高如山積，現在是清算這筆血債的時候了，必須把蔣帶到保安，由全國人民來公審。」

對於蔣介石的熾烈的仇恨之火，從保安騰起。

美國前總統尼克森在回憶錄《領袖們》一書中寫及：「沒有毛澤東，中國革命不會星火燎原。沒有周恩來，中國革命將如火如荼燒下去，直至化爲灰燼。」在西安事變最初的日子裏，毛澤東和周恩來便顯示了尼克森所形容的各自的特性……

宋美齡急派端納飛赴西安

南京要「討逆」，保安要「審蔣」，雙方劍拔弩張。

南京嗓門最高的是何應欽，他稱張、楊乃「劫持統帥」、「犯上作亂」，必須「馬上討伐」。

保安除了在十三日舉行要求公審蔣介石的群眾大會之外，當天出版的《紅色中華》報也發出公審蔣介石的呼聲。

嚴重的對立，出現在十五日和十六日。

十五日，以毛澤東等十五名紅軍將領發出的《致國民黨國民政府電》，其中明確地提出要求：「罷免蔣氏，交付國人裁判」。⑪

十六日，國民黨中央政治會議議決《討伐張學良叛逆》，作出三項決定：「決議關於處置張學良叛變：（一）推何委員應欽爲討逆總司令，迅速指揮國軍掃清叛逆。（二）由國府即下令討伐。（三）推于委員右任宣慰西北軍民。」

同日，南京國民政府發佈《討伐張學良令》。

何應欽走馬上任討逆總司令，隨即宣佈：徐庭瑤爲前敵總指揮，劉峙爲東路集團軍總司令，顧祝同爲西路集團軍總司令，並命令前方各軍立即發動進攻。

東北軍、十七路軍則和紅軍決定聯合作戰，擺開陣勢，迎戰討逆軍。

一場大規模內戰，已是箭在弦上了。

導火索在嗤嗤燃燒，一寸一寸逼近火藥桶……

爲了掐斷這導火索，兩架專機先後降落在西安，分別載著國共特使。

來自南京的專機。早在十三日午後便起飛，未敢直接降落在西安，生怕被張、楊部隊的砲火所擊落——因爲在起飛前，宋美齡以及機上那位特使，都曾從南京致電西安張學良，卻未收到覆電。實在等不及了，專機起飛，經過三個多小時的飛行，降落在離西安不太遠的洛陽——蔣介石「避壽」之地。

宋美齡派出了特使，此人高鼻碧睛，乃洋人也，名喚威廉・亨利・端納，年已六旬，英籍澳大利亞人。

宋美齡派出端納前往西安斡旋，可謂「最佳人選」，此人既和張學良有著深誼，又是蔣介石所信得過的，況且憑藉著那高鼻子，超脫於中國各黨各派之上。

端納出生在澳大利亞，祖先是蘇格蘭人。一九〇三年他去香港出任《中國郵報》副主筆。從此與中國結緣，以至成了一位中國通。不久，他成爲《倫敦時報》和《紐約前驅報》駐北京記者。他的成名在一九一五年，他從袁世凱的顧問英國人莫理遜那兒看到袁和日本政府秘密簽訂的「二十一條」，在報端捅了出去，頓時輿論大嘩，端納也從此與中國國民黨人建立了友誼。

端納跟查理宋（宋耀如）結識於一九一一年，由此跟宋美齡有了久遠的友情。他又結識孫中山，爲民國政府起草了第一個對外宣言。

端納後來又成爲張作霖的私人顧問。張大帥被炸身亡，他便成了張少帥的顧問兼老師。一九三四年，端納陪著張學良周遊歐洲六國，朝夕相處使他跟張學良友情甚篤。

歐遊回來後，端納陪張學良在上海會晤蔣介石夫婦，深得蔣介石賞識。人們常稱端納爲蔣介石的顧問，其實並無此職。蔣介石在《西安半月記》中說得很明白：

「端納者，外間常誤以爲政府所聘之顧問，實則彼始終以私人朋友資格，常在余處，其地位在賓友之間，而堅不欲居客卿或顧問之名義。」

十二月十二日晚，宋美齡剛一得知蔣介石被扣西安，馬上從上海寓所給在國際飯店的宋子文和端納打電話，要他倆趕赴孔祥熙那裏，同商對策。

端納見到神魂不定的宋美齡，宋美齡焦急地用英語說「西安發生兵變！委員長被綁架，聽說已被殺死！」

端納當即搖頭：「我不相信！第一，我不相信少帥會叛變委員長。第二，我不相信委員長已經死了！」

端納的話，安定了宋美齡的情緒。當夜，宋美齡、端納，宋子文、孔祥熙一起從上海趕往南京。

當端納從南京起飛時，宋美齡委派了勵志社總幹事黃仁霖作爲翻譯同行。宋美齡還寫了親筆信給蔣介石，託端納帶去。

十三日日落時分，端納專機降落在洛陽機場。入夜，宋美齡接張學良電報，說是歡迎端納入西安。

翌日，西安天氣頗爲惡劣。至中午，仍不見有好轉趨勢。端納不顧氣候，要專機起飛，冒險飛行一個半小時，到達西安上空。端納擲下一降落傘，內有一信。告知如允許著陸，機場上燒三堆火。果真，機場上燒起三堆火。專機降落於西安。

下午五時，由張學良陪同，端納見到了蔣介石。蔣介石大喜，連聲說：「我知道你會來的！」端納廓清了紛傳於南京的五花八門的猜測，從張學良那裏得知並無殺害蔣介石之意，只不過實行兵諫，要求蔣介石停止內戰一致抗日。當晚，端納發電報給宋美齡，宋美齡頓時放下了心中的大石頭。

十五日晨，端納又見蔣介石。然後在下午飛返洛陽。飛去洛陽，爲的是能與宋美齡通長途電話，報告詳況。端納告訴宋美齡，蔣介石平安無恙，而且張學良請孔祥熙即飛西安商談……

宋美齡極度興奮，覺得解決事變有了「第一次希望的曙光」。

紅軍先聲奪人：佔領延安

張學良和楊虎城急切地盼望著周恩來的到來。然而，十三日派往保安的專機，由於無法著陸，徒勞而返。

保安乃陝西偏僻小縣，要使周恩來盡快趕往西安，看來只有取道膚施（延安），從膚施乘飛機飛往西安。

頂風冒雪，十五日清晨，一隊人馬奔出保安城。周恩來上路了。他，臉色青癯，滿腮黑鬚。同行者之中，有那位穿梭於南京、保安之間的中共密使張子華，有後來成爲公安部長的羅瑞卿，有後來成爲國務院總理辦公室主任的童小鵬。這一隊人馬，除了周恩來的隨行人員外，還有負責護送的一連紅軍。

山道，積雪，路難行。花了一天時間，抵達以腰鼓聞名四鄉的安塞縣城，在那裏過夜。安塞在膚施之北。翌日，又花了一天時間在雪路上前進。傍晚時分，夕陽映照白雪，周恩來一行抵達膚施北門外，與黃春圃部隊會合。

黃春圃，亦即後來審判林彪、江青集團的特別法庭庭長江華，此時用「黃春圃」之名。其實，他本名虞上聰，瑤族，湖南南部江華縣人氏，故名江華（自一九五五年起，那裏改稱江華瑤族自治縣）。江華於一九二六年加入中共，在井岡山上曾任毛澤東秘書。

據江華回憶，十二月十二日傍晚，他正在保安的防空洞裏睡覺，忽地軍委副參謀長張雲逸來，說是周恩來有急事找他。一到周恩來那裏，江華得知蔣介石在西安被抓起來，頓時興高采烈，手舞

足蹈。他記得，一九三三年，在江西第四次反圍剿時，聽說蔣介石要從南昌到前線視察，江華奉命和杜仲美一起帶領一支突擊隊，要去活捉蔣介石。可惜，他們趕到時，蔣介石已經離開，失去機會。如今，聽說「死對頭」被抓，怎不雀躍歡騰？

周恩來告訴江華，西安一發生事變，張、楊忙著收縮兵力，以對付向西安進攻的蔣介石軍隊。膚施原是西北軍駐守的，如今要撤防，城裏空虛，只剩下一些保安隊。毛澤東決定：搶佔膚施！

周恩來問江華手下有多少兵力？江華說，剛帶部隊攻下旦八寨，隊伍正在休整。周恩來說，你手下的部隊就休整吧，你馬上帶領張國燾的手槍連以及陝北紅一團，盡快出發，迅速佔領膚施。

江華笑道：「我的馬還沒有回來，怎麼『馬上』走？」

江華找來了馬，「馬上」跟手槍連一起趕到安塞。陝北紅一團正駐紮安塞。江華向團長黃羅斌、政委鍾輝傳達周恩來命令，「馬上」率團出發。這樣，江華部隊於十五日抵達膚施北門。他聽說城裏還有國民黨部隊，生怕跟西北軍誤打起來，就在北門外臨時紮營，暫不進城。

也就在十二月十三日，白志文接毛澤東電報：「命白志文帶關中紅一團立刻前往蟠龍鎮，佔領青化砭後，前進三十里，相機佔領膚施。」⑫

白志文部隊於十六日佔領了青化砭，也朝膚施而來。

周恩來一行在十六日傍晚趕到膚施南門時，急著想進城。周恩來以爲，江華部隊已經佔領膚施。走近時，見到城門上有國民黨部隊，這才繞道，到北門來，遇上了江華。這時，江華才知周恩來要取道膚施飛往西安。

周恩來說起，一路上他很焦急，因爲江華走得匆忙，未及告訴江華張學良派專機來膚施一事。

他一直擔心紅軍不知內情，會把張學良的專機擊落。所以他在安塞時，一夜沒睡好覺。

江華馬上報告周恩來，今天下午來過飛機：那飛機繞膚施城低飛了幾圈，走了！

周恩來一聽，深感遺憾！因爲已與張學良約好，如果機場上出現「天下」兩字，專機即可平安降落。顯然，下午來的專機沒有看到「天下」兩字，飛走了！

看樣子，坐飛機去西安已無希望，周恩來準備改坐汽車去。

就在這時，白志文接到毛澤東電報：「你與黃春圃協同，立即佔領膚施。佔領膚施後，你任城防司令，黃任政治委員。」

十七日凌晨兩點，紅軍未發一槍，佔領了膚施，從此改稱延安。駐守城內的是七個保安隊，約五百來人，一部分留下參加紅軍，大部分發給路費，遣送回家。

對於中共來說，西安事變尚無眉目，卻先贏了一步棋：佔領延安！

比起保安來說，延安大得多。延安是陝北最重要的城市。中共中央機關於一九三七年一月十日由保安遷往延安。一月十三日，毛澤東也來到延安。從此，延安成了中國的紅都。

周恩來成為「西安之謀主」

就在紅軍佔領延安之後，周恩來一行在十七日清早趕往延安城南兩道川，打算從那裏前往甘泉——張學良有部隊駐紮甘泉，可以派汽車送他們去西安。

正在這時，空中響起了飛機的轟鳴聲！周恩來大喜，急忙回頭，重返延安。

那架飛機，便是張學良的「波鷹」專機，由一位美國飛行員駕駛。機艙裏的乘客只有一個，那便是張學良的秘書、中共黨員劉鼎。

飛機在機場降落。這時紅軍雖已進城，機場仍在民團控制之中。飛機一降落，民團人員便跑了過來，見是張學良的專機，也就沒有盤問。

過了半個小時，說是縣長來了。那縣長叫高錦尚，是國民黨任命的膚施縣縣長。劉鼎對他說是去綏德辦事，也就支付過去了。

劉鼎心急似焚，一小時過去了，還未見周恩來的影子！飛行員說，要關掉一個發動機，以節省汽油，這麼長久等下去不行。

正在這時，民團紛紛逃散，說是紅軍來了。沒一會兒，一隊兵馬風馳電掣而來。劉鼎一瞧，爲首者一臉黑鬚，正是周恩來！

於是，眾人七手八腳忙著卸貨，機艙裏裝載著張學良送給紅軍的彈藥。

張學良的專機，可坐二十人。實際上，上機二十二人——行李艙空著，有兩人坐在那裏。

飛機終於起飛了。一路上，周恩來細心傾聽著劉鼎報告西安事變的詳況，特別是詢問了蔣介石的情況……當劉鼎說及張學良在派兵扣蔣時，再三關照抓活的，周恩來非常注意這一細節，因爲這表明張學良從一開始就無殺蔣之意，而只是著眼於逼蔣抗日。周恩來身在保安，所知情況限於幾份電報，頗爲閉塞，劉鼎的匯報使他對西安的事態有了第一手的了解。

飛機抵達西安，已是下午。下了飛機，上了汽車，便直奔城內金家巷張公館。這時，周恩來忽

地對劉鼎說：「最好先找個地方落腳。」

幸虧劉鼎對西安已是人熟地熟，他急令司機駛往金家巷不遠處，跟孫銘九家同一排的一座房子。那是中共地下黨員徐作潮的住處。前文已經提及，徐作潮原在上海中共特科工作，劉鼎請他來西安，在七賢莊一號地下室設立了秘密電台。

周恩來進入徐家，要把又濃又長的鬍子刮去。用刀片，哪裏刮得動？又找來剪刀，那剪刀又不好使。好不容易，總算剪掉了長鬍。這時，已不斷有人來催：「副司令在等！」

周恩來來到金家巷張公館，張學良已在門口恭候。張學良見了周恩來的頭一句話便是：「美髯公，你的鬍子哪裏去了？」張學良左右皆驚，悄然私議：「副司令什麼時候跟周恩來見過面？」

其實，周恩來除了一九三六年四月九日與張學良在膚施天主教堂作了徹夜長談之外，又在五月十二日赴膚施會晤張學良，所以這一回是跟張學良第三次見面了。張學良在四月二十二日曾致函周恩來，說及第一次晤面，「坐談竟夜，快慰生平」，「感服先生肝膽照人」。正因爲這樣，張學良對於周恩來的來臨，企盼已久。

張學良和周恩來馬上開始長談。雖說張學良擔心周恩來旅途疲憊，而周恩來雙眼炯炯，連聲說冒雪趕來便是爲了當面深談。張學良在發動西安事變之後，面對錯綜複雜的形勢，正感到「束手傍徨，問策無人」，而周恩來資深智廣，恰恰是張學良最需要的策劃人。

周、張會談，一開始，周恩來便盛讚了張、楊發動西安事變的壯舉。緊接著，雙方的話題切入關鍵性問題，即如何處置蔣介石。周恩來不發話，先是傾聽張學良的見解。張學良說道：「據我看，爭取蔣抗日，現在最有可能。只要蔣答應停止內戰，一致抗日，應該放蔣，並擁護他做全國抗日的領袖。」

周恩來讚賞張學良之見，卻出乎意料地說：「西安事變是震驚中外的大事，但多少帶有『軍事陰謀』性質。」

張學良一聽，頗爲不悅：「我爲公不爲私，怎麼是陰謀？」

周恩來微笑著，作了解釋：「扣蔣出其不意，乘其不備，不同於十月革命時擒沙皇尼古拉，也不同於滑鐵盧戰役擒拿破崙。蔣介石的軍事實力原封不動，西安方面與南京政府已經處於對立地位，因此，對蔣介石的處置要十分慎重。」

周恩來接著進行分析：「如張將軍所言，如能說服蔣介石停止內戰，一致抗日，中國就會有一個好的前途；倘若宣佈他的罪狀，交付人民審判，最後把他殺掉，不僅不能停止內戰，而且給日軍滅亡中國提供了便利條件。」

周恩來的後一段話，是因爲他聽劉鼎說及，張學良十六日在西安群眾大會上曾宣稱，如果蔣介石拒不談抗日問題，他將公佈蔣介石在「九·一八」事變時給他的不抵抗電文，把蔣交給人民審判！

這樣，周恩來和張學良經過商談，定下了和平解決西安事變的決心。二十多年後，張學良曾憶及這次會談：「周至此時，儼爲西安之謀主矣！」

會談結束後，周恩來便下榻於金家巷張公館。張住西邊那幢樓，周恩來及其隨行人員住東邊一幢樓。

當天深夜，周恩來便致電「毛並中央」，報告「我率羅、杜（引者註：指羅瑞卿、杜理卿）等

九人今乘機抵西安，即與張面談，並住張公館。」

周恩來談及處置蔣介石的意見：「在策略上答應保蔣安全是可以的，但聲明如南京兵挑起內戰，則蔣安全無望。」

電報中，周恩來報告了他與張學良商定五項條件，因爲宋子文即將來西安談判，將以這五項爲談判條件：

一、停止內戰，中央軍全部開出潼關。

二、下令全國援助抗戰。

三、宋子文負責成立南京過渡政府，肅清一切親日派。

四、成立抗日聯軍。

五、釋放政治犯，實現民主，武裝群眾，開救國會議，先在西安開籌備會。

毛澤東在保安窯洞中，焦急地等待著西安消息。他一連數次詢問，周恩來的電報來了沒有？接到周恩來這封電報，毛澤東舒了一口氣。然而，他又陷入沉思：對於蔣介石，究竟該保呢，還是審他、罷他、殺他呢？

拘押之中的蔣介石

蔣介石呢？他在十二日上午九時被拘押於新城大樓東廂房之後，十時，張學良便來見他。張學良把張、楊通電交給了他。蔣介石與張學良發生了爭辯。張學良不得不說：「你不聽我勸告，可將這件事交人民公斷！」

蔣介石則稱：「余身可死，頭可斷，肢體可殘戮」，而「人格與正氣不能不保持！」

翌日，蔣介石要見楊虎城。楊虎城至。蔣介石連聲問：「這件事，你事先知道嗎？」「這樣幹是聽什麼人的話？」

楊虎城答：「知道。」他還說：「這是全國人民的公意，希望停止內戰，一致對外。」

新城大樓是綏靖公署，那裏畢竟目標太大，張、楊怕有閃失，決定請蔣介石移居至玄風橋高桂滋公館——金家巷張學良公館附近。高桂滋是國民黨第三十二軍副軍長。

孫銘九記得，在夜深之際，他奉張學良之命，來到新城大樓，請蔣介石喬遷。蔣介石誤會了，以爲半夜拉他出去槍斃——他看見孫銘九腰間別著手槍，怎麼也不肯搬！

這樣，十四日下午五時，端納是在新城大樓見到蔣介石。端納呈送了宋美齡之信，此信手跡現仍在，只是信末一句後來被剪去。

宋美齡的信，原文如下：

夫君愛鑒：

昨日聞西安之變焦急萬分，竊思吾兄平生以身許國，大公無私，凡所作為無絲毫為自己個人權利著想，即此一點寸衷足以安慰。且抗日亦係吾兄平日主張，惟兄以整個國家為前提，數年來竭力整頓軍備，團結國力，以求貫徹抗日主張，此公忠為國之心必為

全國人民所諒解。

目下吾兄所處境況真相若何，望即示知，以慰焦思。妹日夕祈禱上帝賜福吾兄早日脫離惡境，請兄亦祈求主宰賜予安慰，為國珍重為禱。臨書神往，不盡欲言，專此奉達。敬祝

康健

妻美齡

廿五年十二月十三日

所署「廿五年」，指民國廿五年。

信末原有「戲中有戲」四字，後來被剪掉了。蔣介石一看「戲中有戲」四字，心中明白是指南京「戲中有戲」。

經過張、楊力勸，端納也以爲新城大樓太顯眼，蔣介石才同意於十四日夜遷往高桂滋公館。端納翌晨又晤蔣介石時，說了一番話，頗爲打動蔣介石的心。端納說：

「我這次是受蔣夫人的委託而來的，到這裏之後，與張漢卿將軍進行了晤談，對這次事變情況有了一些了解。我首先告慰您，就是張將軍對您並無加害之意，只要您答應他們的主張，他們還是忠心地擁護您做領袖。我認爲這不僅是張、楊兩將軍的個人意願，也是全中國人民的迫切要求。而且許多西洋人也贊同這樣的政見。您若是接受他們的主張，今後將更成爲世界的偉人；若是拒絕接受，勢必將成爲渺小的人物。國家和委員長個人的安危榮辱全繫於委員長自己心思的一轉。」

畢竟端納乃「西洋人」，又是蔣介石信得過的人，以客觀立場講這番話，蔣介石容易聽得進。

蔣介石致宋美齡的覆函，近似於「遺囑」：「美齡吾妻，余決心殉國，余死後，余之全部財產由汝繼承。望汝善視經國、瑋國兩兒有如己出，以慰余靈，願上帝賜福於汝。」

端納於十五日午後返洛陽之後，十六日下午四時再度飛抵西安。端納又見蔣介石，告知南京「戲中有戲」的一些情況，並轉達在洛陽與宋美齡、宋子文通長途電話的內容。宋美齡的一句話，使蔣介石為之一震：「寧抗日勿死敵手！」

蔣介石的態度，開始有所轉變……雖然他還要擺委員長的架子，雖然他還不肯馬上認錯。

十七日下午，周恩來抵達西安的消息，又一次深深震驚了蔣介石。這意味著「敵手」已伸到西安了……

張、楊、中共結成「三位一體」

周恩來的行動疾如風。他剛抵西安，十七日夜與張學良長談，翌日晨便前往西安九府街。那裏，一幢青磚赭柱的兩層樓房，門口懸著「止園」兩字，人稱「楊公館」。

比之於張學良，楊虎城跟中共的關係更為密切。這不僅因為楊虎城夫人謝葆真是中共黨員，楊虎城本人兩度申請加入中共，而且楊虎城手下的工作人員中有不少是中共黨員。

在張、楊二人之中，首先提出「兵諫」的，是楊。一九三六年十一月初，當張學良從洛陽向蔣

介石祝壽回來，跟楊虎城談起了對蔣介石「攘外必先安內」政策的不滿，據張學良回憶，楊虎城問他：「你真的決定要抗日？」張學良答曰：「當然。」這時，楊虎城說了一句令他永遠難忘的話：「等蔣委員長來到西安，我們可以來一個挾天子以令諸侯！」⑬

張學良大爲吃驚，以至久久地說不出一句話來。

楊虎城則沉默著，等待張學良的反應。

張學良終於說話：「讓我先想想再討論這個問題。」

緊接著，張學良又補充道：「請相信我絕不會把你的話告訴任何人。」

後來，又有一回，張學良跟楊虎城說及勸蔣無效。楊虎城很堅決地說：「軟說不行就硬幹！」張學良這一次聽進去了，他想了想，答道：「剛柔相濟，剛柔並用。」於是，張學良與楊虎城商定，對蔣介石進行最後的諍諫。「柔」不行的話，那就來「剛」——兵諫。

後來，就連蔣介石，在《蘇俄在中國》一書中，也這麼寫及西安事變：

「最出人意料之外的一點，就是其主動者，實是張學良本身，而首先提出此一劫持者，則爲楊虎城。」⑭

曾採訪過楊虎城的英國記者貝特蘭，也在他的《楊虎城傳》一書序文中寫及：

「正是楊虎城說服了少帥，只有運用兵諫戰略，抓住最高統帥，才有希望使他們停止對共產黨作戰，並團結全國共同抗日。」⑮

不過，也正因爲楊虎城一開始就主張兵諫，所以他在發動西安事變時，再三關照部下：「必須給我捉回活的蔣介石，不要死的蔣介石。如果打死了他，即要你償命。誰打死了他，都以軍法從

事！」

周恩來前去拜訪楊虎城，自然非常融洽。周恩來代表中共中央向楊虎城表示問候，表示對西安事變的支持。接著，周恩來便說及昨夜跟張學良會談的情形。

楊虎城聽罷，頗爲感慨。他說，他原以爲中共跟蔣介石有十年的血海深仇，知道捉住了蔣介石，雖不至於立即殺蔣，也絕不會輕易主張放蔣。

周恩來說：「蔣介石本人，現在是抗日則生，不抗日則死。因此，促使他改變政策，實現對日作戰的可能性是存在的。」

楊虎城道：「共產黨置黨派歷史深仇於不顧，以民族利益爲重，對蔣介石以德報怨，令人欽佩。我是追隨張副司令的，現在更願傾聽和尊重中共方面的意見。既然張副司令同中共意見一致，我無不樂從。」

就這樣，周恩來成功地構築了「張、楊，中共」這「三位一體」。原先，中共只是單獨與張、與楊秘密聯絡，楊不知張與中共的聯繫，張不知楊與中共的聯繫。

如今，張、楊、中共三方結爲一體，此後，在與國民黨的談判之中，便以張、楊，中共爲一方，國民黨政府爲另一方。

周恩來不愧爲統戰高手，有了張、楊，中共的「砝碼」更重了。

當然，在與周恩來的交談中，楊虎城也透露了自己的隱憂：

「共產黨和國民黨是敵對的黨，地位上是平等的，對蔣可戰可和。我是蔣的部下，如果輕易放蔣，蔣一旦翻臉，我的處境就和共產黨有所不同了。」

順便提一筆，楊虎城在西安事變中消息極為靈通，他的「黑室」發揮了莫大作用。

在第一次世界大戰時，一位名叫亞德萊的美國人，專門設立了一個機構「Black Chamber」即「黑室」，負責偵譯密碼電報。楊虎城也設立了「黑室」。那「黑室」名符其實：設在新城大樓（亦即最初拘押蔣介石之處）的最底層地下室，光線暗淡，還遮以黑布。在「黑室」裏工作的是楊虎城的機要秘書李致遠。

李致遠原名李直峰⑯，是由中共黨員南漢宸引見，任楊虎城機要秘書。這「黑室」在一九三六年二月，偵譯了蔣介石、閻錫山堵擊紅軍的許多密碼電報。西安事變時，繳獲了胡宗南駐西安辦事處特印密電本以及軍政部的雙碼代碼密電本，偵譯了討逆總司令何應欽指揮三十個師撲向西安時的作戰計畫、兵力部署、作戰命令、口令信號、陸空聯絡符號等等。這樣，「三位一體」對於南京方面部隊的動向瞭然若指！

蘇聯否認「莫斯科魔手」

西安本來已經夠熱鬧的了，如當時英國《泰晤士報》稱西安已成了「一個歌劇場」。在熱鬧之中忽地又爆出聳人聽聞的消息：紅旗插遍古城西安！

西安事變發生之後，南京已紛傳：「共黨策動西安事變」，「西安事變是中共的陰謀」，「中共要把西安造成馬德里」，「西安已脫離中央（引者註：指國民黨中央），投奔中共」……眼下，

西安一家名叫「雷電社」的電台，向國內外播發了「紅旗插遍古城西安」的消息，南京更是據此證明張、楊「投奔中共」。

就連一九三七年三月一日，美國女記者史沫特萊在採訪毛澤東時，也提出了這一問題：

> 史問：許多人不但說西安事變是共產黨幹的，而且說在城牆上紅旗高懸……究竟事實如何？
>
> 毛答：關於西安插紅旗一類的事，大概只有日本人和漢奸看見了罷。⑰

據那位在楊虎城「黑室」中工作的李直峰回憶，經「黑室」電台監查，發現竟是東北軍的一個電台，在播發「雷電社」消息！

周恩來馬上指示東北軍內的中共黨員細查此事。一查，才弄明白：東北軍中的幾位青年軍官參加扣蔣，在華清池蔣介石行轅繳獲了一部電台。於是，他們便以「雷電社」的名義，向外發佈消息，自以為是做「革命宣傳」。這些年輕人沒想到，他們以無線明碼發佈的新聞電報，在外界引起了混亂。經周恩來勸阻，這個「雷電社」才宣告結束……

這「雷電社」小插曲，倒是表明了南京方面以及海外對於中共一舉一動，何等關注。理所當然，日本和蘇聯方面的態度，也是眾所關注的。

日本外務省在十三日晚，便召開了緊急會議，決定：「日本政府方針，應以慎重態度，靜觀事態之推移情形。」

日本的《朝日新聞》，則印出號外，大字標題是《支那政局全面混亂》，報導「蔣介石氏突如監禁」，「張學良氏兵變指揮」，還有「張學良氏自己保身」，與「共產軍妥協」等等。日本《日日新聞》，則稱「張學良兵變」背後乃是「莫斯科魔手」在操縱！

蘇聯的表態，出人意料。蘇聯並不支持西安事變，反而指責這是日本玩弄的政治陰謀！

十二月十四日，蘇共中央機關報《真理報》發表社論，指責「此次張學良兵變」與「親日派有密切關係」。社論說：

「張學良早有無窮機會可以抵抗日本侵略，其兵士亦充滿抵抗之決心，然張將軍本人則一貫採取不抵抗政策。現在渠乃以抗日運動爲投機，高揭抗日旗幟，實際則轉使中國分裂，使其更加騷亂，成爲外國侵略者之犧牲品。」

十二月十七日，《真理報》的國際評論說得更明白：

「最近從中國得來報告，證實張學良之叛變純爲日在中國之新陰謀，其目的乃阻礙中國之統一，及日益普遍之抗日運動。」

「世界新聞界評論，完全證明日方嫁禍他人，僞稱張學良叛變乃『莫斯科魔手』之使倆，業已失敗，張氏之叛變及日德協定之直接結果，其目的及任務爲煽動戰爭。」

與此同時，蘇聯外交部則通過外交途徑，向南京政府聲稱：

蘇聯與張學良「無關係」，與中國共產黨也「無任何聯絡」，甚至共產國際也與蘇聯「無關」，「因此對中國共產黨之行動不負任何責任」。

蘇聯外交部還表示，對於中國一部分報紙散佈西安事變與蘇聯有關的「流言」，感到「非常驚

異憤慨，希望中國政府設法阻止」。

與之針鋒相對的，則是南京政府行政院副院長孔祥熙於十三日召見蘇聯駐中國代辦，明確地提出：「西安之事，外傳與共黨有關，如蔣公安全發生危險，則全國之憤慨，將由中共而推及蘇聯，將迫我與日本共同抗蘇。」⑱

南京政府自然並不相信蘇聯外交部所聲明的與中共「無任何聯絡」、與共產國際「無關」之類的話，稱之「此地無銀三百兩」！須知，陳立夫在西安事變一發生，便急尋潘漢年，爲的是通過潘漢年給共產國際發電報，借共產國際對中共施加影響——蘇聯外交部的聲明顯然純係外交辭令！

在十二月十四日晚，中共中央在保安便從塔斯社的英文廣播中，知道蘇聯《真理報》社論的內容，議論紛紛，倒是張聞天在蘇聯學習過多年，對此做了解釋：蘇聯有難言之隱，「只能這樣說」，否則會引起「與南京對立」。

史達林反對「倒蔣」

蘇聯的「難言之隱」，說穿了，無非是想避免日本以及其他國家借西安事變，抨擊「莫斯科魔手」罷了！蘇聯對張、楊的批評，實際上是蘇聯外交政策實用主義的一種表現。

西安事變剛一發生，中共中央便在十二日晚十二時，十三日凌晨四時，十三日下午四時，三次電告共產國際。

毛澤東在保安的窯洞裏，急切地等待著共產國際的答覆。雖說毛澤東在決策時並不完全照共產國際的意見辦，但共產國際畢竟是中共的上級，尤其是如此重大的事件，不能不聽聽來自莫斯科的聲音。

十三日夜，共產國際的覆電終於到達。覆電頗長，分三大段：

第一，肯定西安事變是日本陰謀所製造，並說在張學良左右一定暗藏著一些日本間諜。蘇聯不會給這種日本朋友任何支援；

第二，中國目前所急需的，是建立全國性的抗日統一戰線，最重要的是團結與合作，不是分裂與內戰；

第三，應爭取和平解決西安事變，利用這一時機與蔣介石作友善的商談，促使其贊成抗日，並在和平解決的基礎上自動將蔣釋放。

這三條意見，第一點完全與事實不符，第三點中，關於蔣介石的處理與毛澤東當時所主張的審蔣、罷蔣、除蔣相左。

緊接著，史達林又請中共駐共產國際代表團轉告中共中央：

「中國共產黨應該首先了解到：蔣介石是抗日的。而打倒蔣介石，必須進行內戰，但內戰只能有利於日本侵略者。」⑲

在史達林看來，作爲中國的抗日領袖，張學良不夠格，毛澤東的力量還太小，只有蔣介石才有號召力，能夠成爲統率中國各種政治力量進行抗日的領袖。

史達林反對「倒蔣」，這一見解倒是正確的。據云，當史達林的電報到了毛澤東手中時，毛澤東曾頗爲想不通。⑳

共產國際除了給保安發電報之外，也給上海的潘漢年發電報。

西安事變一發生，不僅陳立夫派杜桐蓀找潘漢年，而且宋美齡也打電話給姊姊宋慶齡，請宋慶齡找潘漢年。宋慶齡約見了潘漢年。

潘漢年去南京時，在宋子文家中，會晤了宋美齡和宋子文。二宋要求潘漢年向共產國際和中共中央反應：不要殺蔣介石。只要蔣介石的生命安全，什麼問題都可以商量。

潘漢年如實地向共產國際和中共中央反應了二宋的意見。

十六日，共產國際覆電潘漢年：「所見甚爲正確，已致中共中央，當和平解決西安事變。」

也就在十六日，共產國際執行委員會總書記季米特洛夫親自起草，並簽署了致中共中央的電報，可以說是共產國際對於處理西安事變的最明確的指示。

電報原文如下：

（一）張學良的行動，無論其動機如何，客觀上只能有損於中國抗日民族統一戰線力量的團結，並鼓勵日本侵略。

（二）既然事變已經發生，中國共產黨應考慮到以上情勢，並堅決主張在下列條件基礎上和平解決事變：

甲，通過吸收反日運動的若干代表及擁護中國統一和獨立的人士參加政府的方式來改組政府；

乙，保障中國人民的民主權利；

丙，停止圍剿紅軍的政策並與紅軍在反對日本侵略的鬥爭中合作；

丁，與同情中國人民反抗日本進攻的國家建立合作關係，但不要提聯合蘇聯的口號。

不過，季米特洛夫這一電報發到保安時，卻因密電碼摘錯了，以致譯不出來。中共中央不得不於十八日致電共產國際執委會，請求「檢查重發」。二十日，中共中央才收到「檢查重發」後的季米特洛夫十六日電報。

來自莫斯科的對於張學良的種種批評，使張學良十分不安。尤其是《真理報》的社論，使張學良受到壓力。

十七日，毛澤東致電張學良，不得不向他就「遠方政府」（亦即蘇聯政府）的態度，作了解釋：「遠方政府目前爲應付外交，或尚不能公開贊助我們。」

但是，毛澤東又接著說，若遠方知此事及事變後之進展不是單純軍事行動，而是與民眾聯繫的，「估計當寄以同情」。

「遠方」對於張、楊的態度，直至一九三七年一月下旬才終於轉變，承認張、楊是「爲了正義而起義」，這才不再抨擊張、楊。

毛澤東改變了對蔣策略

世上沒有一貫正確的人。

在西安事變之初，史達林和毛澤東在決策上都有正確與錯誤之處，兩人恰恰呈「你對我錯」、「你錯我對」的態勢：

對於張、楊——毛澤東表示支持，對了，而史達林表示反對，錯了；

對於蔣介石——毛澤東主張「倒蔣」，錯了，而史達林主張「保蔣」，對了。

其實，細細探究起來，史達林和毛澤東的對和錯，都有其原因：

對於張、楊，毛澤東身在中國，深知他們，馬上判定西安兵諫是「抗日起義」，而遠在莫斯科的史達林不明中國內情，錯定西安事變爲「日本陰謀所製造」。

對於蔣介石，史達林統觀中國全局，能夠客觀地論定中國抗日領袖非蔣莫屬。毛澤東呢？蔣介石是他的宿敵，十年深仇，忽聞「元兇被逮」，怎不要求「審蔣」、「罷蔣」、「除蔣」呢？雖說毛澤東初接史達林電報，曾想不通，來來回回在窯洞裏踱來踱去，不過隨著時間的推移，各方的反應紛至沓來，毛澤東開始重新考慮如何處置老對手蔣介石。尤其是周恩來十七日飛抵西安之後，當夜發來電報，提出「保蔣安全」，毛澤東以爲在理。

緊接著，十八日上午，周恩來在會晤楊虎城後，又發來一電，更促使毛澤東改變對蔣策略。

周恩來在電報中報告：

> 南京親日派目的在造成內戰，不在救蔣。宋美齡函蔣：寧抗日勿死敵手。孔祥熙企圖調和，宋子文以停戰為條件來西安，汪將回國。……蔣態度開始（時）表示強硬，現亦轉趨調和，企圖求得恢復自由。

周恩來這份電報所透露了最新信息，是極爲重要的：一是宋美齡、蔣介石態度轉向抗日，二是南京親日派在積極行動，「倒蔣」將會造成汪精衛上台！

汪精衛自從一九三五年十一月一日在國民黨四屆六中全會上，被晨光通訊社記者孫鳳鳴連發數槍擊成重傷之後，不得不離開中國政治舞台，出國養傷。眼下將息了一年多，正在法國巴黎。

西安事變發生的當天，汪精衛便收到國民黨中央急電，要他迅速返國。聞蔣介石被擒，汪精衛彷彿喜從天降。倘若蔣介石被殺，汪勢必可取而代之，成爲國民黨領袖。於是，十四日，汪精衛電覆南京：「遵即力疾啓程。」

汪精衛在法國會見了國民黨駐法使節郭泰棋、顧維鈞，聲稱：「本人決心反共到底，與南京抗日派決不妥協！」

汪精衛是眾所周知的親日派。一日殺了蔣介石，讓汪精衛當政，那會比蔣介石更糟——毛澤東不能不注意到「汪將回國」這一嚴重的動向。

周恩來、張聞天的勸說、史達林的電告、宋美齡宋子文願意和談，蔣介石態度轉變，汪精衛準備回國……這一連串的變化，終於使毛澤東決定改變對蔣介石的處置。

這一改變，最初從十八日中共中央關於西安事變致國民黨中央的電報中透露出來：

蔣介石在此次被幽，完全是因為蔣氏在不肯接受抗日主張，不肯放棄攘外必須安內的錯誤政策所致。本黨致貴黨建議書及許多通電曾舌敝唇焦，一再向貴黨與蔣氏提議，聯合各黨各派一致抗日，奈蔣氏對日寇的步步進攻，依然是一再退讓……㉑

電報指出，「貴黨果欲援救蔣氏，則決非調集大軍討伐張、楊所能奏效，實屬顯然」。㉒電報提出了五項條件，然後指出：「本黨相信，如貴黨能實現上項全國人民的迫切要求，不但國家民族從此得救，即蔣氏的安全自由當亦不成問題……」㉓

這份電報與在三天前——十五日毛澤東等十五位紅軍將領致國民黨國民政府電報所云「罷免蔣氏，交付國人裁決」，已有明顯不同。

這份電報意味著毛澤東已回復到他自己在一九三六年九月一日以中共中央名義下達的指示，即「逼蔣抗日」！

中共定下「和平解決」、「放蔣」方針

十二月十九日，在保安那孔㉔石窯洞裏，中共中央政治局委員們圍坐在一起，召開會議。依然由張聞天主持會議，依然由毛澤東作報告，會議氣氛卻與六天前——十三日的會議迥然不同。

那次會議，議論紛紛，意見分歧；這次會議，眾說一致，作出了明確的決策。其中的原因。如張聞天所言，「在六天中，這事件的現象與本質都（顯露得）更充分」。

前文曾提及，周恩來告訴過王炳南：「我們有一星期沒睡覺。……這是我們一生中最困難的決定。」周恩來所說的「一星期」，也就是十二月十二日至十九日。在十九日這次中共中央政治局會議上，終於作出了「最困難的決定」，解決了最棘手的問題。

毛澤東喜歡從哲學的角度分析問題。二十多年後，一九五七年二月，毛澤東在《關於正確處理人民內部矛盾的問題》講話中，曾說及「亂子有二重性」。此時，他也談「二重性」，說西安事變有「二重性」：

一方面是光明的方面，「能更促進抗日與親日的分化，使抗日戰爭更為擴大」；

一方面是黑暗的方面，因為捉蔣，南京「把張楊一切抗日主張都置而不問」，「更動員所有部隊討伐張楊」，內戰有大爆發和延長的危險。

毛澤東以為，西安事變有兩種前途，即勝利的前途和失敗的前途。

為了爭取勝利的前途，毛澤東提出，中共應該「分兩手」：一是「反對內戰要求和平」，二是「把陣線整理好，打擊討伐派」。

通過對「二重性」、「兩種前途」、「分兩手」的分析，毛澤東最後提出中共的方針是「和平調停，使內戰結束」。

這一回，張聞天的講話與毛澤東完全一致。他明確地說：「要求把蔣介石交人民公審的口號是不妥的。」顯而易見，他批評了毛澤東在上次會議上的意見。

毛澤東接受了批評。這次會議產生了兩個文件，即《通電》和《指示》。《通電》由毛澤東起草，《指示》由張聞天起草。毛澤東作了說明：「現在發表的通電與前次的通電是有區別的，更站在第三者立場上說公道話。」

《通電》，亦即《中共蘇維埃中央政府及中共中央對西安事變通電》，於當日發出。《通電》提及蔣介石時，不像前幾天直呼蔣介石或「蔣氏」，而是稱之「蔣介石先生」。《通電》建議「由南京立即召集和平會議」，明顯地不再強調「以西安爲中心」了，而且所開的是「和平會議」，不是「抗日救國代表大會」。

《指示》，亦即《中共中央關於西安事變及我們任務的指示》，是中共黨內指示，不公開發表，亦於當日發出。由於係內部文件，《指示》寫得更爲明白，提出中共「反對新的內戰，主張南京與西安間在團結抗日的基礎上，和平解決」。提及蔣介石時，稱之「南京最高負責人蔣介石」。

十九日的中共中央政治局會議的核心，便是確立了和平解決西安事變的方針。

當天，毛澤東便致電潘漢年，全文如下：

漢年同志：

請向南京接洽和平解決西安事變之可能性，及其最低限度條件，避免亡國慘禍。

毛澤東

皓

就在中共中央政治局會議召開的翌日上午十時，宋子文飛抵西安，張學良和端納前往機場迎接。穿了一身筆挺西裝的宋子文，戴著黑框眼鏡和花領帶，見到了蔣介石，使蔣介石大爲激動。

宋子文帶來宋美齡致蔣介石的信，其中寫道：「如果三天之內子文不回南京，我必定到西安跟你共生死。」此信表明，宋美齡仍把西安事態看得頗爲嚴重，連蔣介石讀到這裏都哭了！

宋子文得知周恩來已在西安，便道：「周恩來一來，事情就難辦了。」

周恩來馬上託人轉告與他一晤。和宋子文同來的郭增愷，也建議他與周恩來一談。可是，宋子文生怕跟周恩來見面，會給何應欽抓住把柄，就派郭增愷去見周恩來。

郭增愷向周恩來轉達了宋子文的話，說宋子文早就認爲：「共產黨不是武力所能消滅的，蔣想靠武力滅共，才有今天。」

周恩來則請郭增愷向宋子文傳話：「只要蔣先生抗日，共產黨當全力以赴，並號召全國擁護國民政府，結成抗日統一戰線。」

宋子文原本最爲擔心的是中共不肯饒蔣，聽了傳來的周恩來的話，大爲興奮，認爲和平談判就有了指望。宋子文在西安只逗留一夜，二十一日中午，他和端納急急飛往南京。

也就在二十一日，中共中央書記處致電周恩來，又進一步放寬了處置蔣介石的「尺寸」。中共中央書記處的電報，提出了五個條件，請周恩來與張、楊商談。作爲與蔣介石談判的條件。電報指出：「在上述條件有相當保證下恢復蔣介石之自由」。

這表明，如果蔣介石答應五項條件，便放蔣！

這樣，毛澤東對於蔣介石，由「審」、「罷」、「除」轉到「逼蔣抗日」，轉到答應條件可以

「放蔣」了！

宋美齡終於飛往「虎穴」

十二月二十二日下午，上海的《大美晚報》剛在報攤上露面，便銷售一空。這一天，晚報佔了「大便宜」——因爲頭版頭條要聞發生在這天上午，所有當天的日報已來不及刊登。《大美晚報》的大字標題，引人注目：

宋子文宋美齡
今晨離京飛陝
逕赴西安過洛不停　行前孔邸曾有會議

宋子文二十一日匆匆飛回南京，帶回周恩來的口信，使宋美齡打消了疑慮。

也就在二十一日，潘漢年收到毛澤東電報，要他迅告陳立夫。宋美齡馬上從陳立夫那裏，得知毛澤東的意見。

毛澤東電報原文如下：

漢年同志：

即向陳立夫先生等提出下列要求，徵其同意。

目前最大危機是日本與南京及各地親日派成立聯盟，借擁護蔣旗幟，造成內亂，奴化中國。南京及各地左派應速行動起來，挽救危局。共產黨願意贊助左派，堅決主張在下列條件基礎上成立國內和平，一致對付日本與親日派；

（甲）吸收幾個抗日運動之領袖人物，加入南京政府，排斥親日派。

（乙）停止軍事行動，承認西安之地位。

（丙）停止剿共政策，並與紅軍聯合抗日。

（丁）保障民主權利，與同情中國抗日運動之國家成立合作關係。

（戊）在上述條件有相當保證時，勸告西安恢復蔣介石先生之自由，並幫助他團結全國，一致對日。結果如何，速以電報答覆。

毛澤東

來自周恩來—宋子文以及毛澤東—潘漢年—陳立夫的重要信息，匯聚到宋美齡那裏。宋美齡下定了飛往西安的決心。

二十二日上午十一時三十分，兩架三引擎的飛機從南京起飛，機上載著宋美齡、宋子文、端納、戴笠、蔣鼎文。這天天氣格外晴朗，彷彿意味著好兆頭。

上穿銀狐領大衣、下穿高跟皮靴，宋美齡在飛機上不時觀看著艙外。當飛機經過洛陽上空。她見到機場上停著一排轟炸機，頓時收緊了心。飛機在洛陽降落時並非如《大美晚報》所稱「過洛不停」，宋美齡再三關照洛陽空軍將領，未得蔣委員長命令，不能派飛機去西安轟炸。飛機再度起飛，當她見到晶瑩的冰雪覆蓋的華山，知道西安不遠了。

飛機在西安上空盤旋了一會兒。宋美齡拿出手槍交給端納。她說：「如果下了飛機，遇軍隊嘩噪無法控制時，即以此殺我，萬勿遲疑！」

飛機降落後，剛一停穩，便見張學良登機迎接，宋美齡的臉上浮現了笑容。

宋美齡一到，便驅車前往高公館，探望蔣介石。那時，蔣介石尚不知宋美齡來，正臥床養傷。當宋美齡入內，蔣介石驚呼：「余妻真來耶？君入虎穴矣！」

宋美齡的到達，開始了西安和平談判。用宋美齡後來的話來說：「西變局勢是端納奠了基，宋子文起了牆，而我蓋上了頂。」

蔣介石對宋美齡、宋子文談了關於談判的意見：「改組政府，三個月後開救國會議，改組國民黨，同意聯俄聯共。」㉕

蔣介石的這些意見，表明他的態度有了明顯的轉變。不過，他又附加了兩個條件：

第一，他本人不出頭，由宋氏兄妹代表他談判；

第二，商定的條件，他不作任何書面簽字，而是以「領袖的人格」來保證。

第一條表明蔣介石很注意保持最高領袖的架勢。倘若他出面談判，勢必降低了他的身分。

第二條則表明了蔣介石的政治手腕的老練，不願留任何文字性東西在對方手中，以免日後成為把柄。

「三位一體」和二宋談判

牆上掛著巨幅軍事地圖，紅色地板上放著一套黑色皮沙發，金家巷張公館西樓二樓的會議室掃得乾乾淨淨。二十三日上午，秘密談判在這裏舉行——十一天前，張學良也正是在這裏發出拘蔣命令。

蔣介石派出的代表是宋子文。談判的對手呢？是「三位一體」——張學良代表東北軍，楊虎城代表十七路軍，周恩來代表中共。

毛澤東和周恩來，成功地和張、楊結爲「三角聯盟」，組成「三位一體」。因此，原本是國共對壘，這一回張、楊卻坐到中共一邊來了。

在「三位一體」之中，周恩來成了主角。談判一開始，就由周恩來代表中共及紅軍提出六項主張，整天的談判便圍繞這六項主張展開：

一、停戰、撤兵至潼關外。

二、改組南京政府，排逐親日派，加入抗日份子。

三、釋放政治犯，保障民主權利。

四、停止剿共，聯合紅軍抗日，共產黨公開活動（紅軍保存獨立組織領導。在召開民主國會前，蘇區仍舊，名稱可冠抗日或救國）。

五、召開各黨派各界各軍救國會議。

六、與同情抗日國家合作。㉖

西安事變是張、楊發動的，周恩來後來才參與「斡旋」，然而此時此刻，誠如張學良所言，周恩來道道地地成了「西安之謀主」！

周恩來提出六項條件之後，「要蔣接受並保證實行」。㉗結果，「宋個人同意，承認轉達蔣」㉘。

周恩來還提出，「在蔣同意上述辦法下，我們與蔣直接討論各項問題（即前述六項）。宋答可先見宋美齡（子文、學良言她力主和平與抗日）。」㉙

這樣，二十三日下午，周恩來與宋美齡見了面。

宋美齡後來在她的《西安事變回憶錄》中，曾用「曲筆」寫及她與周恩來見面的情景：

張學良「介紹一參加西安組織中之有力份子來見，謂此人在西安組織中甚明大體而爲委員長所不願見者。余與此人長談二小時，且任其縱談一切。彼詳述整個中國革命問題，追述彼等懷抱之煩悶，以及彼等並未參加西安事變，與如何釀成劫持委員長之經過。余注意靜聽，察其言辭中反覆申述一語並不厭贅，其言曰：『國事如今捨委員長外，實無第二人可爲全國領袖者。』……」

這裏的「此人」，便是周恩來。

周恩來確實對宋美齡說：只要蔣介石同意抗日，中共擁護他爲全國領袖。並且表示除蔣介石外，全國沒有第二個合適的人。㉚

第一天的會談剛一結束，周恩來便致電中共中央，匯報了談判情況。周恩來在電文結束時寫道：「如你們同意這些原則，我即以全權與蔣談判，但要告訴我，你們決心在何種條件實現下許蔣回京。請即覆。」

這就是說，談判的下一步，便是如何「放蔣」了。

宋子文，宋美齡亦向蔣介石轉達了周恩來的意見，聽取了蔣介石的見解。

翌日——二十四日的談判：

「三位一體」依然是張、楊、周，而蔣方代表除宋子文外，增加了宋美齡。

宋美齡很明確地贊成停止內戰。

她說：「我等皆爲黃帝裔冑，斷不應自相殘殺，凡內政問題，皆應在政治上求解決，不應擅用武力。」

第二天的談判，實際上是「二宋」代表蔣介石，對於「三位一體」昨日提出的條件，作出具體的答覆。

從周恩來致中共中央的電報《與宋子文、宋美齡談判結果》，可以看出二宋作了這樣一些答應：

一、孔、宋組行政院，宋負絕對責任保證組織滿人意政府，肅清親日派。

二、撤兵及調胡宗南等中央軍離西北，兩宋負絕對責任。蔣鼎文已攜蔣手令停戰撤兵（現前線已退）。

三、蔣允許歸後釋放愛國領袖，我們可先發表，宋負責釋放。

四、目前蘇維埃、紅軍仍舊。兩宋擔保蔣確停止剿共，並可經張手接濟（宋擔保我與張商定多少即給多少）。三個月後抗戰發動，紅軍再改番號，統一指揮，聯合行動。

五、宋表示不開國民代表大會，先開國民黨會，開放政權，然後再召集各黨各派救國會議。蔣表示三個月後改組國民黨。

六、宋答應一切政治犯分批釋放，與孫夫人商辦法。

七、抗戰發動，共產黨公開。

八、外交政策：聯俄，與英、美、法聯絡。

九、蔣回後發表通電自責，辭行政院長。

十、宋表示要我們爲他抗日反親日派後盾，並派專人駐滬與他秘密接洽。㉛

這十條，表明二宋和「三位一體」的談判，取得了雙方都滿意的結果。

也就在這一天，中共代表團的另兩位重要成員博古和葉劍英，趕到西安。㉜

闊別十年，蔣介石、周恩來晤談於一室

談判結束後，二十四日晚，蔣介石會晤了他「所不願見者」——周恩來。大抵因爲他原本「不願見」，所以在他的《西安半月記》中，一字未提。宋美齡的《西安事變回憶錄》中，也只提及她與「有力份子」周恩來的見面，未提及蔣介石曾會晤周恩來。

然而，蔣介石「懸賞八萬元」的這顆腦袋，竟如此戲劇性地出現在他面前！

過去的文獻，一直是說宋子文、宋美齡陪周恩來去見蔣介石。然而，一九九〇年六月八日，張學良在台北接受日本ＮＨＫ電視台採訪時，有了新的突破：

問：蔣介石和周恩來曾在西安會面。當時張先生應該在場的，是嗎？

答：這是尖銳的問題，請不要再問了。我不但在場，而且是我領周恩來去見蔣先生的。

張學良第一次透露了「是我領周恩來去見蔣先生的」。儘管已經事隔半個多世紀，張學良卻依然認爲「這是尖銳的問題」。

蔣介石那時囚在張公館一箭之遙的高公館。周恩來希望一晤蔣介石，宋氏兄妹事先打了招呼：「委員長這兩天病了，不能多說話。」

當年，蔣介石和周恩來共事於黃埔軍校，一個是校長，一個是政治部主任。自從國共紛爭，蔣介石與周恩來已經十年未曾謀面。

據張令澳作《國共合作秘密使者張沖》**（原載一九八九年二期《上海灘》，台灣《傳記文學》五十七卷二期轉載）**一文，寫及一九三六年六月，周恩來、潘漢年曾應張沖之邀，秘密赴莫干山與蔣介石會談。張令澳先生曾在蔣介石侍從室工作。

一九九三年三月一日，筆者詢問張令澳先生，文中所記蔣、周一九三六年六月會晤是否係親睹之事？張先生答係傳聞，那時他尚未到侍從室工作。由於此事迄今未曾在國共雙方有關文獻上查到依據，只能作爲一樁傳聞。

周恩來在張學良及二宋陪同下，步入蔣介石臥室，蔣介石正臥病在床。蔣介石支起身體，請周恩來坐在床前。廝殺了十年，蔣、周如今晤談於一室，真是不易！

周恩來仍照以前的習慣，稱蔣介石爲「校長」，寒暄道：「我們有十年沒見面了，你顯得比從前蒼老些。」

蔣介石點了點頭，說道：「恩來，你是我的部下，你應該聽我的話。」

周恩來頗爲機靈，順著蔣介石的話，轉向了正題：「只要校長能夠改變『攘外必先安內』的政策，停止內戰，一致抗日，不但我個人可以聽你的話，就連我們紅軍也可以聽你的指揮。」

這時，宋美齡一聽說及敏感話題，馬上就替蔣介石作了答覆：「以後不剿共了。這次多虧周先生千里迢迢來斡旋，實在感激得很。」

這樣，談話的氣氛變得寬鬆起來。蔣介石也說：「我們再也不打內戰了！」

蔣介石居然還這麼說及：「每次我們之間打仗時，我常想起你。即使在戰爭中，我還記得你曾幫助我工作得很好，我希望我們還能共同工作。」[33]

這麼一來，談話切入正題。雖然張學良一九九〇年對日本NHK記者說，「現在還不能洩露當時蔣介石與周恩來談話的內容」，不過，一九八〇年《周恩來選集》上卷問世，首次公開發表周恩來《關於西安事變的三個電報》，其中倒是寫及了蔣、周會晤的內容：

> 蔣已病，我見蔣，他表示：
> 子、停止剿共，聯紅抗日，統一中國，受他指揮。
> 丑、由宋、宋、張全權代表他與我解決一切（所談如前）。
> 寅、他回南京後，我可直接去談判。

這一段周恩來寫於會晤蔣介石後第二天的電文，可以說是關於蔣、周會談的最權威的記錄。

在晤談之中，蔣介石跟周恩來還聊起家常，說及長子蔣經國在蘇聯，並表露出思念之意。周恩來馬上答應，可以與蘇聯方面聯繫，幫助他父子早日團聚。

蔣經國自一九二五年赴蘇聯學習，一晃，已經十一個年頭。後來，蔣經國消息杳然，蔣介石曾委託駐蘇大使蔣廷黻查詢，也未知一二。其實，一九三五年三月，蔣經國已與俄羅斯少女芬娜（後**來改用中國名字蔣方良**）結婚，年底生長子文倫，即蔣孝文。一九三六年又生一女，名愛理，即蔣孝璋。那時，蔣經國在蘇聯任烏拉爾重機械廠副廠長……

聽說蔣介石思念長子，周恩來後來果真幫他與蘇聯聯繫，促成了蔣經國在一九三七年三月返回中國，與蔣介石團聚。國民政府駐蘇大使蔣廷黻曾這樣回憶：

> 一九三七年某夜，當我和部屬們閒談時，有人報告我說有客來訪，但於見我本人前，不願透露姓名。當我接見他時，他立即告訴我他是蔣經國。我很高興。……
>
> 西安事變，使蔣介石遭劫持，不意卻由此引出與周恩來的見面，又引出周恩來幫助蔣介石父子團圓的喜劇來！

周恩來富有人情味，極爲關心人，這一小插曲曾傳爲美談，也是蔣、周會談的意外收穫！

順便提一筆，毛澤東之子毛岸英、毛岸青，卻是經張學良的幫助，由「紅色牧師」董健吾牽線，於一九三六年六月乘張學良摯友李杜將軍去西歐考察時，從上海帶去，董健吾之子董壽琪同

行。他們抵達巴黎後，再轉往蘇聯……

聖誕節的「最大贈禮」

經過兩天的談判，「放蔣」也就定下來了。「三位一體」都同意「放蔣」，只是何時「放蔣」及如何「放蔣」，尚未確定。

倒是宋美齡在來西安之前，便已定下了要求「放蔣」的日期——二十五日，因爲這天是聖誕節，而她和蔣介石都是基督教徒。

孔祥熙在二十二日致張學良函中，亦申明了這一「放蔣」時間：「如你能在聖誕節左右護送委員長安全返回，那真是聖誕老人給予的最大贈禮了！」孔祥熙不僅指明了時間，而且要求張學良「護送委員長安全返回」。

張學良答應了宋美齡的要求。但是，一早宋子文便告知蔣介石：「張漢卿決心送委員長回京，但是情況恐有變！」

情況發生什麼變化呢？那是在早上，宋子文收到一封信，是東北軍、西北軍多位高級將領聯名所寫的信：商定的條件必須有人簽字，中央軍必須先退到潼關以東，才能放蔣，否則雖然張、楊兩將軍答應，我們也誓死反對！

蔣介石閱信大驚，要宋子文立即去找張學良，以盡量早走爲好。張學良也生怕有變，以盡早放

蔣爲好。張學良說：「城內外，多爲楊虎城部隊。可否先送夫人和端納上飛機，然後委員長化裝，再設法登機？」宋美齡聞言，堅決反對，一是怕出亂子，二是化裝上機也有損於蔣介石名聲。

時間一秒秒過去，仍無頭緒。按當時的飛行條件，飛機至遲必須在上午十一時半啓行，不然不能在日落前飛抵南京。

到了中午十二時半，張學良告知宋美齡：「飛機已準備好，但一切仍未決定。」

直至下午一時半，仍定不下來。宋美齡不由得長嘆，看來「聖誕老人給予的最大贈禮」告吹了。

這時，有人出了個好主意：「即便今天無法飛回南京，那就先飛洛陽過夜。西安至洛陽，飛行一個半小時，下午起飛也不妨。」

宋美齡大喜，連忙禱告。於是，下午二時吃了中飯。

張學良又來，聽了宋美齡的意見，說：「反正城防司令楊虎城已同意放行，不如明早起飛，直飛南京。」

宋美齡堅持馬上就走，先飛洛陽。張學良同意了。這時，楊虎城到，蔣介石在臥室與張、楊談了半小時。

下午三時半，五輛汽車從高公館開出，直奔機場。蔣介石由張學良、宋美齡陪同，乘一輛，張學良坐前座，以便遇上阻攔時可以交涉。宋子文和端納坐一輛。其餘三輛爲蔣介石隨行人員和張學良衛兵。

當這五輛汽車駛入機場時，蔣介石大吃一驚：機場上竟聚集了上千名青年學生！

難道消息走漏，青年學生們來機場示威，不許放蔣？

一打聽，才知事有湊巧，在綏遠前線抗戰的將領即將乘飛機抵達西安機場，青年學生們在機場列隊歡迎。一場虛驚過去。

這時，楊虎城趕到機場。

蔣介石忽地發現隨行人員中少了侄兒蔣孝鎮——華清池兵諫時，揹他上山的便是蔣孝鎮。蔣介石對張學良說：「蔣孝鎮在哪裏？把他找來一塊走。」

張學良急命副官宋桂忱驅車去找。沒多久，便找來了蔣孝鎮。

下午四時，飛機準備起飛。張國燾在《我的回憶》一書中，這麼寫及：

「蔣氏飛機將起飛的時候，他（引者註：指周恩來）正和張學良站在一塊送行，張說：『我送委員長。』便步上飛機，雖經蔣勸阻，但張學良還是登機起飛了。周說明他當時真著急，但在稠人之中又不好說話。」

其實，當時周恩來並不在場。

張學良在蔣介石登機之後，便上自己的飛機要隨著起飛。蔣介石曾勸張學良不要去，張學良堅持要親自送他回南京。楊虎城見張學良要去，曾對張學良說，由他陪送。張學良堅持由自己陪送，並在飛機旁寫一手令交給楊虎城，對楊虎城鄭重地說：「從今日起，你代理我的職務，萬一有事，東北軍聽你和于學忠指揮。」

張學良的手令，全文如下：

弟離陝之際，萬一發生事故，切請諸兄聽從虎臣孝候指揮。

此致

何、王、繆、董各軍各師長

張學良
廿五日

以楊虎臣代理余之職，又。

其中「孝候」即于學忠。何、王、繆、董指東北軍何柱國、王以哲、繆澂流、董英斌四位軍長。

飛機起飛前，蔣介石對張學良、楊虎城復述了一遍六項條件，說道：「我答應你條件，我以領袖的人格保證實現，你們放心，假如以後不能實現，你們可以不承認我是你們的領袖。」

蔣介石在機場上，還對張、楊說了另一段話。這段話見諸於周恩來當天發給中共中央書記處的電報上：

蔣臨行時對張、楊說：今天以前發生內戰，你們負責；今天以後發生內戰，我負責。今後我絕不剿共。我有錯，我承認；你們有錯，你們亦須承認。

飛機的螺旋槳轉動了。蔣介石的專機起飛了。張學良的專機也隨後起飛了。

當周恩來趕到機場時，飛機已無蹤影！

據孫銘九回憶，他在聽到張學良要陪蔣介石去南京的消息後，急忙去報告周恩來。周恩來一聽，跳上汽車，跟孫銘九一起直奔機場。可是，已經晚了！

事先，宋子文告訴過周恩來，他和蔣介石今日要走。張學良也告訴過周恩來，他將親自送蔣介石回南京。但周恩來表示不同意蔣介石今日走，也勸過張學良不要親自送蔣介石回南京。大概正因爲周恩來持這樣的態度，所以他們也就避開周恩來走了。這在周恩來當天致中共中央書記處的電文中，寫得很清楚：

宋堅請我們信任他，他願負全責要進行上述各項，要蔣、宋今日即走。張亦同意並願親自送蔣走。楊及我們對條件同意。我們只認為在走前還須有一政治文件表示，並不同意今天走、張去。但通知未到，張已親送蔣、宋、宋飛往洛陽。

周恩來曾勸張學良，放蔣是爲了和平解決西安事變，親送則不必。周恩來引用了一句格言，告誡張學良：「政治是鋼鐵般的無情！」

周恩來見張學良仍未聽進去，又說：「蔣先生歷來只許文人反對他，絕不允許武人反對他，鄧演達被暗殺就是一個證明。」

但是，張學良仍堅持要親送蔣介石回南京。

事後，周恩來對人說：「張漢卿就是看《連環套》看壞了，他不但要『擺隊送天霸』，還要

『負荊請罪』啊！」

二十年後，周恩來又曾談及此事，他說：「張漢卿親自送蔣介石走是個遺憾，無論如何，他是個千古不朽的人物了！」

一九九〇年，張學良面對日本ＮＨＫ電視台記者的提問，回首往事，說及了自己親自送蔣的心態——

問：張先生，您是在「西安事變」後同蔣總統一起坐飛機去南京，結果受到審判。為什麼當時您會決定和他在一起呢？是有些什麼原因嗎？

張：我過去說過多次。我是一個軍人，應對自己行為負責。我去南京是為了請罪，請罪包括把我槍決。臨走，我把家都交給了我的一名學生，他是一個軍長。

我一當軍人的那天，我父親就教導我說：「你要做軍人嗎？你要把腦袋割下來掛在褲腰帶上。」就是說你要隨時預備死。做軍人後，我就真是隨時預備死。不過後來我對內戰非常厭惡。

關於張學良爲什麼親自陪蔣介石回南京？除了張學良自己所說的緣由外，一九九一年二期《海南師院學報》上唐若玲、陳封椿的文章，作了較全面的分析：

一、爲了平息紛亂的局面以有利於國家民族。

二、避免夜長夢多，節外生枝。

三、共產國際及蘇聯對張、楊的責難。
四、張學良自認爲能夠返回西安。
五、宋氏兄妹和蔣介石的擔保。
六、爲國家民族將個人生死榮辱置之度外。

毛澤東和蔣介石在聖誕之夜都未合一眼

夕陽把天空染得一片金黃。兩架飛機一前一後，從西安朝洛陽飛去。蔣介石的專機，由美國人林納德駕駛。蔣介石坐在機艙右邊最前面的座位上。他把禮帽拉下來，蓋在臉上，一聲不響。蔣介石的沉默，使整個機艙裏的宋子文、宋美齡、黃仁霖、蔣孝鎮等也一聲不吭。

傍晚五時二十分，飛機在洛陽機場著陸。毛邦初、祝紹周、王勳、劉海波等數百人已在機場迎候。首先走下飛機的是帶著微笑的宋美齡，緊接著是宋子文，然後才是由激動得流淚的侍從們扶著緩步而下的蔣介石。蔣介石依然沉默不語。走了幾步之後，他忽然對宋子文說了一句：「你去招呼漢卿！」

聖誕節之夜，蔣介石宿於洛陽軍官分校。晚上，蔣介石把在飛機上打好的腹稿，口授秘書陳布雷，命陳布雷於當夜揮就三千餘字的《對張楊的訓詞》，以便明日可在洛陽發表，而一到南京亦可

馬上交給各報——二十七日南京各報果真都刊載了此文。此文實際上就是蔣介石回南京後對時局的聲明。

就在蔣介石口授《對張楊的訓詞》之際，在保安的窯洞裏，毛澤東正在反反覆覆研讀周恩來發來的急電。周恩來的電報中，除了報告了「張已親送蔣、宋、宋飛往洛陽」這一重大變化之外，還寫了自己對此事的評價：

> 估計此事，蔣在此表示確有轉機，委託子文確具誠意，子文確有抗日決心與政院佈置。故蔣走張去雖有缺憾，但大體是轉好的。㉞

毛澤東迅即對「蔣走張去」這一重大變化作出反應。

毛澤東發出了致彭德懷、任弼時的電報。這一電報，實際上是向中共黨內通報了「蔣走張去」情況以及他對時局的估計——

> 彭、任：
>
> 在五個條件下，恢復蔣之自由，以轉變整個局勢的方針，是我們提出的談判結果，蔣與南京左派代表完全承認。昨晚電恩來，待先決條件履行及局勢發展到蔣出後不再動搖才釋放。但他們今日已經釋放蔣介石，宋子文、張學良、宋美齡今日同機飛洛。依情勢看，放蔣是有利的，是否達成有利，當待證實後告。

野戰軍仍速開咸陽集中。

毛澤東

二十五日二十四時㉟

一九三六年的聖誕之夜，蔣介石在洛陽、毛澤東在保安，都爲激烈變化著的中國政局，度過了一個不眠之夜。

翌日上午九時四十五分，蔣介石和宋美齡，宋子文改乘希特勒所贈的「容克」型專機，由洛陽起飛，朝南京飛去。四架殲擊機護送著蔣介石專機。

張學良依然乘坐那架「波鷹」專機，隨後起飛。

中午十二時二十分，蔣介石專機降落在南京機場，飄著長鬚的國民政府主席林森已率兩千多人在機場歡迎。

這時，當蔣介石步下飛機，臉上出現了多日未見的笑容。雖說他的腰部在華清池事變時翻牆損傷，此時仍忍痛向林森彎腰鞠躬，表示感謝。

蔣介石乘車入城，沿途南京四十萬市民爭相觀看。見此盛況，蔣介石「中心悚慚無已」。

也是歷史的巧遇——這一天，一九三六年十二月二十六日，正是毛澤東四十三歲誕辰。

蔣介石剛回南京，便發表了通電——

中正已於本日正午回京。兩週以來，承各地同胞熱烈垂注，與限感動。自惟精誠未

泱，教導未週，致國家有此非常之變亂，以增我同胞之憂，內省職責，負疚殊深，應對我中央及全國同胞引咎。自經此次事變，我全國同胞一致愛護國家之熱誠，已顯示偉大無比之力量。此種偉力、在今日為奠定危局之主因，在將來必為我民族復興成功之保障。此則中正疚愧之餘，敢為國家前途稱慶者也。率佈惆忱，益望共同努力。

蔣中正。宥亥印。

張學良來到南京，頓時成了萬眾關注的人物。張學良在這一天寫了一封致蔣介石函，也是極為令人關注的——

介石委座均鑒：

學良生性魯莽粗野，而造成此次違犯紀律，不敬事件之大罪，茲腼顏隨節來京，是以至誠，願領受鈞座之責罰，處以應得之罪，振紀綱，警將來，凡有利於吾國者，學良萬死不辭，乞鈞座不必念及私情，有所顧慮也，學良不文，不能盡意，區區愚忱，俯乞鑒察。專肅。敬叩

學良謹肅二十六日

張學良的這封信，是蔣介石要他寫的。張學良並不知道蔣介石要發表此信——張學良說「否則我不寫」。然而，蔣介石卻在報端全文刊登了此信。

後來，張學良在國民黨軍事委員會高等軍法會審時，作了如此說明：

「我寫給委員長的信，不知道他要發表的，否則我不寫。」

在法庭上，張學良也鄭重地說明了自己送蔣介石回京，「我個人的生死毀譽，早已置之度外。」

張學良聲言：「我對我們之違反紀律之行動，損害領袖之尊嚴，我是承認的，也願領罪的。我們的主張，我不覺得是錯誤的。」

毛、蔣對西安事變作了「書面對話」

在報章上最引人注目的，莫過於蔣介石的《對張楊的訓詞》。

前文已經提及，此文在南京見報是二十七日，而在洛陽發表則是二十六日。此文剛一在洛陽發表，迅即傳入保安窯洞。——中共從國民黨電台的廣播中獲悉。毛澤東細細讀罷，馬上作出反應。二十八日，毛澤東寫出關於《對張楊訓詞》的評論，最初以《毛澤東對蔣介石二十六日宣言之談話》，翌日刊載於中共機關報《鬥爭》上。此文後來易題爲《關於蔣介石聲明的聲明》，收入《毛澤東選集》第一卷。

《對張楊的訓詞》和《關於蔣介石聲明的聲明》，是蔣介石和毛澤東之間一場特殊的「書面對話」。雖說《對張楊的訓詞》是陳布雷代爲捉刀，但完全代表了蔣介石的意見，而毛澤東倒是向來

自己動筆，毋須秘書代勞——只是他的講話稿要秘書整理而已。

現把蔣介石的《對張楊的訓詞》和毛澤東的《關於蔣介石聲明的聲明》加以剪輯編排，形成一篇耐人尋味的「蔣毛書面對話」。——

毛：蔣介石氏十二月二十六日在洛陽發表了一個聲明，即所謂《對的張楊的訓詞》，內容含含糊糊，曲曲折折，實為中國政治文獻中一篇有趣的文章。

蔣：此次西安事變，實為中國五千年歷史絕續之所關，亦為中華民國存亡極大之關鍵，與中華民族人格高下之分野。

毛：蔣氏果欲從這次事變獲得深刻的教訓，而為建立國民黨的新生命有所努力，結束其傳統的對外妥協、對內用兵、對民壓迫的錯誤政策，將國民黨引導到和人民願望不相違背的地位，那末，他就應該有一篇在政治上痛悔已往開闢將來的更好些的文章，以表現其誠意。十二月二十六日的聲明，是不能滿足中國人民大眾的要求的。

蔣：余十餘年來所致力者，全為團結精神、統一國家以救國，而尤重於信義。余向來所自勉者，即「言必信、行必果」二語，凡與國家民族有利益者，余絕不有絲毫自私之心，且無不可以採納，亦無不可以實行。

毛：蔣氏聲明中有一段是值得讚揚的，即他所說：「言必信，行必果」的那一段。意思是說他在西安對於張楊所提出的條件沒有簽字，但是願意採納那些有利於國家民族的要求，不會因為未簽字而不守信用。

蔣：須知國家不能沒有法律與綱紀，爾等二人是直接帶兵之將官，當然應負責任應聽中央之裁處。但余已明瞭爾等實係中反動派之宣傳，誤以余之誠意為惡意，而作此非常之變亂。

毛：然而蔣氏聲明中又有西安事變係受「反動派」包圍的話，可惜蔣氏沒有說明他所謂「反動派」究係一些什麼人物，也不知道蔣氏字典中的「反動派」三字作何解釋……蔣氏所說的「反動派」，不是別的，不過人們叫作革命派，蔣氏則叫作「反動派」罷了。因此，我們勸蔣氏將其政治字典修改一下，將「反動派」三字改為革命派三字，改得名副其實，較為妥當。

蔣：中央數年以來之政策方針，亦唯在和平統一、培養國力、團結人心，不忍毀損民族之力量。

毛：蔣氏在西安曾說了將要認真抗日的話，當不至一出西安又肆力攻擊革命勢力，因為不但信義問題關係蔣氏及其一派的政治生命，而且在實際的政治道路上，在蔣氏及其一派面前橫著一種已經膨脹起來而不利於他們的勢力，這就是在西安事變中欲置蔣氏於死地的所謂討伐派。

蔣：余平日一心為國，一心以為精誠與教令可以貫徹於部下，絕不重視個人之安全，防範太不周密，起居行動太簡單、太輕便、太疏忽，遂以引起反動派煽動軍隊乘機構害之禍心。

毛：蔣氏應當記憶，他之所以能夠安然離開西安，除西安事變的領導者張楊二將軍

之外，共產黨的調停，實與有力。共產黨在西安事變中主張和平解決，並為此而作了種種努力，全係由民族生存的觀點出發。

蔣：現在國家形勢，及余救國苦心，爾等均已明瞭。余平生作事，唯以國家之存亡與革命之成敗為前提，絕不計及個人之恩怨，更無任何生死利害得失之心。

毛：蔣氏已因接受西安條件而恢復自由了。今後的問題是蔣氏是否不打折扣地實行他自己「言必信，行必果」的諾言，將全部救亡條件切實兌現。全國人民將不容許蔣氏再有任何游移和打折扣的餘地。蔣氏如欲在抗日問題上徘徊，推遲其諾言的實踐，則全國人民的革命浪潮勢將席捲蔣氏以去。語曰：「人而無信，不知其可。」蔣氏及其一派必須深切注意。

毛澤東和蔣介石這番「書面對話」，爲沸沸揚揚的西安事變降下了大幕。

不過，蔣介石的《對張、楊的訓詞》中有一處僞筆，毛澤東未曾看出來，當時成千上萬讀者也上了當。蔣介石在《對張、楊的訓詞》中稱：「余此刻尚在西安，爾等仍舊可以照余所訓之言將余槍決。」似乎《訓詞》是在西安「囚室」中寫成——其實是在洛陽連夜趕寫而成！

注釋

①②蔣介石，《西安半月記》。

③斯諾，《西行漫記》，三六五頁，三聯書店一九七九年版。本書所引用的這一段，斯諾加了這樣的註解：摘自代我在西安府為倫敦《每日先驅報》採訪的詹姆斯·貝特蘭訪問孫銘九的報導。

④當時的省名。自一九二八年設綏遠省，一九五四年撤銷。轄內蒙的一些地區，包括呼和浩特、包頭等市。

⑤《西安事變資料選輯》，三〇〇頁，西北大學歷史系等編印，一九七九年版。

⑥《紅色中華》的報導，仍用楊虎城的原名楊虎臣。

⑦張魁堂，《周恩來和張學良的交往和友誼》，《黨的文獻》一九九一年三期。

⑧《中共中央關於西安事變中我方步驟問題致共產國際書記處電》，一九三六年十二月十二日。

⑨會議記錄簡略。有些話不甚通順。此處應是「在西安事變的基礎上」。

⑩張國燾，《我的回憶》，第三冊，三三二頁，東方出版社一九九一年版。

⑪《中共中央文件選集》第十一冊，一二四頁，中共中央黨校出版社一九九一年版。

⑫白志文，《首次佔領延安》，《革命史資料》第十三輯，文史資料出版社一九八四年版。

⑬吳天偉，《西安事變：現代中國史的一個轉折點》。

⑭蔣介石，《蘇俄在中國》，七五—七六頁，台灣中央文物供應社一九五七年版。

⑮詹姆士·貝特蘭：《楊虎城傳》英文版序言（一九八〇年）。
⑯李直峰，《楊虎城將軍設置的「黑室」》，《上海文史》一九九一年第三期。
⑰史沫特萊，《中日問題與西安事變》，載《論抗日民族統一戰線諸問題》（一九三七年）。
⑱孔祥熙，《西安事變回憶錄》，台北傳記文學出版社一九七六年版。
⑲楊雲若、楊奎松，《共產國際和中國革命》，三九〇頁，上海人民出版社一九八八年版。
⑳由仁來函，香港《明報月刊》，一九九二年五期。
㉑㉒㉓《中共中央抗日民族統一戰線文件編》，檔案出版社一九八六年版。
㉔陝北人以孔為窯洞的量詞。
㉕引自周恩來致中共中央電報（一九三六年十二月二十三日），見《周恩來統一戰線文選》。
㉖㉗㉘㉙《與宋子文談判結果》，《周恩來統一戰線文選》，人民出版社一九八四年版。
㉚金沖及主編，《周恩來傳》，三三七頁，人民出版社一九八九年版。
㉛《周恩來統一戰線文選》，，三三—三四頁，人民出版社一九八四版。
㉜葉劍英抵西安日期說法不一，有的文獻認為葉在早幾天已到達，此處據金沖及主編《周恩來傳》。
㉝斯諾，《中共札記》。
㉞《周恩來統一戰線文選》，三四頁。
㉟《中共黨史教學參考資料》，第十五冊，五四九頁。

第四章 再度合作

蔣介石又在演戲

西安事變雖說隨著蔣介石回到南京而降下大幕，但是，戲劇性的「演出」，仍在中國的政治舞台上進行著。

蔣介石是一位戲劇性的演員。他剛剛回到南京，孔祥熙於十二月二十八日便發表通電：

「茲幸蔣院長已回京，祥熙得仍在領導之下，勉效驅策，所有祥熙代院長職務自應即日卸除。」

蔣介石本是行政院長，西安事變時由孔祥熙代理，這時蔣介石官復原職，乃是情理之中。可是，蔣介石卻出人意料地提出：「爲表明西安事變的責任，特呈請辭去行政院長及軍事委員會委員長職務。」

他，連軍事委員會委員長的職務都要辭去！

蔣介石要摜烏紗帽，其原因是西安事變使他太失面子。他回到南京以後，說了一些自責的話：

「此次事變爲我國民革命過程一大頓挫。八年剿匪之功預計將於兩星期（至多一個月）可竟全功者，幾全毀於一旦。」

蔣介石念念不忘的，依然是「剿匪」！

不過，蔣介石的摜紗帽，只是演戲而已。他「再三辭職」，未能獲准：

「經國民政府與國民黨中央常務委員會加以慰留，但給假一個月借資療養。」

這是說，蔣介石依然是國民黨的鐵腕人物。

蔣介石在西安答應的抗日以及「今後我絕不剿共」，雖說迫於無奈，畢竟言猶在耳。回到南京，十二月二十七日，《中央日報》便發表他的談話：

「自經此次事變，我全國同胞一致愛護國家之熱忱，已顯偉大無比的力量，此種威力……在將來必爲我民族復興成功之保障，此則中正疚愧之餘，敢爲國家稱慶者也。」

這表明他對於他的不抵抗主義感到「疚愧」了。

毛澤東呢？西安事變使他大大贏了一步棋。他除了公開發表《關於蔣介石聲明的聲明》之外，中共中央於十二月二十七日下達了內部文件《關於蔣介石釋放後的指示》：

「蔣介石、宋子文的接受抗日主張與蔣介石的釋放，是全國結束內戰一致抗日之新階段的開始。但要徹底的實現抗日任務，還須要一個克服許多困難的鬥爭過程。」

這一文件還指出：

「繼續督促與逼迫蔣介石實現他自己所許諾的條件，即停止內戰，改組國民政府，改組國民黨，釋放政治犯，保障民主權利，停止剿共政策，聯合共產黨，召開救國會議，聯合同情中國抗日的國家與實行對日抗戰等條件。」①

顯然，毛澤東的臉上掛著勝利的微笑。正準備由小小的保安遷入陝北重鎮延安的他，躊躇滿志，力圖擴大西安事變的成果。

蔣介石在西安受了驚，翻牆時受了傷，回到南京，南京又亂成一鍋粥。老樣子，蔣介石在遇上不順心的時候，總是兩步棋：一是「下野」，二是回老家。

這一回，既然「給假一月」，理所當然，他要回老家奉化溪口休養去了。

當然，這一回他回老家，還有另一種原因：他的同父異母之兄蔣錫侯於十二月二十七日死去，他要回老家悼念。

蔣錫侯譜名周康，字介卿，係徐氏所生，比蔣介石年長十歲。蔣錫侯畢業於四明專門學校法政科，做過台州地方法院推事、廣東英德縣縣長、寧波海關監督，人稱「蔣監督」。據云，蔣介石在西安被拘的消息傳來時，他正在老家武山廟看戲。他患高血壓症，吃了一驚，頓時，血壓昇高手冰涼，從此臥床不起。就在蔣介石回到南京的翌日，蔣錫侯一命嗚呼……

蔣介石本來就要回老家。這麼一來，他更要回老家。

不過，在回老家之前，他必須處置一樁極爲棘手事：如何對待那位「犯上作亂」的張學良？

審張、赦張、幽張

張學良此人，確實令蔣介石頗爲頭疼：

讓他回西安吧，蔣委員長的面子往哪裏擱？

把他抓起來吧，輿論壓力吃不消——他放了你蔣介石，又親自送你回南京，你若把他抓起來，未免太不仗義了！

左思右想，卻又左右不是。

蔣介石畢竟老謀深算，在南京「演出」了一齣鬧劇……

張學良的專機，在二十六日稍晚於蔣介石的專機，飛抵南京。與張學良同機到達的，有他的七名副官、隨行工作人員和兩名司機。

這七名副官是劉令俠、趙維振、王慶山、夏寶珠、劉雲清、張庭艷、陳玉。兩名司機是譚延斌、董拜瑞。

趙維振是張學良的侍衛副官。據他回憶，一下飛機，張學良一行和宋子文一起，乘上宋子文的一輛汽車以及南京張公館的兩輛汽車，直奔宋公館。

宋公館坐落在風景如畫的玄武湖畔雞鳴寺北極閣，綠樹蓊鬱，幽雅宜人。宋公館內有兩幢二層小洋樓，宋子文把後面的一幢讓給張學良下榻。

最初的日子，還算不錯。張學良在南京走訪親朋好友，往來自由。只是外出時，總有兩輛汽車跟著，一輛是南京警務廳的，一輛是軍統局的，或坐便衣警察，或坐便衣特務。那時，說是「保護」張學良，倒也還是說得過去。

張學良還在宋子文的陪同之下，打牌、玩球，看來，他在南京日子過得自在、瀟灑。

就是在那些日子裏，蔣介石在悄然策劃著怎樣「收拾」他……

其實，張學良也已料到蔣介石不會輕易放過他。據趙維振回憶，二十九日下午，當張學良在宋公館送別來訪的張群、吳鐵城、吳國楨時，張群對他說：「我們請你一聚。」張學良當即道：「要請趕快請，晚了可就趕不上啦！」

張學良說這句話，是因爲他已意識到自由自在的日子已經不多了。

三十一日上午，九點多光景，宋子文帶著戴笠進來。戴笠通知張學良，要開軍事委員會會議，馬上就去。

張學良隨著戴笠走了。

張學良到了那裏，才知道不是開會。而是軍事委員會高等軍法會審對他進行審判！

軍事委員會高等軍法會審審判長爲李烈鈞，審判官爲朱培德、鹿鍾麟，軍法官爲陳恩普、邱毓楨，書記官爲袁祖憲、郭作民。

審判長李烈鈞爲資深國民黨人。他年長蔣介石五歲，江西武寧人，他早在一九〇七年便加入同盟會，在國民黨一全大會上當選中央執行委員。後來任國民政府常委兼軍事委員會常委。李烈鈞在「九・一八」事變後力主抗日，此刻蔣介石要他出任審判長審判力主抗日的張學良，他真是有苦說不出。

台灣《傳記文學》雜誌不久前曾刊載李烈鈞的回憶錄，他回憶道：

> 三十一日開庭前，我命副官先佈置一下法庭，然後我待朱、鹿兩審判官到法庭坐定，我環顧法庭，四面佈置週密，警戒森嚴。我命將張學良帶上。不一會兒，張學良面帶笑容，趨立案前，我因為他是陸軍上將，又是未遂犯，讓他坐下，但他仍筆直地站

著。我招呼他走近一些。

我問張學良：「你知道犯什麼罪嗎？」張學良回答：「我不知道。」我翻開陸軍刑法給他看，並對他說：「陸軍刑法的前幾條，都是你犯的罪。你怎麼膽敢出此言？」張學良態度從容，答話直率，毫無顧忌。我心想：學良真是張作霖的兒子啊！我問他：「我們準備了一份向你提問的問題，要你回答，你願先看看這些問題嗎？」學良回答：「很好，請給我看看。」

現今，在南京的中國第二歷史檔案館裏，尚可查到當年審判張學良的記錄。據記錄載，面對法庭，張學良作如下答覆：

「這回的事，由我一人負責。我對蔣委員長是極信服的，我曾將我們意見，前後數次口頭及書面上報告過委員會委員長。我們一切的人都是愛國的人。我們痛切的難過國土年年失卻，漢奸日日增加，而愛國之士所受之壓迫反過於漢奸，事實如殷汝耕同沉鈞儒相比如何乎。我們也無法表現意見於我們的國人，也無法貢獻於委員長，所以用此手段以要求領袖容納我的主張。我可以說，我們此次並無別的要求及地盤金錢等，完全為要求委員長准我們作抗日一切的準備及行動，開放一切抗日言論，團結抗日一切力量起見。我們認為目下中國不打倒日本，一切事全難解決。中國抗日非委員長領導不可，不過認為委員長還未能將抗日力量十分發揚，而親日者之障礙高於抗日者之進行。如果我

們有別的方法達到我們希望，也就不作此事了。……」

尤爲令法庭諸公難堪的是，張學良掏出隨身所帶的《銑電》，公之於眾。

《銑電》，亦即一九三一年九月十八日——「九·一八」事變發生前兩日（九月十六日，電報韵目代日為「銑」）蔣介石發給張學良的電報：

「無論日本軍隊此後在東北如何挑釁，我方應不予抵抗，力避衝突，吾兄萬勿逞一時之忿，置國家民族於不顧。」

正是這個《銑電》，迫使東北軍在日軍大舉侵略面前，「不予抵抗」。

正是由於「不予抵抗」，日軍一口就吞掉東北三省。

從此，張學良替蔣介石受過，得了個「雅號」曰：「不抵抗將軍」。

就連中共，那時也接二連三抨擊張學良。一九三五年八月一日，中共發表著名的《八一宣言》，其中便稱「蔣介石、汪精衛、張學良等賣國賊」，是「少數人面獸心的敗類！」

正是這個《銑電》，使張學良揹上了黑鍋。

也正是這個《銑電》，促使張學良發動了西安事變。

今日，張學良居然被推上了被告席，他也就無所顧忌，擲出了蔣介石的《銑電》，以正視聽。

張學良的一切申辯都無濟於事，軍事委員會高等軍法會審在上午當即作出判決。

《判決書》稱此案爲「對上官暴行脅迫案」。判決如下：

「張學良首謀伙黨對於上官爲暴行脅迫，減處有期徒刑十年，褫奪公權五年。」

這一判決一經宣佈，一片嘩然。

當天下午二時，事情又發生戲劇性的變化。蔣介石派人送一公文至國民政府，請求特赦張學良！

蔣介石的呈文如下：

「呈為呈請事：竊以西安之變，西北剿匪副司令張學良，惑於人言，輕於國紀，躬蹈妄行，事後感凜德威，頓萌悔悟，親詣國門，上書待罪，業蒙鈞府飭交軍事委員會依照陸海空軍刑法酌情審斷，處以十年有期徒刑，大法所繩，情罪俱當，從輕減處，已見寬宏……」②

蔣介石在說了一通張學良罪有應得的話之後，筆鋒一轉，說「該員勇於改悔」、「自投請罪」等等，提議「予以特赦，並責令戴罪圖功，努力自續，藉瞻後效，而示逾格之寬容……」③

上午審張，下午赦張，蔣介石精心「導演」了這一幕：彷彿李烈鈞在上午給了張學良一記耳光，而蔣介石在下午給了張學良一顆糖！

其實，耳光是蔣介石打的，糖也是蔣介石給的。

當兩條戲劇性的消息翌日見報之後，引起的新聞轟動不亞於二十天前蔣介石在西安被拘的消息。

一九三七年元旦，西安震怒了！

東北軍、西北軍集結在西安西關操場，抗議蔣介石扣張。楊虎城發出號召：「踏上民族解放鬥爭的血路！」

自從審張之後，張學良便「失蹤」了！

在宋公館，再也不見張學良瀟灑的身影。

他被秘密轉移到了南京西面中山外（常被誤傳為太平門外）孔祥熙公館。那裏也是一幢漂亮的兩層小洋樓，已經事先騰空，眼下成了張學良的軟禁之處。

張學良失去了與外界的聯繫，失去了自由。

他的身邊只有副官劉令俠。他的另八名隨行人員被「請」往南京珠江路憲兵十六團團部，解除了武裝。

「戲」，演到這裏，尚未結束。因爲蔣介石的呈文，是呈國民政府主席林森的。國民政府的態度如何呢？

一九三七年一月四日上午十一時，國民政府委員會召開第二十二次會議，作出重要決議案：

「張學良所處十年徒刑，准予赦免，仍交軍事委員會嚴加管束。」④

既然要「嚴加管束」，亦即要幽禁張學良，而且沒有規定時限。

從此，張學良開始了漫長的幽禁生活，他的行蹤一直處於絕密狀態：從南京孔公館，到奉化溪口，轉安徽黃山，入江西萍鄉，進湖南郴州、永興、沅陵，又押往貴州修文、桐梓、貴陽。

一九四六年十一月，他被秘密押往台灣……漫漫五十多個春秋，張學良在沉寂的幽禁之中度過。

從審張、赦張到幽張，蔣介石精心運用了他的政治手腕，終於解決了令他困惑不已的一道政治

難題……

密使又活躍起來

自從蔣介石要求「辭職」，國民政府予以「慰留」，給假一月，所有行政院的文件上，均署：

「院長 蔣中正假

孔祥熙代」

就在報上公佈審張、赦張的消息之後，看看南京還算平靜，蔣介石放心了。他於翌日——一九三七年一月二日，和宋美齡一起乘飛機飛往老家奉化溪口，「度假」去了。

蔣介石在溪口，寓於慈庵，爲母親掃墓，爲亡兄蔣錫侯開弔……

蔣介石表面上彷彿在那裏度假，其實，他無時無刻不在遙控著南京。

自一九三七年元旦起，形勢陡地緊張：何應欽下令，中央軍分五路朝西安挺進！楊虎城當即作出反應，設立七道防線，針鋒相對，水來土擋。

在這劍拔弩張之際，幕後密使再度活躍。

一九三七年一月五日，署名「洛、毛」的密電發到潘漢年手中。洛，洛甫，中共中央總負責張聞天；毛，毛澤東。電報全文如下：

漢年同志：

恩來在西安與宋子文及蔣介石商定之條件：

一、停戰撤兵。

二、初步改組南京政府，三個月後徹底改組。

三、釋放政治犯，保證民主權利。

四、停止剿共，聯紅抗日，劃定防區，供給軍費，蘇區照舊，共黨公開。

五、聯俄並與英美合作。

六、西北交張學良處理。

宋子文要我派代表在上海與他接洽，你應速找宋子文弄清南京近日之變化，並要宋子文實踐上述諾言。

洛、毛

五日⑤

洛、毛電報中所稱「宋子文要我派代表」，這代表原本是周恩來。在西安，蔣介石曾經當面對周恩來說過：「我回南京之後，你可以來南京直接談判。」

可是，張學良在南京受審、被幽，毛澤東對蔣介石打了個大問號。

就在致電潘漢年的同時，毛澤東致電尚在西安的周恩來、博古：「此時則無人能證明恩來去寧後，不為張學良第二。」

翌日，毛澤東又致電周恩來、博古：「恩來此時絕對不應離開西安，應該歡迎「張君到西安與恩來同志協商」。

毛澤東所說的張君，乃國民黨密使張沖也。

潘漢年接毛澤東電報迅即和宋子文聯絡，潘漢年覆電毛澤東，不日他可以陪張沖前往西安與周恩來談判。

潘漢年作爲中共中央代表，在南京居然住進了宋子文公館。

一邊幕後斡旋，一邊又公開通電。一月八日以中共中央、蘇維埃中央政府名義致電「南京國民黨、國民政府、軍事委員會諸先生」，以及「奉化蔣介石先生」：

> 本黨本政府認為此時，蔣先生應挺身而出，制止禍國殃民之內戰重新爆發。這對於蔣先生是可能的，因為今天參加進攻西安的中央軍均願聽命於蔣先生。這對於蔣先生也是必要的，因為蔣先生曾經擔保中國內戰之不再發生，這次事變對於蔣先生之政治人格與其「言必信行必果」之格言，實為重大之試驗。……

蔣介石權衡再三，於一月十四日命令前方各軍：非得總攻擊令，不許對西安方面發動攻擊。而總攻擊令必須由國民黨中央委員會下達。

應當說，蔣介石這一命令，對於緩和當時一觸即發的內戰，還是有一定的作用。

翌日，蔣介石在溪口致顧祝同的電報中，道出了其中的底細：

「總攻擊日期可暫行展緩，蓋此時我軍如向西安進攻，赤匪必有一部向晉邊渡河攻晉，以牽制我軍。此著非常危險。……河東防務未固以前，我軍暫勿向西安正攻，但應時時向之威脅，勿稍鬆懈為要。中正手啟。」

這一電報也表明，正在溪口「休假」的蔣介石，仍在決定一切，指揮一切，只不過把指揮部從南京搬到溪口來而已。

受命於毛澤東，潘漢年忙於幕後奔走。他陪張沖去西安見周恩來，又回南京和宋子文談判。

一九三七年一月二十一日，毛澤東、周恩來共同署名，給潘漢年發來電報，指出與蔣介石談判的條件：

「……須蔣先生從大處著眼，採取適當辦法以安東北軍與十七路軍之心。蔣能如此，我們當盡一切可能之努力，不但在西北而且在全國範圍內贊助蔣先生，團結各方一致對外，但蔣先生須給我們以具體的保證。」

「我們要求蔣先生保證和平解決後不再發生戰爭，望與蔣先生商量這種保證問題。」

經過潘漢年、宋子文會談，事情有了進展。蔣介石答應了和平解決方案。

大抵由於蔣介石在西安不肯簽字，造成人們對他的不信任感。這一回，毛澤東強調了要蔣介石簽字，生怕蔣介石說話不算數。

一九三七年一月二十五日，毛澤東和周恩來在致潘漢年的電報中，明確指出：

「為要說服紅軍將領起見，如無蔣先生手書甚為困難，因多年對立，一旦釋嫌，此簡單表示在

蔣先生為昭示大信，在紅軍即全釋疑慮，且此書即經兄手，聲明乘機直飛西安面交恩來，當絕對保守秘密，如有洩露，由我方負全責。……」

不過，蔣介石還是老樣子，不答應毛澤東的條件——不簽字！

在蔣介石的眼裏，中共依然是「赤匪」！

顧祝同、周恩來西安會談

值得一提的是，一九三七年一月十四日，在上海發生的小插曲：

一艘遠洋輪船在黃浦江畔泊岸，一位身穿呢大衣、繫著領帶的人物走了下來。他埋怨輪船實在開得太慢，以至耽誤了天賜良機！

此人便是汪精衛，蔣介石在國民黨內的老對頭。西安事變的消息，使得正在法國的他，一陣狂喜，以為取蔣介石而代之的機會到了。他聲言：「本人決心反共到底，與南京抗日派決不妥協。」他急急回國。一九三六年十二月二十二日，他在意大利熱那亞港登上「波士坦號」郵輪，駛往上海。

可惜那時沒有直航飛機。郵輪慢吞吞地在海上爬行，心急火燎的他，也只得在船上哼起詩來：

到枕濤聲疾復徐，

關河寸寸正愁予；
霜毛搔罷無長策，
起剔殘燈讀舊書。

當他抵達上海，西安事變早已落下大幕，蔣介石依然大權在握。

四天之後，汪精衛乘飛機飛往南京——這時才乘飛機，頂什麼用！當飛機飛抵南京時，天公也不作美，飄飄灑灑下起冷雨來了。出於禮節，國民政府主席林森飄著長鬚，在一把油紙傘的遮護下，顫巍巍站在機場上迎接。汪精衛穿著長袍，戴著禮帽，步下飛機時臉上堆著苦笑，好尷尬……

蔣介石在老家住了整整一個月，於二月二日前往杭州，繼續「休息」。

幕後的斡旋，終於有了結果。蔣介石剛到杭州，便忙著調兵遣將，向西安進發——因爲經過密商，楊虎城和中共已同意中央軍和平進入西安。

楊虎城迫於無奈，與南京政府達成協議：一，張學良所部東北軍開出潼關至蘇皖邊境整編；二，楊虎城出國，所部西北軍撤至三原整編。

從二月六日蔣介石自杭州發給顧祝同、劉峙的手令，便可覷見當時蔣介石的狐疑心態：

「我軍入西安之時，至少要先駐守東西兩門及鐘樓，或先進駐兩門後，再看鐘樓有否楊部駐守。如無楊部，則我軍可自動進駐鐘樓，否則與之妥商，令其讓防。……」

其實，楊虎城部隊已經遵照商定的條件，撤往三原。

二月八日，中央軍進駐西安，顧祝同被蔣介石任命爲西安行營主任。

這時，周恩來尚在西安，於是，也就開始了「顧祝同——周恩來」新一輪國共會談。在幕後決策的，依然是蔣介石和毛澤東。

顧祝同乃深得蔣介石信任的軍人，後來成了蔣介石的「五虎上將」。顧祝同原本畢業於保定陸軍軍官學校。黃埔軍校創立之初，他擔任戰術軍事教官，從此成了蔣介石的嫡系。顧祝同對蔣介石忠心耿耿，蔣介石也就對他不斷委以重任。

一九三七年元旦，蔣介石召見顧祝同，面授機宜，囑其在解決西北問題時，「以政治爲主，軍事爲從」。

不久，顧祝同飛往洛陽，指揮五個集團軍，向西安小心翼翼推進。

蔣介石預料，顧祝同一進入西安，周恩來馬上就會與之接觸。正因爲這樣，在中央軍開入西安的前一天，蔣介石便從杭州給洛陽「墨兄」發去一通密電。「墨兄」，即頓祝同，他的字爲「墨三」。蔣介石的電報叮囑道：

> 「對恩來及共黨代表態度，凡實際問題，如經費地區等皆令其仍由楊間接負責處置，不可與之有確切具體之表示，但可多與之說感情話，最好派代表與之接洽。墨兄本人不必多與見面，即使第一次允其見面時，亦須用秘密方式，均勿公開，以免其多來求見也。……」⑥

蔣介石生怕洩露天機，在電報中指明「此電底即付丙，切勿帶往西安。」付丙，亦即燒掉。

蔣介石的電報還提及：「密。張沖同志本日由京乘車來陝。」⑦

果真，二月九日，當顧祝同剛剛抵達西安，來自城東北七賢莊一號的秘密使者，便帶來周恩來的口信，希望一晤顧祝同。

也就在這一天，「毛、洛」從延安給周恩來發來了電報：

「軍事方面同意提出初編為十二個師，四個軍，林、賀、劉、徐為軍長，組成一路軍，設正副總司令，朱正彭副。……」

「黨的問題求得不逮捕、不破壞組織即可，紅軍組織領導不變。」

電報中的林，即林彪；賀，賀龍；劉，劉伯承；徐，徐向前；朱為朱德，彭為彭德懷。

這樣，蔣介石在杭州不斷給顧祝同拍電報。毛澤東在延安不斷給周恩來發電報，「顧祝同—周恩來」會談，成了間接的「蔣介石—毛澤東」會談。

除了顧祝同之外，國民黨代表還有張沖、賀衷寒；中共代表還有葉劍英。

據當時在周恩來身邊工作的童小鵬回憶：

「周恩來為了及時向中央請示，曾幾次乘坐雙座戰鬥機，往返於西安和延安之間。延安有個小小機場，既沒有導航設備，也沒有氣象台，飛行危險很大。有一次，周恩來乘飛機回延安，因雲霧很濃，能見度很低，飛機無法降落，在延安上空盤旋近一小時。在這段時間，延安和西安的電台一直保持聯繫，西安說飛機早已起飛，而延安則說未見飛機降落。大家的心都被吊了起來，十分焦急，葉劍英一直守在七賢莊譯電室，等候飛機的消息。」

「後來，飛機折回西安，周恩來回到七賢莊，大家心裏的石頭才落了地。但他卻仍是談笑風

生。不當一回事兒，爲了黨的工作，第二天又飛向延安。」

曲裏拐彎的國民黨五屆三中全會

中共中央於一九三七年一月十日，由保安遷入延安。毛澤東則於一月十三日遷入延安。

毛澤東初入延安的住處，鮮爲人知。筆者在延安友人的幫助下，沿著狹窄的山路，在一塊巨大的山岩下，找到一個方形的石窯洞。洞壁、洞頂被煤煙熏得一片漆黑，地面坑坑窪窪。窯洞現今的女主人李玲告訴筆者，李家十幾輩世居此洞，毛澤東初入延安時便在此洞中住了數月。當時，把窯洞讓給毛澤東的是她的父親。她父親是位中醫，有點文化，跟毛澤東頗談得來，爲了毛澤東的安全，在院子裏，用紅磚黃泥砌了個崗亭，這崗亭迄今仍在。毛澤東正是在鳳凰山麓這孔石窯洞裏，不斷發出給周恩來的電報……

蔣介石呢，他在西子湖畔住了些天，又上廬山休養。雖說二月的廬山，寒氣逼人，他卻喜歡這時廬山的清靜。他在籌劃著一次重要的會議……

這次會議，早在去年十二月二十九日國民黨中央常務委員會第三十一次會議上，便已作出決定：翌年二月十五日，召開國民黨五屆三中全會。這次會議，要對西安事變以來的政局作出決策。

深知這次會議的重要，毛澤東在延安那孔石窯洞裏，來了個先聲奪人。在會議召開前五天，中共中央便發出了《給國民黨三中全會電》。

這份電報，非同一般。毛澤東經過深思熟慮，提出了「四五方案」，將了蔣介石一軍。電報中言：

當此日寇猖狂，中華民族之存亡，千鈞一髮之際。本黨深望貴黨三中全會，本此方針。將下列各項定為國策：

一、停止一切內戰，集中國力，一致對外；

二、言論集會結社之自由。釋放一切政治犯；

三、召集各黨各派各界各軍的代表會議，集中全國人才共同救國；

四、迅速完成對日抗戰之一切準備工作；

五、改善人民的生活。⑧

中共中央在提出對國民黨五項要求之後，又作出了四項保證，這便是毛澤東的「四五方案」。

中共中央的四項保證是：

一、在全國範圍內停止推翻國民政府之武裝暴動方針；

二、蘇維埃政府改名為中華民國特區政府，紅軍改名為國民革命軍，直接受南京中央政府與軍事委員會之指導；

三、在特區政府區域內實施普選的徹底的民主制度；

四、停止沒收地主土地之政策，堅決執行抗日民族統一戰線之共同綱領。⑨

這份電報，是中共綱領性的文件。

當蔣介石從盧山回到南京，當國民黨五屆三中全會在南京拉開帷幕，一場激烈的格鬥便開始了。

這次會議，面臨著兩大難題：一是對日關係；二是國共關係。

「三民主義，吾黨所宗。以建民國，以進大同。咨爾多士，爲民前鋒。夙夜匪懈，主義是從。矢勤矢勇，必信必忠。一心一德，貫徹始終。」會議在國民黨黨歌聲中開始。

果真，國民黨內各派紛紛登台亮相。

「久違」了的汪精衛上台了。他成了右翼頭目，力主「抗日必先剿共」。

宋慶齡、何香凝則是左翼首領。她們力主「聯共抗日」。

楊虎城也出席會議。他在會上重提西安事變時和張學良一起提出的「八項主張」。他說：

「虎城等愛黨愛國，以爲救亡之道，莫急於抗敵，而抗敵之道，尤必以上列八項辦法建其始基。」

蔣介石呢？他在會上作了關於西安事變的報告，他稱西安事變是「張學良等突然構亂」，是「凌亂紀綱」。他向「到會各同志」分發了「中正手輯小冊之西安半月記」。

蔣介石的《西安半月記》，乃是陳布雷爲之捉刀。陳公博一九三九年在香港出版的《苦笑錄》中，有一段文字妙趣橫生地寫及《西安半月記》的出版內幕，照錄於下：

西安事變開了幕，蔣先生和蔣夫人還出了一本《西安半月記》和《西安事變回憶錄》的合刊。

一天中央政治會議正開會，宣傳部長邵力子剛坐在我的旁邊，他正心誠意地拿了一本草稿在看。我問他看什麼？他隨手把那本草稿遞給我，說：「你看看罷，看有沒有毛病，這本書還沒有出版呢。」我一看，原來就是那本合刊，我花了半個鐘頭一氣讀完，會議還沒有散。

「這本書很有毛病，應斟酌過才可出版。」我對力子先生貢獻。

「我也這麼想。你試說毛病在哪裏？」力子虛懷若谷地問我意見。

「我草草一看，便發現半月記和回憶錄很矛盾。你看蔣先生在半月記處處罵張漢卿，而蔣夫人在回憶錄倒處處替張漢卿辯護。而且蔣先生在半月記中從不說他見過共產黨，見過周恩來；蔣夫人的回憶錄則叔述張漢卿介紹一個參加西安組織中之有力份子來見，既說他是參加西安組織中之有力份子，又說彼等並未參加西安事變，這都是罅漏，容易露出不實不盡的馬腳。……」

這樣這本半月記合刊，印刷好又停止發行，忽發忽停，反覆了三次，結果還是出世了。

儘管蔣介石極力否定西安事變，然而西安事變畢竟深刻影響了大會。大會通過了《宣言》，表示如果領土主權「蒙受損害，超過忍耐限度，而決然出於一戰」。

蔣介石也在聲明中說：「如果讓步超出了限度，只有出於抗戰之一途。」這是在蔣介石的言論中，第一次出現「抗戰」一詞。

不論怎麼說，總算明明白白地提到了抗戰——雖然還有個前提，即「超過忍耐限度」。

這不能不說是西安事變的一大促進，一大成果，一大貢獻，一大勝利。

至於如何對待共產黨，爭論益發白熱化。

大會通過了《關於根絕赤禍之決議案》。仍希冀「根絕赤禍」，而「赤禍」當然指的是中共。

不過，細細推敲這《關於根絕赤禍之決議案》，可以發覺其中又曲曲折折地接受了中共關於國共合作的建議。

這一決議案，提出了處理與中共關係的「最低限度之辦法」：

第一、一國之軍隊，必須統一編制，統一號令，方能收指臂之效，斷與一國家可許主義絕不相容軍隊並存者，故須徹底取消其所謂「紅軍」，以及其他假借名目之組織。

第二、政權統一爲國家統一之首要條件。世界任何國家斷不許一國之內，有兩種政權之存在者，故須徹底取消「蘇維埃政府」及其他一切破壞統一之組織。

第三、赤化宣傳與以救國救民爲職志之三民主義絕對不能相容，即與吾國人民生命與社會生活亦極端相背，故須根本停止其赤化宣傳。

第四、階級鬥爭以一階級利益爲本位，其方法將整個社會分成種種對立之階級，……社會因以不寧，民居爲之蕩折，故須根本停止其階級鬥爭。

對於這曲裏拐彎的四條，周恩來後來作了絕妙的解釋：

> 這個東西是雙關的。因為紅軍改了名稱，也可以說取消紅軍，但紅軍還存在；蘇區改了名稱，也可以說取消蘇區，但蘇區還存在。所謂停止階級鬥爭，停止赤化宣傳，就是不許我們在國民黨統治區有政治活動。⑩

正因爲這樣，毛澤東在延安的石窯洞裏讀到國民黨五屆三中全會的文件，大體上是以爲有進步的。

毛澤東在三月六日致任弼時的電報中寫道：

「三中全會在法律上確認爲偉大西安談判順利的和平解決，成爲開始在全國停止內戰一致抗日與和平統一團結禦侮的新階段……」⑪

另外，四月二日中共中央宣傳部下達的內部文件《國民黨三中全會後我們的任務》（宣傳大綱），寫得更明確：「國民黨三中全會是一個有重大意義的會議……。

「在對共產黨問題上——雖然指責我們，但提出了四個條件，表示可以進行談判，他的四個條件與我們給三中全會的通電原則上是相當接近的，因此國共合作的原則是已確定。」⑫

蔣介石和毛澤東討價還價

既然國民黨五屆三中全會確定了國共合作的原則，國共談判也就正兒八經地談了起來。

不過。這談判也是曲曲折折的，充滿著討價還價……

「顧祝同—周恩來」西安談判，談成了三件事：

一、同意紅軍在西安設立辦事處；

二、紅軍改編爲三個師；

三、從三月開始國民黨給紅軍軍餉接濟。

這三件事能夠談成，也算不易。不過，畢竟只是一些細節而已。

即便是細節小事，卻也是經過一番討價還價。

顧、周之間的討價還價，實際上是蔣、毛之間的討價還價。

蔣介石二月十六日致顧祝同的密電中，規定了「底價」：

「中央准編其四團制師之兩師，照中央編制，八團兵力當在一萬五千人。以上之數不能再多。」

毛澤東三月一日給周恩來的電報中，規定了「底價」：「紅軍編五萬人，軍餉照國軍待遇，臨時費五十萬，以此爲最後讓步限度，但力爭過超此數。」

也就是說，蔣介石「開價」：紅軍改編一萬五千人，「不能再多」。毛澤東「還價」：紅軍編五萬人，「力爭超過此數」。

顧祝同要服從蔣介石，周恩來要服從毛澤東。顧、周之間討價還價，毛、蔣之間討價還價，好不容易才算談定了個雙方認可的價：紅軍改編三個師，即兩萬兩千五百人，比蔣介石開的價高，比毛澤東開的價低。

每一項談判，都如此這般，討價還價著。所幸，不論蔣介石還是毛澤東，不論顧祝同還是周恩來，都對討價還價充滿著耐心。

蔣介石在給顧祝同的電報中提及：有關政治問題，「由恩來來京另議可也」。

這樣，國共談判也就接著昇級，由「顧祝同—周恩來」升爲「蔣介石—周恩來」，談判的地點也由西安轉到杭州。

國共談判消息傳出，各界猜測紛紛。竟有傳聞，蔣介石任命毛澤東爲甘肅省省主席！

這消息傳進了李富春的耳朵。李富春於一九三七年三月六日致電毛澤東：

「據×××傳播：南京已組國防委員會，蔣爲總司令，閻、張及朱德副主席。毛澤東爲甘肅省主席。紅軍編九個師。」

毛澤東見了電報，大笑不已。他怎麼可能去當蔣介石手下的一個省主席?!

毛澤東於翌日，當即覆電李富春：

「所傳非實，但談判正具體化，國共合作大局已定，國民黨政策正在轉變中。」⑬

剛剛給李富春發了闢謠電報，又從彭雪楓那裏傳來「新聞」：蔣介石要派毛澤東出洋！

彭雪楓原任紅軍師長，此時作爲中共中央代表，在派駐太原閻錫山那裏。他聽到道路傳聞，便給毛澤東發來了電報。

毛澤東於四月一日給彭雪楓發了電報：

「南京並無毛出洋之條件，華北消息係誤傳。」

種種傳言，表明了人們對於國共合作前景的關心，表明了人們對於毛澤東前途的猜測。

西子湖畔蔣、周會談

既然蔣介石願意跟周恩來談判，中共中央書記處也同意了周恩來前往杭州與蔣介石談判。

中共中央書記處事先擬好了關於談判的十五條意見，交周恩來帶去。

三月下旬，周恩來風塵僕僕乘飛機來到上海，先見宋美齡，把十五條意見交給了她。

這樣，當周恩來翌日飛抵西子湖畔時，蔣介石已經事先知道了毛澤東的意思。這一回，蔣介石見到周恩來，顯得頗爲高興——三個多月前，他在西安跟周恩來見面的時候，是那般的尷尬。不過，周恩來果斷、機智、幹練地處理西安事變，給蔣介石這位黃埔軍校的老校長留下很深的印象。

關於這次「蔣介石—周恩來」談判的內容，中共中央書記處於四月五日，有過一份近五千字的報告給共產國際書記處，題爲《中共中央關於同蔣介石談判經過和我黨對各方面策略方針向共產國際的報告》⑭；以下用引號標明的，均引自這一報告。

蔣介石見了周恩來，對中共說了一番好話。蔣介石說，中共「有民族意識，革命精神，是新生力量，幾個月來的和平運動影響很好」。這樣的話，出自剿共領袖蔣介石之口確實難得。

蔣介石「承認由於國共分家，致十年來革命失敗造成軍閥割據、帝國主義者佔領中國的局面，但分家之責他卻歸過鮑羅廷。他指出彼此要檢討過去，承認他過去亦有錯誤，其最大失敗在沒有造出幹部，他現在已有轉變。」

中共中央這份給共產國際的報告，顯而易見出自周恩來的筆下。周恩來在報告中，還這麼寫及蔣介石的談話：

「要我們不必談與國民黨合作，只是與他合作。一個黨在環境變動時常改變其政策，但一個政策必須行之十年方能有效。人家都說共黨說話不算話，他希望我們這次改變，要能與他永久合作，即使他死後也要不生分裂，免得因亂造成英日聯合瓜分中國。」

周恩來還寫道：

蔣介石「要我們商量一永久合作的方法，恩來答以共同綱領是保證合作到底一個最好辦法，他要恩來趕快進來商量與他的關係及綱領問題，恩來再三問他尚有何具體辦法，他均說沒有，但要我們商量。」

周恩來以爲，「總觀蔣的談話意圖中心在領袖問題。」因爲蔣介石知道「共產黨不會無條件的擁護他，而他又不能滿足於黨外合作」。「他認爲這一問題如能解決，其他具體問題自可放鬆一些。」

周恩來自然明白蔣介石的意思，表示中共可以負責起草綱領，可以寫上「國共兩黨及贊成這個綱領的各黨派及政治團體，共同推舉蔣爲領袖。」

周恩來甚至還表示，「我們可答應贊助蔣爲總統」！

這對於蔣介石來說，當然是求之不得的——他早就夢寐以求成爲中國的總統。

怪不得聰明的周恩來一眼就看出，「蔣的談話意圖中心在領袖問題」！

但是，中共採取擁蔣立場顯然是有條件的。於是，周恩來開始陳述中共中央書記處那十五條……

這樣，蔣介石和周恩來在談了「理論」性問題之後，雙方又開始在一系列具體問題上討價還價……

軍隊依然是討價還價的核心。這一回，中共「提價」：「紅軍改編後的人數須四萬餘人。」這數字高於西安談判達成的兩萬兩千五百人——雖說尚低於毛澤東最初「開價」的五萬人。

蔣介石則「還價」，連聲對周恩來說：「四萬人太多了，最多兩萬。」也就是說，蔣介石「殺價」一半！

如此「開價」、「提價」、「還價」、「殺價」，使國共談判充滿戲劇性！

毛澤東笑談「換帽子」

一九三七年四月二日，毛澤東、張聞天、博古、彭德懷、林伯渠、蕭勁光來到延安那簡陋的黃土機場，不時望著天空。

一架雙引擎的螺旋槳飛機，發出嗡嗡的轟鳴聲，徐徐降落，揚起滿天黃塵。穿著一身飛行服的周恩來，走下飛機，受到毛澤東等的熱烈歡迎。

周恩來的手，才和蔣介石握別，又和毛澤東握會。

周恩來把來自西子湖畔的信息，帶到了延安窯洞裏。中共中央政治局的委員們，自三月二十三日至三十一日，剛剛開過政治局擴大會議，討論了國共合作問題。如今，又聚集在窯洞裏，聽取周恩來的報告。毛澤東聽得非常仔細，他作出了重要判斷：

「三中全會是國民黨國策基本轉變的開始。」

那時的中共中央受共產國際的領導，中共和蔣介石談判，必須把情況向共產國際報告。於是，四月五日，由周恩來執筆，毛澤東改定，發出了那份長長的給共產國際的報告。

既然蔣介石要求中共起草國共共同綱領，毛澤東也就召集政治局委員們於四月七日、二十日兩度開會，進行討論。

這時的毛澤東，在中共政治局內的地位得以鞏固。他的政敵張國燾，在政治局受到批判。中共中央政治局作出了《關於張國燾同志錯誤的決定》，給了張國燾以沉重一擊。張國燾、王明對於毛澤東，猶如汪精衛、胡漢民之於蔣介石。不過，此時張國燾在黨內的地位只是動搖了，並未徹底垮台，猶如汪精衛此時在國民黨中的地位。

也真有趣，中共「一大」的主持者是張國燾，國民黨「一全」大會的主持者之一是汪精衛，他們在黨內的地位都曾高於毛澤東、蔣介石，又都被毛澤東、蔣介石所戰勝。此後的命運，張國燾和汪精衛又是那麼相似：

張國燾背叛中共，投奔蔣介石，當特務去了；

汪精衛則背叛國民黨，投奔日本，當漢奸去了……

國共合作的消息，在延安傳開，許多人想不開，一度引起了思想混亂。有人說，我們鬥來鬥去，鬥得紅帽子換成了國民黨帽子！

一九三七年四月十二日，毛澤東在西北青年第一次救國代表大會上發表演講，論述了「帽子」問題：

「有些同志以爲我們的紅帽子戴了十年，今天又戴三民主義帽子，就表示老不願意。這個思想在過去是很對的，因爲那時三民主義帽子確實戴不得。但如果舊帽子換上了新內容，那事情就變化了，不是不可戴的，反而變爲可戴的了。蘇維埃改制，紅軍改名，並受南京國民政府指揮，就是爲了這個意義。」

毛澤東接著又說及了中共爲什麼要和國民黨攜手：

「過去因爲國民黨背叛革命，所以共產黨不得不負起革命的責任。現在呢？國民黨又開始轉變到抗日的方面來，所以我們極力主張國共合作，主張恢復孫中山先生的三民主義的精神，國共兩黨與全國人民，大家爲民族獨立、民權自由、民主幸福而鬥爭。」⑮

一向喊慣了「打倒蔣介石」，以至把蔣介石喊成「蔣該死」，如今一下子要「擁護蔣委員長」，要「服從蔣委員長」，許多中共黨員思想扭不過來。爲此，一九三七年四月十五日，中共中央執行委員會發表《告全黨同志書》。這一長達萬言的文件，向中共黨員們解釋了種種關於國共合作的疑慮，諸如是不是「共產黨的投降」等等。

這一文件明確指出：我們主張「聯蔣抗日」與「國共合作」。

這一回，周恩來帶來了蔣介石的密碼。於是，國共之間接通了「熱線」……

既然中共擬出了國共共同綱領草案，周恩來也就決定離開延安，再晤蔣介石。

四月二十五日，就在周恩來的由延安前往西安的途中，一樁意想不到的事情發生了！

槍林彈雨突然朝周恩來襲來

那天，西安七賢莊紅軍辦事處裏，一片緊張氣氛。電台台長林青不斷和延安聯絡，因爲周恩來未能按時到達西安，會不會半途出了意外？

這時，延安也一片緊張。因爲延安已經得知周恩來半途遇險，已派出了騎兵救援，尚不知詳情如何。已經遷入延安北門內鳳凰山下鳳凰村窯洞的毛澤東，焦急地等待著關於周恩來的消息……

突如其來的襲擊，使延安產生疑慮：會不會是蔣介石在玩弄什麼花招？

那天，周恩來在副官陳有才和中央警衛營兩個班戰士等護送下，一行二十五人，乘了一輛大卡車，從延安朝西安前進。

離延安四十多華里處，甘泉縣北之勞山，有一極爲險峻之處。筆者曾踏勘過那裏。那是陡峭的峽谷，公路從中間通過。周恩來的卡車，正是從谷底駛來。猛然間，從左壁射來密集的槍彈，槍聲震撼著山谷。

據周恩來的同行者孔石泉回憶，槍彈首先擊中了司機的大腿。吱的一聲，卡車急煞車。這下子，卡車成了槍林彈雨的中心。約莫二、三百人，從前、後、左三個方向射來槍彈。

顯然，他們早已居高臨下在此等候。周恩來的卡車進入了他們的「口袋」——伏擊圈。

在這千鈞一髮之際，周恩來顯示了他的沉著、堅毅，他第一個從卡車上跳了下來，指揮戰鬥。戰士們在他的指揮下，紛紛跳下車來，拔槍還擊。

無奈，周恩來他們所持大都是駁壺槍，何況是倉促應戰，又身居谷底；對方則使用機槍、步槍，地勢又極其有利。在戰鬥一開始，大批紅軍戰士倒在血泊裏。

周恩來見右壁無敵，迅即率領戰士棄車向右側突圍，很快佔領了右面山頭。然後，朝來路邊打邊退，這樣，才逐漸擺脫了敵人密集的火力圈。

槍聲驚動了附近的紅軍，急派騎兵來救援。那股敵兵見大批援軍趕到，不得不撤走了。

經清點，周恩來的警衛十七人犧牲，其中包括他的副官、延安衛戍司令部參謀長陳有才，警衛隊副隊長陳國橋。周恩來、張雲逸、孔石泉、劉九洲脫險。

這是周恩來一生當中，又一次遇險——前一次，一九三一年四月由於顧順章叛變，周恩來在上海差一點落進國民黨特務手中。

由於遇險，周恩來不得不折回延安。毛澤東見到周恩來安全歸來，鬆了一口氣。

那股伏擊者，是誰？是不是蔣介石派人暗殺周恩來？因爲周恩來的行蹤，西安方面是知道的。

審問了俘虜，這才水落石出。原來，那是當地的一股土匪企圖攔車劫財。他們既不知道車上坐的是周恩來，也與蔣介石無關。

雖然遇險，經歷了一番浴血戰鬥，周恩來毫不在意，要求西安方面派飛機來，他於翌日再登旅程。

翌日，一架飛機自西安來。周恩來在延安登上飛機，直飛西安。

據電台台長林青回憶，當周恩來這一回出現在西安七賢莊時，「唿啦」一聲，紅軍辦事處的工作人員們把他緊緊包圍起來，顯得那般的興奮……

蔣介石告知，他不久要去洛陽巡視，周恩來可去洛陽和他見面。

這樣，周恩來在西安七賢莊住了下來。他會晤了顧祝同、張沖，把準備同蔣介石談判的意見先給他們交換。

五月二十三日，周恩來和林伯渠到洛陽晤見蔣介石。蔣介石說：「這裏談話不方便。國民黨不久將在廬山召集一次全國各界人士的救國談話會，我們也到廬山去談判吧！」周恩來表示同意。

周恩來迅即電告毛澤東。

翌日晚七時，署名「洛、博、毛」（**即洛甫、博古、毛澤東**）的電報，從延安發給周恩來。電報全文如下：

周：

我們覺得此次見蔣須談兩方面的問題：

第一方面，關於綱領及區、紅軍、共犯、黨報、經費、防地等問題；

第二方面，對日、對英、對蘇外交，國防軍事、國防經濟及國民大會、人民自由、政治犯等問題。請將你對上述兩方面如何提法之意見電告，我們將於二十七日以前有一電報給你。因此請你準備二十八日飛滬。⑯

五月二十五日，「洛、博、毛」再度給周恩來發來很長的電報，規定了在與蔣介石談判時的條件。其中，「須力爭辦到者」有五條，現照錄兩條：

「特區政府委員九人名單爲林伯渠、張國燾、秦邦憲、徐特立、董必武、郭洪濤、高崗、張沖、杜斌丞。」

「紅軍設某路軍總司令部，總司令朱德，副司令彭德懷（但準備讓步設總指揮部）。至少四個師，一師長林彪，二師長賀龍，三師長徐向前，四師長劉伯承，先發表上述六人，餘俟後呈請委任。」⑰

這樣，周恩來再度負命穿梭於毛澤東和蔣介石之間。

也就在這些日子裏，延安打開了大門，歡迎第一批國民黨客人的到來，表明了國共之間的冰河開始解凍。

前來延安訪問的是「國民政府軍事委員會委員長西安行營考察團」，簡稱「中央考察團」。國民黨客人受到了中共的友善歡迎。

國民黨中央考察團的團長爲涂思宗。中共中央派出了葉劍英、陳賡陪同考察。

延安城頭，高懸起「和平、統一、團結、禦侮」及「鞏固國內和平，實行對日抗戰」大字標語。

五月二十九日，毛澤東在歡迎國民黨中央考察團的晚會上致詞：

「過去十年兩黨沒有團結，現在情形變了，如兩黨再不團結，國家就要滅亡。」

「第一次大革命就是國共兩黨搞起來的，今天爲了抵禦敵寇，兩黨團結一致，其作用和意義就

更大了。」

「十年內戰已成過去，兩黨團結已進入新的歷史階段。」

毛澤東這番話，說出了國共合作已是大勢所趨。

蔣介石居然要毛澤東「出洋」

在中國千山萬嶺之中，唯一一座得到蔣介石和毛澤東都偏愛的山，是廬山。

在中國千屋萬廈之中，唯一一座得到蔣介石和毛澤東都垂青的房子，是美廬。

毛澤東喜愛廬山，住美廬，是後話。他曾在廬山主持召開了三次廬山會議，其中一九五九年夏在廬山召開的中共八屆八中全會，批判了彭德懷；一九七〇年夏在廬山召開的中共九屆二中全會，批判林彪、陳伯達，震撼了全國……。

蔣介石也跟廬山結下深緣。有人考證，說蔣介石上廬山二十多次，也有人說三十多次。筆者在廬山上查閱了線裝的《廬山續誌稿》，見到其中還有專門的《蔣公歷年駐山起居日錄》，詳細記載了蔣介石歷年在廬山的活動日程。

蔣介石如此看重廬山，其實是因爲那時沒有冷氣機，而作爲國民黨政府所在地的南京又是中國的三大「火爐」之一，廬山是一片清涼世界，離南京又不遠，自然而然選爲「夏都」。每逢酷暑，不僅蔣介石上廬山，就連國民黨政府的各個部門也上山辦公，而「美廬」則成了蔣介石的總統官

邸。

蔣介石上廬山，原本住廬山東側、青玉峽旁、觀音橋附近等處的行宮。「美廬」原是英國人赫莉太太的私宅，建於一九二二年。赫莉太太和她的丈夫都是醫生，在廬山上開設「赫利醫院」。赫利太太的私宅，是當時廬山上最豪華、最寬敞的一幢，宋美齡甚爲喜歡。於是，赫利太太有意將此宅獻給中國第一夫人。

蔣介石看就此屋，最初並不中意，但是他頗信風水，以爲此屋大吉大利：背有「靠山」，左右也有所依，而前有東谷河，表明「蛟龍出水」……如此這般，蔣介石也就深愛此屋，由勵志社出面向赫利太太購屋，而名義上則是赫利太太贈屋。於是，此屋改名「美廬」，含義雙關：既表明此屋甚美，又表明紀念宋美齡。蔣介石選擇了一個大吉大利的日子——一九三三年八月八日，喬遷「美廬」。

「美廬」綠門、綠窗、綠頂、綠柱，樓上有寬敞的陽台，四週有一萬五千平方米的花園，幽雅、清新、恬靜、俊美。蔣介石在園中植白竹，宋美齡則種凌霄花。

六月四日，周恩來由上海抵達廬山。八日，周恩來前往仙境般的「美廬」——這與毛澤東和賀子珍在延安所住的黃土窯洞，無疑有著天淵之別。在當時，蔣介石做夢也不會想到，二十多年後，毛澤東會成爲「美廬」的主人。

蔣介石在「美廬」的寬敞的青石台階前，恭候周恩來的到來。

「蔣介石－周恩來」會談，就在「美廬」裏進行。

國共談判，從來曲曲折折，從未痛痛快快。照例，這一回也是如此。

談判一開始，蔣介石就下了一步使周恩來難堪的棋：

上一回說好，由中共方面起草國共共同綱領。為此，在延安的窯洞裏，毛澤東和周恩來反覆切磋著，中共中央政治局反覆研究著，這才寫出了《關於禦侮救亡、復興中國的民族統一綱領（草案）》。

無可否認，在起草文件之類方面，毛澤東要比蔣介石在行得多。大約也正是看中毛澤東這位當年國民黨中央宣傳部部長的這一「特長」，蔣介石讓中共起草綱領。毛澤東主持起草的這一綱領，多達五十二條！

本來，周恩來上山，是準備就這五十二條，跟「老校長」討價還價一番……

可是，蔣介石就像廬山的雲霧一樣變化莫測。蔣介石竟然說，這一回不討論綱領！

蔣介石的一句話，把毛澤東費煞苦心主持起草的五十二條，扔進了廢紙簍！

所幸，周恩來的涵養功夫挺不錯，強壓住心頭的怒火。無奈，那時蔣強毛弱，兩人的力量之比，猶如廬山「美廬」與延安窯洞之比。周恩來不得不遷就那反覆無常的蔣介石。

這一回，蔣介石撂下共同綱領不談，卻提出了一個新主意，說是國共要合作，那就得成立一個「國民革命同盟會」。

沒辦法，只好聽蔣介石的，周恩來只得就這個「國民革命同盟會」，跟蔣介石切磋起來。切磋的結果，可從中共中央六月十七日給共產國際的報告中查到：

一、成立國民革命同盟會，由蔣指定國民黨的幹部若干人，共產黨推出同等數目之

幹部合組之，蔣為主席，有最後決定之權。

二、兩黨一切對外行動及宣傳，統由同盟會討論決定，然後執行。關於綱領問題，亦由同盟會加以討論。

三、同盟會在進行順利後，將來視情況許可擴大為國共兩黨份子合組之黨。

四、同盟會在進行順利後，可與第三國際發生代替共黨關係，並由此堅固聯俄政策，形成民族國家間的聯合。⑱

關於這「國民革命同盟」，蔣介石跟周恩來在廬山上研究了許久，周恩來又電告毛澤東捉摸了許久。結果呢？還是老樣子，扔進了廢紙簍！

儘管蔣介石今日這花樣，明日那花樣，不斷翻新著，不過，周恩來的報告中，有一段「蔣又告宋子文聲明」，倒是說出了他的本意：

一、共黨目前不要太大，易引起外間恐懼。

二、共黨應首先取得全國信用。

三、共黨不要使蔣太爲難，以便將來發展。

蔣介石還向周恩來提及關於毛澤東未來的安排。這是一個敏感問題。

蔣介石說道：「朱毛兩同志須出來做事。」⑲

蔣介石的意思是毛澤東、朱德不要「坐鎮」延安，應該到南京來混個一官半職，在蔣介石手下當個什麼。

有趣的是，蔣介石居然稱毛澤東、朱德爲「同志」！這在幾個月前是不可想像的。

當然，蔣介石要「朱毛兩同志」「出來做事」，自然有他的算盤。他甚至把話說得更清楚，要安排朱、毛「出洋考察」。

怪不得此前就傳出毛澤東「出洋」的「馬路消息」！

蔣介石的「出洋考察」，其實早有先例：

當年，蔣介石借廖仲愷被刺案，迫使政敵胡漢民「出洋考察」；

眼下，蔣介石正要楊虎城將軍「出洋考察」——五月二十七日，周恩來正是和楊虎城及夫人謝葆真一起從西安乘歐亞航空公司的飛機飛往上海。後來，楊虎城將軍在六月二十九日偕夫人一起「出洋考察」……。

蔣介石如今要毛澤東、朱德「出洋考察」，無非是「驅逐出境」！

周恩來理所當然拒絕了蔣介石這等無理要求。

這一回，廬山上的談判，倒退了！

蔣介石、周恩來廬山會談

周恩來在廬山和延安之間穿梭。帶著廬山的霧氣，他在六月十八日回到延安，和毛澤東商討蔣介石提出的成立「國民革命同盟會」的問題。

剛剛有了眉目，蔣介石於六月二十六日又給周恩來發來電報，邀他再上廬山。於是，周恩來帶著在延安起草的新文件，和博古、林伯渠一起，於七月四日到達西安。

就在周恩來一行到達上海的那一天，形勢急轉直下。

那一天——一九三七年七月七日，成爲中國現代史上劃時代的一天。所謂「八年抗戰」，就是從這一天算起。

這天夜裏十時，位於北平西南十五公里處、宛平縣境內的蘆溝橋，一片緊張氣氛。正在那裏進行軍事演習的日軍，聲稱有一名士兵失蹤，需進入城內搜索。國民黨軍隊理所當然地拒絕這一要求。八日凌晨四時，蘆溝橋畔響起了激烈的槍炮聲，日軍發動了大規模的進攻，當地國民黨駐軍二十九軍吉星文團長率部奮起抵抗，史稱「蘆溝橋事變」。

七月八日晨，北平市市長秦德純急電廬山，向蔣介石報告「蘆溝橋事變」。

這一回，蔣介石的態度比六年前「九·一八」事變時要好得多了。他在當天，致電國民黨二十九軍軍長宋哲元，鮮明地指出：

「宛平應固守勿退，並須全體動員，以備事態擴大。」

這與「九·一八」事變時，蔣介石發給張學良的「我方應不予抵抗」的《銑電》，迥然不同。

毛澤東也迅速作出了反應。

延安發出了《中國共產黨爲日軍進攻蘆溝橋通電》：

「全中國的同胞們！平津危急！華北危急！中華民族危急！只有全民族實行抗戰，

才是我們的出路！我們要求立刻給進攻的日軍以堅決的反攻，並立刻準備應付新的大事變。全國上下應該立刻放棄任何與日寇和平苟安的希望與估計。」

就態度而言，毛澤東比蔣介石更堅決；

就影響而言，蔣介石比毛澤東更大——因爲國民黨的軍權在蔣介石手中，而國民黨軍隊在當時比紅軍要強得多，大得多。

也就在這一天，毛澤東致電蔣介石，全文如下：

廬山蔣委員長鈞鑒：

日寇進攻蘆溝橋，實施其武裝攫取華北之既定步驟，聞訊之下，悲憤莫名！平津為華北重鎮，萬不容再有疏失。敬懇嚴令二十九軍，奮勇抵抗，並本三中全會禦侮抗戰之旨，實行全國總動員，保衛平津，保衛華北，收復失地。紅軍將士，咸願在委員長領導之下，為國效命，與敵周旋，以達保土衛國之目的，迫切陳詞，不勝屏營待命。

毛澤東，朱德，彭德懷，賀龍，林彪，劉伯永，徐向前 叩[20]

翌日，彭德懷等「率人民抗日紅軍全體指揮員戰鬥員」又發表致蔣介石通電，表示：

「紅軍願即改名爲國民革命軍，並請授命爲抗日前驅，與日寇決一死戰。」

這份電報公開表明，爲了抗日，紅軍的紅帽子要換成「國民黨帽子」了。

大敵當前，國共同仇，蘆溝橋的槍聲，促使了蔣介石和毛澤東迅速接近——儘管他們之間還有著這樣那樣的分歧。

日本內閣會議則在七月十一日發表就蘆溝橋事變作出的決定：

「這次事件，完全是中國方面有計劃的武裝抗日，已無懷疑的餘地。我們認爲，不但必須最迅速地恢復華北的治安，並且有必要使中國對非法行爲，特別是排日、侮日行爲，表示道歉……」

日本內閣的顛倒黑白的決定，在中國激起了公憤。

八月十三日，周恩來、博古、林伯渠來到了國民政府的「夏都」——廬山。

這時，廬山上大員、名流雲集，其中許多人胸前別著圓形白底藍色「五老峰」徽章。這特殊的徽章，是特殊會議的特殊通行證。這特殊的會議名曰「廬山談話會」。出席會議的有國民黨中央要員，國民政府高級官員，各界名流，共二百三十一人。談話會在廬山牯嶺市街附近的牯嶺圖書館大禮堂裏舉行。會議由蔣介石、汪精衛主持。

雖說周恩來上了山，如他所言：「廬山談話會的時候，共產黨沒有份。我同林伯渠、博古同志三個人不露面，是秘密的。」

周恩來還說，這個談話會「不是大家坐下來開圓桌會議，一道商量，而是以國民黨作主人，請大家談話一番。」

戰火正在山下燃燒，抗日成了廬山談話會的中心議題。就連國民黨內的親日派頭目汪精衛，此時在談話會上也大談抗日：

「自九・一八以來，精誠團結，共赴國難，成爲全國一致的口號……最近蘆溝橋事件突發，危

急情況更加嚴重，根本方法仍是精誠團結，將全國的心力物力溶成一片。」㉑

在宴會上，汪精衛還發表了一通十分動聽的祝酒詞：

「我們現在耳朵裏聽著蘆構橋的炮聲，眼睛裏見著前線戰士的拚命與戰地人民的受苦，實在沒有可以開顏相向的理由，但是想起在環境艱苦中，培養元氣，生機不斷，精神不死，實在可使我們感激奮發。謹此理由，滿舉一杯，祝各位先生健康。」㉒

蔣介石呢？七月十七日，他在廬山談話會上發表了著名的演說。下面的這一段話，在當時幾乎是家喻戶曉的：

「如戰端一開，那就地無分南北，人無分老幼，無論何人皆有守土抗戰之責任，皆應抱定犧牲一切之決心。」

這段蔣介石語錄，當時寫遍中國的大街小巷。這是蔣介石對於抗日的最明確的表態。

也就在這次演說中，蔣介石自己思想轉變的過程，倒十分真實：

「我們要應付國難，首先要承認自己國家的地位。我們是弱國，對自己國家的力量要有忠實的估計。國家爲進行建設，絕對需要和平，過去數年中不惜委曲忍痛，對外保持和平，即是此理。……如果臨到最後關頭，便只有拚全民族的生命，以求國家的生存，那時節再不容許我們中途妥協。」

蔣介石這段話，說了自己爲什麼「過去數年中不惜委曲求全」，亦即「不抵抗主義」的原因。

蔣介石的另一段話，說出了這次採取抗日態度的原因：

「我們的東四省㉓失陷，已有六年之久，繼之以塘沽協定。現在衝突地點，已到了北平門口

的蘆溝橋。如蘆溝橋可以受人壓迫強佔，我們五百年故都北平，就要變成瀋陽第二。今日的北平如果變成昔日的瀋陽，今日的冀察也將成昔日的東四省。北平若變成了瀋陽，南京又何嘗不可變成北平。所以，蘆溝橋事變的推演，是關係中國國家的整個問題。此事能否結束，就是最後關頭的境界。」

蔣介石這番演講，極爲重要，表明他抗日的決心。

照理，這一回廬山國共談判應該順利，卻出乎意料變得異常艱難。

談判在蔣介石、邵力子、張沖和周恩來、博古、林伯渠之間進行。周恩來帶著由他起草的《中共中央爲公佈國共合作宣言》上山，蔣介石改了兩句，卻又扔在一邊。蔣介石在許多問題上「加價」，弄得周恩來頗爲爲難。

其中最明顯的是關於紅軍改編後的指揮權問題。

上一回，蔣介石提出紅軍改編之後，由「政訓處」指揮。

周恩來當即表示疑惑不解，問道：「委員長，政訓處何能指揮部隊？」

蔣介石傲然道：「我是革命領袖，我要你們指揮，你們就能指揮。」

這一回，蔣介石又改口說：「政治機關只管聯絡，無權指揮。可以周恩來爲主任，毛澤東爲副主任。」

顯而易見，這是中共所無法接受的。

周恩來無奈，在山上給蔣介石寫了一信：

「此與來（**注：周恩來自稱**）上次在廬所面聆及歸陝向黨中諸同志所面告者出入甚大，不僅事

難做通，且使來一再失信於黨中同志，恐可是礙此後各事之進行。」

蔣介石依然我行我素，不把中共放在眼裏。

那些日子，毛澤東正在延安抗日軍政大學，講授《實踐論》、《矛盾論》。接到周恩來發自廬山的電報，毛澤東對蔣介石的反覆無常，怒氣沖沖。他決心對蔣介石採取強硬態度。

七月二十日，署名「洛、毛」的電報，從延安發給廬山上的周恩來：

周轉林：

甲，日軍進攻之形勢已成，抗戰有實現之可能。

乙，我們決心採取蔣不讓步不再與談之方針。

丙，請你們回來面商之。

此處的林，指林伯渠。

接到毛澤東、張聞天的電報，周恩來、博古、林伯渠隨即下山，飛往上海了。

周恩來等在上海晤會了宋慶齡，向她通報了國共談判的情況。七月二十七日，周恩來等飛抵西安。

蔣介石密邀毛澤東赴南京

蔣介石和毛澤東的關係，變得十分奇妙：毛澤東派了周恩來等上廬山，誠心誠意前來談判，蔣介石要搭架子；當毛澤東令周恩來等拂袖而去，蔣介石卻又忽地電邀毛澤東本人前來南京！

蔣介石是那麼的難以捉摸！

人們常常以爲，在重慶談判時，蔣介石才給毛澤東發來邀請電報。其實，早在一九三七年八月一日，毛澤東便已收到蔣介石托張沖發來的緊急電報，密邀毛澤東、朱德、周恩來即飛南京，共商「國防問題」。

剛剛在廬山上談「崩」了，怎麼又會邀毛澤東到南京會談呢？毛澤東一時弄不明白蔣介石的用意，急急給周恩來發電報。

周恩來於八月二日給張沖發了電報，告知毛澤東的意見：如開國防會議，則周恩來同朱德、葉劍英去；如係談話，則周恩來同博古、林伯渠、葉劍英去。

這就是說，毛澤東作爲中共領袖，非到關鍵時刻，是不會去南京跟蔣介石見面的。

翌日，毛澤東又致電周恩來、博古、葉劍英，告知：「國防計劃宜由周、朱、葉攜往面交，不宜由電報拍往。」

毛澤東在電報中還指出：

此次赴寧須求得下列問題一同解決：

一、發表宣言。
二、確定政治綱領。
三、決定國防計劃。
四、發表紅軍指揮系統及確定初步補充數量。
五、紅軍作戰方針。㉔

八月四日張沖覆電周恩來，說此次赴寧開國防會議。

這時，周恩來正和朱德在陝西雲陽紅軍前敵總指揮部。接張沖電報後，他倆於八月五日來到西安。九日，朱德、周恩來和葉劍英飛往南京，出席蔣介石召開的國防會議。

朱德作爲紅軍總司令，在南京公開露面，而且出席國防會議，這表明紅軍不再是匪軍，已經贏得了合法的地位。

借國防會議的機會，國共又開始了談判——南京談判。本來，這一回談判，預計也不會太妙。正在這時，一樁新的突發事件，使國共之間的馬拉松談判一下子加快了步伐。

那是八月十三日，三十多萬日軍在統帥永野修身及上海派遣軍總司令松井石根指揮下，大舉撲向中國最大的城市上海。熊熊戰火，已經燒到國民政府所在地——首都南京跟前了。蔣介石再也無法「委曲求全」，終於痛下抗戰決心。十四日，國民政府發表了《自衛抗戰聲明書》，堅決表示：

「中國決不放棄領土之任何部份，遇有侵略，惟有實行天賦之自衛權以應之。」

抗日戰爭從此全面展開。

蔣介石的歷史軌跡頗爲令人尋味：日軍每進逼一步，他就向毛澤東靠攏一步。「兄弟鬩於牆，外禦其務。」如今，大敵當前，兄弟攜手。從這個意義上說，是日本「促進」了國共合作！

於是，「柳暗花明又一村」。國共談判變得順利了。蔣介石也不再耍脾氣了。

毛澤東在八月十八日以中共中央書記處名義給周恩來發來電報，提出同國民黨談判的十項條件。

當天，蔣介石在談判中邁出了一大步——同意發表紅軍改編爲國民革命軍八路軍，任命朱德、彭德懷爲正、副總指揮。二十二日，這一任命正式發表，意味著國共公開合作。

這時，朱德和周恩來已經急急離開了南京……

中共首腦聚集洛川私塾窯洞

在延安之南有一座小縣城，名叫洛川。在洛川城東北方向十公里，有一個不起眼的小村，名叫馮家村。全村只有一條街，四五十戶人家而已。不過，小村靠在延安——西安公路之側，交通倒很方便。

朱德和周恩來離開南京，途經西安，馬不停蹄地直奔這個小村。

自一九三七年八月二十二日至二十五日，在馮家村西北角的一所私塾裏，中共中央政治局在這裏舉行擴大會議。這次會議頗爲重要，史稱「洛川會議」。這個小村也因此而載入史冊。

當時，洛川正處於國民黨地區與共產黨地區交界的地方。縣長是國民黨的，縣城裏也駐紮著少量國民黨部隊，而四週的農村卻是紅軍的天下。

選擇馮家村這個小村開會，爲的是安全、保密，而且交通方便。筆者實地訪問過馮家村。那個私塾，實際上只是兩孔青磚砌成的窯洞而已。窯洞前有一個小小的院子，種著一棵桑樹。這兩孔窯洞，一孔成了毛澤東的辦公室兼臥室，另一孔則成了會場。小課桌併在一起，放在窯洞中間，四週圍著一圈長板凳。

長板凳上坐著中共中央政治局委員及候補委員張聞天、毛澤東、周恩來、博古、朱德、任弼時、關向應、凱豐、張國燾，還坐著各方面的負責人彭德懷、劉伯承、賀龍、張浩、林彪、聶榮臻、羅榮桓、張文彬、肖勁光、林伯渠、徐向前、周建平、傅鍾等，共二十二人。

會議所面臨的，正是國民黨五屆三中全會曾面臨的兩大問題，即抗日問題和國共合作。

會議由張聞天主持，毛澤東作主題報告——這在當時實行「張毛體制」的中共，每逢這類會議，總是這樣進行。

據現仍健在的當事人傅鍾回憶，毛澤東在報告中提出了令人耳目一新的觀點，曰「山雀滿天飛」。毛澤東的意思是趁抗日之際，趁國共合作之際，把中共黨員如山雀般撒出去，滿天飛，飛向全中國！

毛澤東還說，中共主力如果上華北前線，要像下圍棋那樣做幾個「眼」，「眼」要做得活、做得好，只有這樣才能戰勝日軍。

毛澤東強調，紅軍雖然馬上要換「帽子」，但是戴國民黨帽子之後，依然是共產黨領導的軍隊，是穿國民黨軍服的紅軍！

毛澤東向來主張「黨指揮槍」。換「帽子」之後的紅軍，仍必須絕對服從中共的領導——雖然表面上是受蔣委員長的領導。

不過，由於國共合作，中共對於軍隊的領導體制不能不作相應的改動：中共的最高軍事領導機構原本叫「中革軍委」，全稱爲「中華蘇維埃共和國中央革命軍事委員會」。毛澤東自一九三六年十二月七日起，出任「中革軍委」主席（原主席為朱德，朱德之前的實際負責人為周恩來）。眼下，實行國共合作，那中華蘇維埃共和國勢必要取消。於是這次會議決定改設中共中央革命軍事委員會，人簡稱「中革軍委」。這個「中革軍委」，毛澤東爲主席，朱德、周恩來爲副主席。這個「中革軍委」和國民黨的軍事委員會旗鼓相當。

當國民黨的軍事委員會委員長蔣介石宣佈對紅軍的改編以及對朱德、彭德懷的任命之後，以毛澤東爲主席的「中革軍委」，在洛川會議上也作出相應的決定。由中央革命軍事委員會主席毛澤東、副主席朱德、周恩來共同署名，於八月二十五日發佈了《中央革命軍事委員會改編爲國民革命軍第八路軍的命令》：

「宣佈紅軍改名爲國民革命軍第八路軍。將前敵總指揮部改名爲第八路軍總指揮部，以朱德爲總指揮，彭德懷爲副總指揮，葉劍英爲參謀長，左權爲副參謀長。」

這一命令清楚地表明，「中華民國國民革命軍第八路軍」實際上是屬於中共中央革命軍事委員會領導，是屬於毛澤東領導的。

值得順便提一筆的是，在洛川會議舉行的日子裏，一位來自上海的青年女性，經西安前往延安，途過洛川。此人後來竟成了毛澤東夫人。她原名李雲鶴，藝名藍蘋，進入紅區改名江青……

國共終於第二次合作

此後不久，一九三七年十月，中共在贛、閩、粵、湘、鄂、豫、浙、皖八省的游擊隊，分別集中，改編爲中華民國國民革命軍新編第四軍，簡稱新四軍。葉挺爲軍長。

這樣，頭戴青天白日帽徽的部隊中，有兩支屬於毛澤東領導的隊伍——八路軍和新四軍。

軍隊的問題總算解決了。緊接著要解決的問題是政府。

經國共雙方商定，原陝甘寧蘇維埃政府改爲陝甘寧邊區政府。政府主席原定由國民黨人士擔任。

關於主席人選，又費一番周折：

毛澤東提議在張繼、宋子文、于右任三人中選一，蔣介石搖頭。

蔣介石提議丁惟汾，毛澤東搖頭。

最後選定了既是國民黨第一屆候補中央執委、又是中共黨員的林伯渠，算是國共雙方都能接受，蔣介石和毛澤東都點頭。

這樣，在表面上，朱德成了紅區最高軍事首長，而林伯渠成了紅區最高行政首長。毛澤東？他保持著中共最高首長的地位——雖說名義上中共的總負責是張聞天。毛澤東依然是紅區的最高領袖，依然是與蔣介石相匹敵的「棋手」。

瓜熟蒂落，水到渠成。國共合作已到了完成最後手續這一步了，即公開發表宣言，昭示世人。毛澤東派出了博古、葉劍英去南京，完成這最後一步棋。蔣介石則派出了與博古地位相當的康澤。於是，「康澤—博古」新一輪國共談判在南京舉行。

眾所周知，博古原是中共中央總負責，毛澤東的黨內對手。遵義會議批判了博古，毛澤東取而代之。由於博古承認了錯誤，得到毛澤東的信用。

博古帶去了《中國共產黨爲公佈國共合作宣言》。據毛澤東稱，「宣言是三月四日起草的。五月十五日交付的。」㉕這一宣言曾被蔣介石扔進廢紙簍。

如今，這從蔣介石的廢紙簍裏撿回來的宣言，重新放到了談判桌上。

康澤剛在談判桌上坐了下來，便轉達了蔣介石對宣言的意見：

「你們這個宣言稿，如果只是前面的那一段，只是表示共赴國難的意見，那多好！後面說的一大堆政治主張是多餘的。」

原來，蔣介石對毛澤東在宣言裏所寫的「一大堆政治主張」非常頭痛。

毛澤東則堅持要把那一大堆政治主張放上去，於是，雙方又要進行一番切磋。其中包括對於用詞的切磋。比如，蔣介石要把中共起草的文件中的「國民黨」改爲「政府」，中共則堅持用國民黨。蔣介石說：「這兩個詞沒有什麼大的區別，都是可以用的。」博古則順著蔣介石的話，來了個

「以子之矛攻子之盾」，說道：「既然委員長說兩個詞沒有什麼大的區別，那就用國民黨吧！」

就這樣，經過反覆切磋，康澤和博古作爲國共雙方的代表，在宣言上簽了字。

九月二十一日，蔣介石在南京孔祥熙寓所，與康澤、張沖、博古、葉劍英作了談話，同意發表宣言。

翌日，國民黨中央通訊社異乎尋常地發表了《中國共產黨爲公佈國共合作宣言》，意味著正式宣告了國共合作：

> 親愛的同胞們！中國共產黨中央委員會謹以極大的熱忱向我全國父老兄弟姑姊妹宣言：
>
> 在此國難極端嚴重，民族生命存亡絕續之時，我們為著挽救祖國的危亡在和平統一團結禦侮的基礎上，已經與中國國民黨獲得了諒解，共赴國難。這對於我們偉大的中華民族有著怎樣重大的意義啊！因為大家都知道，在民族生命危機萬分的現在，祇有我們民族內部的團結才能戰勝日本帝國主義的侵略。……

又過一日——九月二十三日，蔣介石在廬山上，發表陳布雷爲之捉刀的《對中國共產黨宣言的談話》，以居高臨下的口氣宣稱：

> 對於國內任何黨派，只要誠意救國，願在國民革命抗敵禦侮之旗幟下共同奮鬥者，

政府自無不誠接納，咸使集中於本黨領導之下，而一致努力。中國共產黨人既捐棄成見，確認國家獨立與民族利益之重要，吾人唯望其真誠一致，實踐其宣言所舉之諸點，更望其在禦侮救亡統一指揮之下，以貢獻能力於國家，與全國同胞一致奮鬥，以完成革命之使命。總之，中國立國原則為總理創制之三民主義，此為無可動搖，無可移易者。……

蔣介石的意思是中共今後「於本黨領導之下」，亦即在他的領導之下。這麼一來，國共不是對等的政黨，而是在國民黨領導之下的政黨！

雖說如此，蔣介石的談話畢竟意味著公開承認了中國共產黨的合法地位，承認了國共合作。毛澤東迅速作出反應，以解放報記者採訪的名義，發表了一大段中共中央負責人的話，借此公開對蔣介石的談話表態。當時的報導原文如下：

解放報記者以共產黨中央最近向南京中央社廣播發表之宣言，影響中國時局甚為廣大，特請共產黨中央負責人發表意見如下：

「關於國共兩黨聯合救國之偉大事業，已在九月二十二日經過中央通訊社所發表的中國共產黨宣言及九月二十三日該社繼續發表的蔣介石的談話，建立起必要的基礎了。蔣氏的談話，指出了團結救國的深切意義，發出了與全國國民徹底更始的諾言，承認了共產黨在全國的合法地位，這是值得讚許的。但是在蔣氏談話中，尚沒有拋棄國民黨自

大主義的精神，尚沒有能坦白的承認國民黨過去十年來在民族危機中的自己所應負的責任，不免遺憾！……」

以上三篇文獻耐人尋味，妙趣無窮：先是蔣介石對毛澤東起草的宣言品頭評足，緊接著，毛澤東又對蔣介石的談話品頭評足。

蔣介石和毛澤東就是這樣又合作又對立。

不過，中共宣言的發表，蔣介石廬山談話的發表，畢竟是歷史性的：宣告國共第二次合作，從此正式開始！

注釋

①《中共中央文件選集》十一卷，中共中央黨校出版社一九九一年版。

②③均引自一九三七年一月一日《中央日報》。

④一九三七年一月五日《中央日報》。

⑤《中共黨史教學參考資料》第十五冊。

⑥⑦均引自中國第二歷史檔案館所藏檔案。

⑧⑨均引自延安《新中華報》第三二九期。

⑩《周恩來選集》上卷，一九四頁。

⑪⑫均引自《中共中央文件選集》第十一卷。

⑬引自一九八五年三、四期《文獻和研究》。

⑭《中共中央文件選集》第十一卷。

⑮《中共黨史教學參考資料》第十五冊。

⑯⑰均引自《中共黨史教學參考資料》第十五冊。

⑱《中共中央關於同蔣介石第二次談判情況向共產國際的報告》，《中共中央文件選集》第十一卷。

⑲同上文，引自中共中央向共產國際的報告。

⑳《中共中央文件選集》第十一冊。

㉑引自徐炳升《一九三七年廬山談話見聞》，《上海文史資料》第四十四輯。

㉒引自徐炳升《一九三七年廬山談話見聞》，《上海文史資料》第四十四輯。

㉓東四省當時是指黑龍江、吉林、遼寧、熱河。

㉔《中共黨史教學參考資料》第十六冊。

㉕毛澤東一九三七年九月二十五日致周恩來電報。

第五章　並肩抗日

蔣介石和毛澤東在抗日中分工合作

蔣介石和毛澤東在大敵當前之際，終於握手言和：從一九二七年「四・一二」政變算起，到一九三七年九月二十三日蔣介石在廬山發表談話，國共之間整整十年的內戰劃上句號。

從此，蔣介石稱毛澤東爲「先生」，不再像往日那樣罵「毛匪」、「共匪」；從此，毛澤東稱蔣介石爲「蔣氏」、「先生」、「蔣委員長」，不再像往日那樣罵「蔣賊」、「賣國賊」。

毛澤東當時這麼論及第二次國共合作：

「在民國十七年國共分裂的時候，原是違反著共產黨的志願的。共產黨一向不願意和國民黨分裂。過去十年來，國共雙方及全國人民都經歷了艱苦的經驗，這種經驗能增強今後的團結。」①

毛澤東把第二次國共合作稱爲「抗日民族統一戰線」——在中共早年的文獻中則稱之爲「聯合戰線」，如中共「二大」便通過了《關於「民主的聯合戰線」的決議》。

正是在抗日的旗幟下，蔣介石和毛澤東、國民黨和共產黨結成了統一戰線。

對於抗日，蔣介石和毛澤東有著共識。

蔣介石在一九三七年八月十八日發表《敵人戰略政略的實況和我軍抗戰獲勝的要道》一文，首

先提出了持久戰的概念：

「因爲倭寇所恃的，是他們強橫的兵力，我們就要以逸待勞，以拙制巧，以堅毅持久的抗戰，來消滅他的力量。倭寇所有的，是他侵略的驕氣，我們就要以實擊虛，以靜制動，拚死抗戰，來挫折他的士氣。他不能實現速戰速決的企圖，他就是失敗，也就是我們的勝利。」

蔣介石此文，十分重要。他爲中國抗戰制訂了持久戰的方針。他明確宣佈：「敵之最高戰略爲速戰速決，而我之最高戰略爲持久消耗。」

蔣介石還指出：應該「舉全國力量從事持久消耗以爭取最後勝利」。

蔣介石制訂的這一抗日戰略方針，是頗有見識的，被歷史證明是很有遠見的。

毛澤東呢？他於一九三八年五月二十六日至六月，在延安抗日戰爭研究會上，作了著名的演講，題目便是《論持久戰》。毛澤東的見解，與蔣介石一致：

「中國會亡嗎？答覆：不會亡，最後的勝利是中國的。中國能夠速勝嗎？答覆：不能速勝，抗日戰爭，是持久戰。」

周恩來把毛澤東的《論持久戰》介紹給國民黨將領白崇禧，白崇禧又向蔣介石作了介紹，蔣介石頗爲讚賞毛澤東的見解。

白崇禧此人，向來有「小諸葛」之稱。他把毛澤東的《論持久戰》，概括爲兩句話：「積小勝爲大勝，以空間換時間。」

據李宗仁的機要秘書程思遠回憶，這兩句話曾由軍事委員會通令全國，作爲抗日戰爭的戰略思想。其實，這兩句話是國共兩黨的共識，也是蔣介石和毛澤東的共識。

不過，蔣介石擁有三百多萬軍隊，而毛澤東手下只有數萬部隊。懸殊的力量對比，決定了中國的抗日統帥、抗日領袖必定是蔣介石。

一九三七年八月十二日，國民黨中央召開臨時常務委員會會議，決定建立最高國防委員會，以汪精衛爲主席，張群爲秘書長。當天又召開國防最高委員會和黨政聯席會議，決定以軍事委員會作爲抗戰最高統帥部，任命蔣介石爲陸海空三軍總司令，授陸海空大元帥。這麼一來，蔣介石成了抗戰最高統帥，成了大元帥！

蔣介石在南京穿上了威風凜凜的大元帥服，而毛澤東在延安不過穿膝蓋上打了大補丁的土布褲子。

順便提一筆，毛澤東此人雖說從來把軍權緊緊抓在手中，這一點與蔣介石無異，但他對大元帥之類無多大興趣。正因爲這樣，一九五五年，當毛澤東給朱德等十位元帥授銜時，他自己卻什麼軍銜也不要——雖然許多人勸他當大元帥，像蔣介石、史達林那樣，況且毛澤東是名符其實的大元帥，那十位元帥一直在他的指揮下作戰；可是，毛澤東卻謝絕了大元帥的頭銜。

詩人氣質的毛澤東，除了一九二八年在井岡山上時，因誤傳毛澤東被「開除黨籍」（**其實是開除他的中共中央政治局候補委員職務**），不能當政治委員了，只好當了一陣子師長，此外，他一輩子沒有當過什麼軍長、司令的——也正因爲這樣，他也就不當什麼大元帥。至今，人們無法想像，這位平時總是敞著衣領的詩人，如果戴上大蓋帽、穿上畢挺威武的大元帥服，究竟是何等模樣……

不過，在抗日戰爭爆發之初，毛澤東也很清楚，蔣強毛弱的形勢，所以他對國共雙方在抗日戰爭中的分工，說得明明白白：

「抗日戰爭中，國共兩黨的分工，就目前和一般的條件說來，國民黨擔任正面的正規戰，共產黨擔任敵後的游擊戰，是必須的，恰當的，是互相需要、互相配合、互相協助的。」

這樣，蔣介石和毛澤東並肩抗日，但分工不同：對於日軍的「正面的正規戰」，由國民黨軍隊擔負；對於日軍的「敵後的游擊戰」，由共產黨軍隊擔負。

蔣介石在上海血戰日軍

蔣介石是一個爭議頗多的人物。不過，不管怎麼說，通觀他的一生，有三件事是受到人們讚賞的：一是領導北伐，二是領導抗戰，三是振興台灣經濟。

雖說蔣介石對於抗日曾有過一個曲折的過程：先是「不抵抗主義」，寄希望於妥協，而且實行「攘外必先安內」的錯誤政策，以至導致發生了西安事變。然而，在西安事變的促進之下，他轉爲抗日，成爲中國的抗日領袖。當然，就其抗日態度而言，不如毛澤東堅決，中途曾寄希望於與日本妥協，但他畢竟是領導中國抗戰全局的領袖，作出了貢獻。

如毛澤東所言，蔣介石擔負起抵抗日軍的「正面的正規戰」的責任。

蔣介石領導著三百多萬國民黨軍隊，跟日軍展開了三次大搏鬥：淞滬會戰，南京會戰，武漢會戰。

就在蔣介石就任陸海空大元帥的第二天，隨著「八・一三」的槍炮聲大作，日軍猛撲上海，淞滬會戰便開始了。淞，是因爲黃浦江又稱吳淞江。淞滬，亦即上海。那時的上海警備司令部稱淞滬警備司令部。淞滬會戰，又稱上海會戰。

日軍的戰略，確如蔣介石所言，乃是速戰速決。日軍在突襲上海之時，便揚言三個月滅亡中國。

進攻上海的日軍，達二十多萬人，其中有三百多門大炮，二百多架飛機，幾十艘兵艦。面對強大的日軍，蔣介石調集了自己的精銳部隊七十三個師迎戰日軍——當時，蔣介石部隊可調動的部隊總共約一百八十個師，他這一回投入了三分之一以上的力量，何況大都是他的嫡系部隊，表明他確實下了抗日的決心。

蔣介石先以馮玉祥爲總司令，以張治中爲前敵總指揮，後來自兼第三戰區司令長官，以陳誠爲前敵總指揮。

酷烈的戰爭在上海展開。座落在上海蘇州河畔的一座倉庫——四行倉庫，一度成爲兩軍爭奪的焦點。由副團長謝晉元率八百戰士堅守，激戰四晝夜，這才最後奉命撤進英租界，成爲一時佳話，人稱「八百壯士」。

蔣介石親臨前線指揮，也差一點遇險。那是在十月間，蔣介石夜巡蘇州前線。忽地幾十架日機闖來，狂轟濫炸，蔣介石躲進火車站月台。所幸月台未被炸中，蔣介石因此脫險。

宋美齡奔走於前線，慰勞戰士。十月二十三日這天，她和端納以及一位副官在上海乘車慰問傷兵。下午四時多，空中出現了日軍飛機。司機一邊開車，一邊不時仰望天。一不小心，急速奔馳的

汽車駛離了公路，翻在路邊，一下子把宋美齡甩到了爛泥地裏。

端納倒是安然無恙，他跳下了車，他急步奔向蔣夫人。據端納回憶，宋美齡躺在離車二十英尺的溝渠裏，滿臉污泥，不省人事。

端納和副官趕緊把宋美齡抬到附近一戶農民家裏。那時的宋美齡只穿著普通的衣裝，看不出是一位貴夫人。端納見到宋美齡尚有呼吸，放下了懸念的心。端納唱了起來：

「她輕鬆地飛向天空，鞦韆上那勇敢的少女……啊，夫人，醒醒！我希望妳現在能看一看自己，妳絕對是個美人！」

在端納的歌聲中，宋美齡漸漸甦醒，端納笑了。

司機把車子修好了。端納問宋美齡：「妳還要去看望傷兵嗎？妳自己也成了傷兵了！」

宋美齡答道：「去！」

宋美齡去幾個營地慰問之後，回到了上海，經醫生檢查，她斷了一根肋骨。她不得不臥床休息了一個星期。

端納去看望她，宋美齡問：「我受傷的時候，你怎麼還唱歌？」

端納笑道：「一個女人倒下來的時候，如果說她受了傷，也許她再也爬不起來。」

那時，蔣介石夫婦出入於日軍的槍林彈雨之中，確實是勇敢的。

日軍在上海與國民黨軍隊僵持著。為了速勝，日軍於十一月五日增派兵力在杭州灣北岸金山衛**（今上海市金山縣）**登陸，包抄國民黨軍隊的後路。

也就在這一天，德國駐華大使陶德曼在南京往見蔣介石，轉達了日本的七項條件。顯然，日本

對蔣介石也是談談打打、打打談談，軟硬兼施。德國乃日本的盟友。這樣，德國駐華大使也就成了最恰當的幕後調停人。

陶德曼跟蔣介石的會談，原本是絕密的。不過，如今隨著德國公佈了當年陶德曼致德國外交部的密電，這絕密會談的內容也就爲世人所知。

日本向蔣介石提出的七項條件如下：

一、承認滿洲國、內蒙獨立；

二、擴大「何梅協定」，劃華北爲不駐兵區域；

三、擴大「淞滬協定」，設非武裝區域，上海由國際共管；

四、中、日共同防共；

五、中、日經濟合作，減低日貨進口關稅；

六、根絕反日運動；

七、尊重外國人在華權利。

這裏提到的「何梅協定」，「何」即國民政府軍事委員會華北軍分會代理委員長何應欽，「梅」即日本華北駐屯軍司令官梅津美治郎。他們在一九三五年五月至七月進行了關於在華北取締抗日的秘密談判。

日本提出的這七項條件，顯然太苛刻了，使蔣介石無法接受。在陶德曼十一月五日發給德國外交部的電報中，透露了蔣介石一段意味深長的話：

「假如同意日本採取的政策，中國政府倒了，那末唯一的結果就是中國共產黨將會在中國佔優勢，但是這就意味著日本不可能與中國議和，因為共產黨從來是不投降的。」②

蔣介石這一段話，說出了兩層意思：

第一、國民黨不抗日不行，不抗日就會倒台；

第二、共產黨是堅決抗日的。

蔣介石把國、共、日兩國三方的關係，說得再明白不過了。

蔣介石拒絕了日本的七項條件，日軍就掩殺過來。國民黨軍隊無法抵擋，只得朝南京敗退。

十一月十二日，上海落進日軍手中。

雖然蔣介石輸了，不過他堅守上海整整三個月，畢竟挫敗了日軍速戰速決的計劃——日軍本來要三個月滅亡中國的。從這個意義上講，蔣介石是勝利者。

毛澤東對於蔣介石堅守上海，表示熱烈的支持。一九三七年十一月四日出版的延安《新中華報》，報導了毛澤東在延安陝北公學開學典禮上的講演，題爲《目前的時局》。

毛澤東說：

我們決不要因現在的局面而悲觀，我們完全贊助蔣介石先生在十月九日的演說，堅決打到底，一直打到最後一個人一根槍還要再打，這就是共產黨「是保衛祖國流最後一滴血」的意思，是目前時局的根本方針。

毛澤東再度成為「游擊專家」

當蔣介石在上海與日軍展開「正面的正規戰」的時候，毛澤東如他自己所言，「擔任敵後的游擊戰」。

毛澤東可以說是世界上屈指可數的游擊戰專家。他在井岡山上打游擊，打得蔣介石焦頭爛額。他的那游擊戰十六字訣，被世界軍事專家們奉爲游擊戰經典：「敵進我退，敵駐我擾，敵疲我打，敵退我追。」

眼下，這位從未進過軍事學院大門的游擊專家，把槍口掉向日軍，又打起神出鬼沒的游擊戰來。

毛澤東可謂「文人武將」，他一生幾乎從不佩槍，卻筆不離手。在延安鳳凰山下的窯洞裏，他寫下了《抗日游擊戰爭的戰略問題》，成爲他關於游擊戰爭的又一理論力作。

毛澤東以爲中國是一個「大而弱」的國家，日本是一個「小而強」的國家。如今，「小而強」進攻「大而弱」，中國只能採取「又廣大又持久的游擊戰爭」：中國之弱，決定了它不能跟日本硬拚；中國之大，又爲游擊戰爭提供了廣闊迴旋的餘地。

毛澤東有聲有色地在他的論文中論述抗日游擊戰略，曰：防禦戰中的進攻戰，持久戰中的速決

戰，內線作戰中的外線作戰。

這一論文，不時閃耀著這位詩人的睿智：

「游擊戰爭是一般地用襲擊的形式表現其進攻的。」

「走是必須的。游擊隊的會走，正是其特點。走是脫離被動恢復主動的主要方法。」

「游擊戰爭的領導者對於使用游擊隊，好像漁人打網一樣，要散得開，又要收得攏。」

「如果敵情特別嚴重，游擊部隊不應久留一地，要像流水和疾風一樣，迅速地移動其位置。兵力轉移，一般都要秘密迅速。經常要採取巧妙的方法，去欺騙、引誘和迷惑敵人，例如聲東擊西、忽南忽北、即打即離、夜間行動等。」③

正是在「游擊專家」毛澤東的這一整套游擊戰略指導下，朱德率八路軍東渡黃河，進入山西，進入華北，開展游擊戰。

毛澤東在九月二十五日給朱德的電報中，說得非常明白：

「華北正規戰如失敗，我們不負責任；但游擊戰如失敗，我們須負嚴重的責任。」

毛澤東手下的軍隊，只有蔣介石的百分之幾，只能打游擊戰。八路軍進入山西，那裏的正規戰是由閻錫山負責。

閻錫山比蔣介石年長四歲，乃山西五台人，早年畢業於山西武備學堂。辛亥革命後任山西都督。此後，他一直盤踞在山西，號稱「山西王」。眼下，他擔任第二戰區司令長官。這位「山西王」並非蔣介石嫡系，他力圖保存自己的實力，毛澤東在九月二十一日致彭德懷的電報中，生動地勾畫了閻錫山的心態：

「閻錫山現在處於不打一仗則不能答覆山西民眾，要打一仗則毫無把握的矛盾中。他的這種矛盾是不能解決的。」

就在日軍進攻上海的時候，華北的日軍攻下了山西大同，進逼「山西王」的老窩——太原。太原的門戶雁門關地勢險要，易守難攻，日軍不得不改向蔚縣、淶源等地進兵，企圖奪下平型關，以求抄雁門關的後路，直取太原。

平型關的正面，由閻錫山的晉綏軍防守，而側翼則是八路軍一一五師。毛澤東在九月十七日給朱德的電報中，便作出判斷：日軍「向靈丘、平型關進攻，係向晉綏軍行右翼迂迴。」

八路軍一一五師師長，乃毛澤東手下虎將林彪。林彪籌劃著在平型關打一大仗。毛澤東在九月二十一日致彭德懷的電報中，這樣寫及：

「林彪同志來電完全同意我十七日的判斷和部署，他只想以陳光旅集中相機給敵人以打擊，暫時不分散。這種一個旅的暫時集中，當然是可以的……」④

得到毛澤東的同意，林彪於二十四日調集三個團的兵力，冒雨埋伏在平型關東北公路兩側的山地。林彪知道那是日軍進攻平型關的必經之地，故利用有利地形佈好了「口袋」——這類戰術，毛澤東當年在江西對付蔣介石軍隊時，多次「嫻熟」地使用過。日軍沒有領教過毛澤東「口袋」的滋味，這一回算是嘗到了。

二十三日，林彪在上寨召開了全師幹部會議。林彪在會上作了戰鬥動員：

「在華北前線，自平津保及南口等地失守後，恐日情緒正在迅速蔓延。爲了振奮全體軍民的抗戰信心，必須發揮我軍的特長，以有力的戰術手段，出奇制勝，打出軍威！」

在二十五日凌晨，日軍板垣師團第二十一旅團在向平型關進軍時，進入了「口袋」。

筆者查到參加戰鬥的八路軍團長楊得志、副團長陳正湘當時所寫的《平型關戰鬥詳報》，這一原始文獻，十分真實地描述了平型關戰鬥的經過：

「我軍參加作戰部隊……均歸林師長指揮。」

「平型關戰鬥的前一天，旅團首長親到關溝以西北高地直接詳細偵察，已確知敵約一個旅團的兵力（兩千餘人）沿東跑池老爺廟馬路一帶溝內向平型關之鞋襪口推進，先頭部隊已於二十四日前進東西跑池地區（但未進到鞋襪口）。」

「戰鬥的這一天是九月二十五日，在拂曉前曾下很大的雨，以後才逐漸晴朗。」

「在接敵中動作迅速、隱蔽秘密很好，未受遠火器的殺傷。在進攻中的猛打猛衝的動作是繼續了過去的傳統精神。……」

楊得志等的報告，還寫及：「該敵驕傲自大，根本沒有土工作業，對警戒更爲疏忽。」

正因爲這樣，日軍進入「口袋」，突遭伏擊，傷亡是慘重的。但日軍「能各自爲戰，最後一個人也能進行戰鬥」，而且「由於語言不通」，「死不投降」。經過一天激戰，殲日軍一千多人，繳獲大量武器，是八路軍第一次大捷。

南京陷落於一片血海之中

在華東，上海陷落之後，日軍撲向國民政府的所在地——首都南京。於是，第二次「正面的正規戰」，亦即南京會戰，已迫在眉睫了。

首都得失，事關重大。蔣介石必死守，日軍必猛攻，雙方必定大戰一番。

日軍分三路進攻南京，蔣介石任命唐生智爲南京衛戍司令，率十三個師組成南京衛戍軍。

十一月十六日，中山艦昇火，在一片凝重的氣氛之中，徐徐駛離南京。

中山艦是一艘著名的軍艦。它原名永豐艦。一九二二年六月，陳炯明叛變之際，孫中山便是在這艘軍艦上避難，蔣介石也正是在這艘軍艦上護衛孫中山。一九二六年三月，著名的「中山艦事件」又成了國共分裂的訊號。

這一回，中山艦再一次擔負歷史性的使命，它載著國民政府主席林森，離開首都，沿著長江，朝重慶進發。

四川省主席劉湘發表致林森電報，表示「謹率七千萬人翹首歡迎」。

林森此行，爲何如此隆重？

十一月二十日，國民政府發表宣言：

「國民政府玆爲適應戰況，統籌全局，長期抗戰起見，本日移駐重慶。此後將以最廣大之規模，從事更持久之戰鬥。」

從此，重慶這座山城成了「陪都」——戰時首都。

不過，最初只是林森作爲國家元首，先遷往陪都。國民黨中央黨部和國民政府機關，則就近遷往武漢。

就在日軍重兵壓境、三面包圍南京之際，那位德國駐華大使陶德曼又求見蔣介石。他再度充當日、華之間的幕後斡旋人。

十二月二日，躊躇再三的蔣介石，在會見陶德曼時表示退讓：

「中國政府願以德國所提出的各點作爲談判的基礎。」

德國所提出的「各點」，亦即日本所提出的七條。

蔣介石「降價」，日本卻「加價」了！日本七條之外，又另加了四條「亡人之國的新條件」！

日本外務大臣在給德國駐日大使的公文中稱：

「如中國方面總的承認這樣一個媾和原則，向帝國政府表示乞和態度，則帝國準備答應開始進行日、華直接談判。」⑤

日本全然是一副盛氣凌人的態度，他們要蔣介石「乞和」！自然，這是蔣介石所無法接受的。

蔣介石明確地拒絕了日本的條件。蔣介石說：

「倭所提條件如此苛刻，決無接受餘地。」

「此時求和，無異滅亡，不僅外侮難堪，而內亂益甚。」

「與其屈服而亡，不如戰敗而亡。」

這樣，南京一戰已無可避免。十二月五日，日軍兵臨石頭城下，蔣介石飛離南京，前往武漢。

翌日，日軍的飛機便大批飛向南京，狂轟濫炸，一場惡戰開始了。

唐生智率眾奮力抵抗，無奈不是日軍的對手。十二月十二日——一年前的這一天，正是西安事變發生的日子，唐生智不得不敗退。翌日，日軍湧入南京，首都陷落。一場空前的浩劫，在南京進行：日軍慘無人道地施行大屠殺，三十多萬中國人血染南京！日軍甚至進行「殺人比賽」……

十二月十七日，蔣介石在武漢發表《告全國國民書》，表示：

「目前形勢無論如何轉變，唯有向前邁進，萬無中途屈服之理。」

中共立即對蔣介石的文告作出反應。《中國共產黨對時局宣言》於十二月二十五日發表，指出：

蔣介石先生本年十二月十七日告全國國民書所提出之「貫徹抗戰到底」「爭取國家民族最後之勝利」之主旨，與本黨目前對時局的基本方針，正相符合。中共中央堅決地相信國共兩黨同志和全國同胞，定能本此方針，親密攜手，共同奮鬥。⑥

國共之間，你呼我應，互相支持，同仇敵愾。這是過去十年中所從未有過的。

不過，也就在這個時候，毛澤東在中共內部講話中提醒全黨，要牢記第一次國共合作失敗的教訓，敲響了警鐘：

「一九二七年陳獨秀的投降主義，引導了那時的革命歸於失敗。每個共產黨員都不應該忘記這個歷史上的血的教訓。」⑦

值得順便提到的是，正是由於第二次國共合作，在南京獄中關押了三年的陳獨秀，於一九三七

年八月二十三日獲釋。陳獨秀是中共的創始人，曾連任中共五屆總書記。不過，此時他已離開中共達十年之久了……

毛澤東以「齒病」婉拒蔣介石之邀

南京陷落之後，一時間，地處長江中游的武漢，成了中國的政治中心。

蔣介石長駐武漢。毛澤東派出王明、周恩來、博古、鄧穎超組成中共代表團，於一九三七年十二月十八日前來武漢。

面對向著武漢推進的日軍，國共兩黨在武漢又開始新的會談。這一回，國共會談的主題，已不是要不要合作，而是以什麼樣的組織形式合作。

周恩來以爲，國共合作的組織形式，無非這三種：

A恢復十三年前（即一九二四年國民黨一全大會時）的形式，使國民黨改爲民族革命聯盟，其他黨也加入；

B建立共同委員會，在中央、各級共同討論；

C現在這種形式，遇事協商。

周恩來認爲，第三種只是臨時辦法。

蔣介石呢？他以爲眼下只能用這臨時辦法。

國共談判，依然進展維艱。不久，蔣介石提出了新的方案，即第四種方案：國共「溶成一體」。

周恩來當即表示反對，說道：「黨不能取消，國共兩黨都不可能取消，只能從聯合中找出路。」

周恩來明白，國民黨大，共產黨小，一旦「溶成一體」，結果必是國民黨「溶」掉了共產黨！

蔣介石的意思，很快就通過他所控制的報紙透露出來。一九三八年初，武漢的一些報紙開始鼓吹「三個一」，即「一個主義、一個黨、一個領袖」。「一個主義」指三民主義，「一個政黨」指國民黨，一個領袖指蔣介石。

這「三個一」的另一含義是「一個信仰、一個政府、一個領袖」，意思差不多。

武漢的《掃蕩報》還說出了蔣介石的「溶共」之意：

「統一的團結方式，是用以大併小的方法，融化小的單位，合而爲一。」

這就是說，國民黨要「溶」掉、「併」掉中共！

毛澤東憤憤然，他理所當然反對「三個一」。

二月十二日，武漢出版的《新華日報》及《群眾》月刊第一卷第十期，還有許多報紙發表了萬言長文《毛澤東先生與延安（新中華報）記者其光先生的談話》，在武漢引起了頗大的震動！

這篇長文，是二月二日毛澤東在延安接受《新中華報》記者其光的採訪時，猛烈地抨擊了「三個一」，稱之爲「一黨專政」。

蔣介石也很仔細看了此文。

其實，那記者「其光」純係子虛烏有，毛澤東也無此談話！

此事內幕，如今才算「曝光」——那是中共代表團團長王明為之捉刀！

當時，王明以及周恩來、博古共同署名於二月十一日致電毛澤東：

「關於一個黨一個主義問題，已成街談巷議之資料，對於這一切問題，我們已到了不能不答覆之地步。我們決定，對於黨和主義問題，用澤東同志名義發表一篇二月二日與延安《新中華報》記者其光的談話，此稿由紹禹起草，經過長江局（引者註：當時駐**武漢的中共中央代表團對內稱中共長江局**。）全體同志校閱和修正，現用油印發各報館及通訊社，明日《新華日報》一次登完，此稿所以用毛澤東名義發表者，一方面使威信更大，另方面避免此地負責同志立即與國民黨起正面衝突，不過因時間倉促及文長約萬字，不及事先徵求澤東及書記處審閱，請原諒。」

原來，王明來了個「先斬後奏」，以毛澤東名義發表批駁蔣介石的談話！雖然蔣介石那「三個一」對於中共來說，不能不批，但王明這種做法卻惹怒了毛澤東！毛澤東後來說，事情並非緊急到來不及經他過目的地步。

其實，說穿了，王明並不把毛澤東放在眼裏。王明在共產國際當了多年的中共代表團團長，向來以毛澤東的上級自居。何況王明原是博古的後台，與毛澤東矛盾甚深。此事又使王明與毛澤東的關係進一步緊張。

當然，對於蔣介石的「三個一」，毛澤東是不能容忍的。

毛澤東曾這樣批評蔣介石道：

「一黨主義都是沒有根據的，都是做不到，行不通的，違背一致團結抗日建國的大目標，有百害而無一利的。」

蔣介石對於來自中共的抨擊，曾向周恩來解釋道：《掃蕩報》的言論並不代表國民黨，也不代表他自己。

陳立夫也告訴周恩來：蔣總裁已批評了《掃蕩報》，並要各報以後不再刊登這類文章。

其實，《掃蕩報》所說，倒是蔣介石心中的話！

一九三八年三月，國民黨召開臨時全國代表大會，即「臨全大會」，那基調便是「三個一」。

爲了加強領袖的權威，臨全大會根據蔣介石的意思，第一次提出了實行總裁制。

大會修改了黨章，規定「確立領袖制度」，增設了第五章「總裁」，賦予了總裁以「總攬一切事務」的權力。蔣介石被選爲首任總裁，汪精衛爲副總裁。從此，蔣介石除了「蔣委員長」、「蔣總司令」、「蔣大元帥」之類榮稱外，又多了「蔣總裁」這一尊稱。

總裁成了獨裁的同義語。蔣總裁成了一個領袖的同義語。蔣介石強調了戰時需要加強領袖的權力，實行了「總而裁之」、「獨而裁之」。

臨全大會又決定設立國民參政會，由國民黨、中共、其他黨派和無黨派人士組成，以代表國民共同參政，算是在蔣介石「總而裁之」之下的一點民主。

國民參政員共二百名。其中國民黨員八十八名。中共是作爲「文化團體」參加的。毛澤東笑

了，他稱中共乃「武化團體」，並非「文化團體」！

不過，既然分配了七個名額給中共，毛澤東也就指定了七位中共黨員作爲參政員。

毛澤東所指派的七人是毛澤東、王明（陳紹禹）、博古（秦邦憲）、吳玉章、林伯渠、董必武、鄧穎超。

照理，周恩來應在其中，可能考慮到女性參議員非鄧穎超莫屬，而夫婦同爲參議員又太顯眼，所以沒有列入周恩來。

一九三八年七月六日，國民參政會一屆一次會議在漢口上海大戲院召開。毛澤東成了人們議論的中心：他，究竟會不會從延安來漢口出席會議？毛澤東如果來到漢口，意味著國共兩黨將舉行最高級會談。

張學良事件給人們留下的印象畢竟太深了！一年前，當蔣介石密邀毛澤東赴南京時，葉劍英馬上從西安發電報給毛澤東：「毛不必去。」這樣，那一回蔣介石和毛澤東沒有晤面。

這一回，毛澤東也不去。不去，自然要找個藉口。毛澤東的藉口頗爲有趣，他在致參政會的電報中稱：「因齒病及瑣務羈身」！⑧

毛澤東在說罷不去的原因之後，言歸正傳：

「寇深禍亟，神州有陸沉之憂；民眾發舒，大有轉旋之望。轉旋之術多端，竊謂以三言為最切：一曰堅持抗戰；二曰堅持統一戰線；三曰堅持持久戰。誠能循是猛進，勿餒勿輟，則勝利屬我，決然無疑。」⑨

會議選舉汪精衛爲議長。這時的汪精衛集國民黨副總裁和國民參政會議長於一身，其地位僅次於蔣介石。

在中共黨內，張國燾此時已被開除，王明成了毛澤東的政敵。王明自恃出任中共駐共產國際代表團團長多年，與共產國際關係很深，常以毛澤東的「上級」自居。他在武漢除了以毛澤東名義發表那次批駁蔣介石「三個一」的談話外，還多次以中共中央名義，也以毛澤東名義發表聲明、談話，卻不事先報告毛澤東。其中如一九三七年十二月二十五日王明在武漢發表的《中共中央對時局宣言》。

最「著名」的要算一九三八年三月國民黨臨時全國代表大會在武漢召開時，王明起草了《中共中央對國民黨臨時全國代表大會的提議》，在報送毛澤東的同時，已送交國民黨了！

毛澤東在延安主持起草的文件到達武漢時，王明居然覆電中共中央書記處：

「你們所寫的東西既不能也來不及送國民黨，望你們在任何地方不能發表你們所寫的第二個建議書，否則對黨內黨外都會發生重大的不良政治影響。……」

王明目中無毛澤東，竟然達到這等地步！

中共內部，王明和毛澤東的關係日益緊張，如同國民黨內蔣介石和汪精衛的關係日益緊張。

毛澤東致信蔣介石，盛讚其抗日精神

日本首相近衛手下，有一個智囊團，即昭和研究會中國問題研究所。一九三八年六月，這個研究所向首相提交了一份絕密的報告，叫《關於處理中國事變的根本辦法》。報告一開頭，便這麼寫道：

> 殘敗的國民政府現在還在叫喊堅決抗日，毫無投降之意。……
>
> 對國民政府，必須以擊潰為根本方針，明確除此以外，別無有效的解決辦法。

這從一個特殊的角度表明，蔣介石自「七七」事變以來，實行抗日，就連日本也以爲除了「擊潰」，別無選擇。

這份報告也強調了必須「摧毀」國共合作：

> 首先為了摧毀抗日戰爭的最大因素——國共合作勢力，攻下漢口是絕對必要的。因為佔領了漢口，才能切斷國共統治區的聯繫，並可能產生兩黨的分裂。

這表明，連日本也意識到國共合作的威力。

日軍爲了「擊潰」蔣介石政府，爲了「摧毀」國共合作，把攻擊的目標指向武漢。

六月十二日，日軍在安徽當時的省會安慶登陸，便揭開了武漢會戰的序幕。

蔣介石坐鎮武漢指揮，調集了十四個集團軍和一個江防軍迎戰日軍，日軍則調集了十二個師團，前後投入了四十萬兵力。比起上海、南京來，武漢有大別山脈、幕阜山脈以及鄱陽湖作爲屏障，再說國民黨軍隊也有了跟日軍作戰的經驗，日軍想速戰速決就不那麼容易了。戰鬥打得十分艱難。日軍從三面包圍武漢，蔣介石指揮國民黨軍隊奮力抵抗，大小戰鬥不下數百次之多。

宋美齡則在武漢成立了「新運婦女指導委員會」，組織婦女參加抗戰，她自任指導長。她還用一口流利的英語，通過美國廣播網，向世界各國呼籲，支持中國抗日。

對於蔣介石的英勇抗戰，毛澤東表示敬佩。一九三八年十月一日，周恩來自延安來到武漢。四日，周恩來會晤蔣介石，當面向蔣介石遞交了毛澤東的親筆信。毛澤東此信，極爲熱情地讚揚了蔣介石。

在毛澤東和蔣介石這兩位政治對手之間，如此洋溢友情的信，頗爲罕見。毛澤東的信，也並非出自虛情假意。這是一封難得的信，故全文照錄於下，以饗讀者：

介石先生惠鑒：

恩來諸同志回延安，稱述先生盛德，欽佩無既。先生領導全民族進行空前偉大的革命戰爭，凡在國人、無不崇仰。十五個月之抗戰，愈挫愈奮，再接再厲，雖頑寇尚未戢其鋒，然勝利之始基，業已奠定，前途之光明、希望無窮。抗戰形勢，有漸次進入一新階段之趨勢，一方面將更加困難，然一方面將更加進步。必須實行團結全民、鞏固與擴

大抗日陣營，堅持持久戰爭，動員新生力量，克服困難，準備反攻。

在此過程中，敵人必利用歐洲事變與吾國弱點，策動各種不利於吾國統一團結之破壞陰謀。因此，同人認為此時期中之統一團結，比任何時期為重要，唯有各黨各派及全國人民克盡最善之努力，在先生統一領導之下，嚴防與擊破敵人破壞陰謀，清洗國人之悲觀情緒，提高民族覺悟及勝利信心，並施行新階段中必要的戰時政策，方能達到停止敵之進攻，準備戰爭反擊之目的。

因武漢緊張，故欲恩來不待會議完畢，即行返漢，晉謁先生，商承一切。未盡之意，概托恩來面陳。澤東堅決相信國共兩黨之長期團結，必能支持長期戰爭。敵雖兇頑，終必失敗，四萬萬五千萬人之中華民族，終必能於長期的艱苦奮鬥中克服困難，準備力量，實行反攻、驅除頑寇、而使自己雄立於東亞。此心此志，知先生必有同感也。

專此布臆。

敬祝健康並致民族革命之禮

毛澤東

民國二十七年九月二十九日

毛澤東此信，表明國共合作正處於最佳狀態。

毛澤東不僅在致蔣介石的親筆信中讚揚了蔣介石，就連在共產國際的會議上，中共中央代表團也讚揚蔣介石。

也就在一九三八年九月，中共中央代表團在共產國際發表聲明：

「蔣介石，政府，及國民黨，沒有投降，他們出來保護自己的國家以反對日本侵略者，而中國人民則起來進行偉大人民所值得有的英勇鬥爭。」

「在蔣介石統率之下，中國全部國家政權，與一切軍隊之統一，亦正在完成中。」

「我們的黨，並不把自己對於國民黨及國民政府首領蔣介石的合作，看成短期的事情，而是準備在戰爭之後，還繼續與他們共同合作，以建設偉大的、自由的、民主的中國。」

共產國際執行委員會主席團則表示，「完全同意中國共產黨的政治路線。」

這就是說，毛澤東所實行的國共合作路線，得到了作爲中共上級的共產國際的批准。

毛澤東戰勝了分庭抗禮的王明

毛澤東在給蔣介石的信中提及，「恩來同志不待會議完畢，即行返漢」，這會議是在延安召開的，極爲重要！中共六屆六中全會。

王明與毛澤東分庭抗禮，已到了不能不解決的地步。

王明居然給中共中央書記處發電報，要中共中央委員們到武漢開中共六屆六中全會！須知，武漢在蔣介石手中，全體中共中央委員們集中那裏開會，是多麼的危險！雖說國共之間那時頗爲親密……

王明（陳）不得不和周恩來、博古（秦）、徐特立一起從武漢回到延安。

筆者在延安查閱資料時，從一九三八年九月十五日《新中華報》上，查到一篇署名「浩然」的報導，從中可以頗爲真切看出王明當時在延安所享有的聲望——如果他沒有這樣的聲望，也無法跟毛澤東較量了。

報導題爲《延安各機關暨眾團體及學校歡迎陳周秦徐諸同志誌盛》：

> 王明同志回來了，這消息來得像一個晴空裏的霹靂，突兀、嘹亮……讓你來不及為這個消息而鼓舞，便得匆促的走向南門的路上去。
>
> 街上，還有人們在寫標語，發著透亮的光彩——「歡迎南北奔走爭取抗日民族統一戰線最後勝利的陳、周、秦、徐諸同志！」
>
> 巷口裏，不時走出一列長槍大刀的自衛軍，步伐是那樣急促，幾乎是在跑步。
>
> 廣場裏，排著長長的兩行較整齊的行列，一批批的人們插了進去，在低聲的喘息……
>
> 煙塵起了！人們的心像一條扯滿了的弓底弦……漸漸的看見三輛卡車的影子，近著，近著，戛然而止了，第一個躍出來的是英俊、挺偉的周恩來同志，朱德將軍走了上去，兩個緊緊的握著手，手在迅疾抖動著；接著出現在人群裏的是豐腴的王明同志，朱德同志依然遞過去握了他的手，可是卻出了意外，王明同志一下子把他擁抱起來，笑著說：「我跟你行洋禮！」

最後出現的是白髮蒼蒼的徐特立同志，張開了缺了門牙的嘴，笑嘻嘻的向四面不住的寒暄著一切的一切……

在延安東北郊十多里外的橋兒溝，有一座天主教堂（不是當年周恩來和張學良秘密會晤的天主教堂，那座教堂在延安城裏）。中共中央六屆六中全會就在這座教堂裏召開。

由於從蘇聯剛剛回來的王稼祥，在會上傳達了共產國際的指示：「中共要以毛澤東爲首！」這下子，王明無奈——因爲王明所憑恃的「王牌」，也無非是共產國際而已。

此外，會議還批判了王明在國共合作中的右傾投降主義——毛澤東早已提醒要警惕陳獨秀的教訓。王明成了「陳獨秀第二」。

從此，毛澤東戰勝了王明，毛澤東在中共的領袖地位得以鞏固。

也正是在這次會議上，擔任中共中央總負責的張聞天提議，推舉毛澤東爲中共中央總書記。張聞天的提議，得到很多人的支持。如果毛澤東點一下頭，他就會當選中共中央總書記。

毛澤東卻搖頭。他大抵以爲時機尚未成熟。

不過，張聞天是個明白人。打從這次會之後，張聞天主動從中共中央總負責的地位上退下來，凡政治局開會，張聞天總是建議在毛澤東住處召開，會議也總是以毛澤東爲軸心。以中共中央名義簽發的文件，排名順序也從「洛、毛」改爲「毛、洛」。毛澤東已成爲實際上的中共中央總書記。

武漢風聲緊，周恩來不等會議結束，毛澤東便派他前往武漢。周恩來向蔣介石面交了毛澤東的那封親筆信。

中共六屆六中全會決定，撤銷長江局，新設中原局和南方局，劉少奇爲中原局書記，周恩來爲南方局書記。

就在周恩來返回武漢不久，十月二十一日，廣州落入日軍手中。日軍加強了對武漢的攻勢。蔣介石仍在武漢指揮作戰。

直至十月二十四日夜，武漢已岌岌可危，蔣介石這才和宋美齡乘飛機離開漢口，前往湖南衡陽之北的南岳。不料，飛機迷失方向，不得不折回炮火連天的漢口。

翌日凌晨四時，蔣介石的專機在黑茫茫中冒險起飛。周恩來也是在這時撤離武漢。當天，日軍的太陽旗便在武漢三鎭飄揚。

雖說武漢會戰以國民黨失敗告終，但武漢會戰打了三個多月，傷亡日軍達二十多萬，完全打破了日軍速勝的夢想。

汪精衛突然出走河內

蔣介石在廣西桂林逗留了一些日子，十二月六日，飛抵陪都重慶。從此國民黨的政治中心轉到了這座濃霧遮掩的山城。

就在蔣介石回到重慶的第二天，便命陳布雷發一電報給周佛海，命他速返重慶。

周佛海，此人是一位十足的政客。早年他信仰馬克思主義，是中共「一大」代表之一，後來成

爲國民黨高官，出任國民黨中央宣傳部代理部長。十二月五日，他從重慶飛往昆明，據云，視察那裏的宣傳工作。陳布雷的電報，使周佛海心驚肉跳、坐立不安。他反反覆覆思忖：爲什麼他剛剛離開重慶，蔣介石就從前線趕到重慶？爲什麼蔣介石一到重慶，就命他速返重慶？

本來，蔣介石要周佛海速回重慶，並非什麼大不了的事情。可是，周佛海另有心腹事，不由得驚恐萬分。

「事情是否已經暴露？」這個大問號，壓得周佛海喘不過氣來。

周佛海此人的筆頭倒是很勤，十二月五日，他在離開重慶後，寫下這樣的日記：

> 別矣，重慶！國家存亡，個人成敗，在此一行！惟因早下犧牲決心，故不辭冒險一行也。豈飛機離地之剎那，即余政治生命斷絕之時歟？默念前途茫茫，國運、己運，均難逆料是吉是凶也。
>
> 晚與柏園（**引者註：徐柏園，國民參政會參政員**）等稍談，十一時半即寢。本日聞人仿重慶「要得，要不得」腔調，頗憶重慶。不滿現狀，留戀過去，殆心理上之缺憾歟？憶亡友曼秋（**引者註：陳曼秋，係周情婦，同年六月，病死武漢**）書「亡友」，余心痛極矣！

也就在這時，另一個在重慶的要人，同周佛海一樣，惶惶不可終日。此人便是「一人之下，萬人之上」的汪精衛。

汪精衛原定八日飛往昆明，跟周佛海會合。恰恰在這個節骨眼上，蔣介石回到了重慶。周佛海因不知重慶詳情，不敢貿然回來。他只得以視察工作尚未結束爲理由，拖延著。

汪精衛和周佛海有什麼不可告人的勾當？此事直到一九三八年十二月二十九日，香港《南華日報》發表汪精衛致「國民黨中央黨部蔣總裁暨中央執監委員諸同志」的電報，人們才恍然大悟：原來，汪精衛投降日本，當漢奸去了！

按電報代日韵目，二十九日爲「艷」。汪精衛的電報，人稱「艷」電。

日本對中國採取兩手：既大舉進攻，又暗中勸降。

一九三八年六月二十三日晚九時，一輛出租汽車駛抵日本駐香港總領事館，從車上下來兩個「日本人」。他們在進入總領事館之後，由總領事中村豐一秘密安排乘日本輪船前往日本。此二人，便是國民政府外交部亞洲司司長高宗武以及周隆庠。他們來到東京，爲汪精衛降日穿針引線……

經過精心策劃，周佛海先赴昆明。十二月十八日汪精衛以赴成都軍官學校講演爲名，帶著妻子陳璧君、秘書曾仲鳴，終於飛來昆明。翌日，汪精衛、周佛海等飛往越南河內。二十一日，陳公博由成都經昆明來到河內。

蔣介石是在二十日由重慶飛往陝西武功，主持軍事會議。他在二十一日接到雲南省主席龍雲的電報，才知汪精衛叛變。

汪精衛是國民黨的第二號人物。他的叛變，引起很大震動。

蔣介石在一九三九年元旦主持國民黨中央常委會。決議「永遠開除汪兆銘黨籍」。兆銘，汪精衛的原名。

蔣介石這一做法，跟張國燾叛離中共時，毛澤東所採取的措施一樣。

毛澤東在一九三九年一月五日作出反應，發佈《中共中央關於汪精衛出走後時局的指示》：

「堅決擁護蔣氏堅持抗戰方針及其對精衛的駁斥，擁護蔣氏的每一進步，擁護國民黨中央永遠開除汪精衛黨籍的決議。」

「用一切方法打擊賣國叛黨的漢奸汪精衛。批評他的漢奸理論，並指出他的反共主張，即爲他的漢奸理論的組成部份。」

「打擊汪精衛時，連帶指出目前一切反對八路軍新四軍邊區與共產黨的主張，實爲汪精衛之應聲蟲，只是從事實上幫助汪精衛、幫助日寇的行爲，這樣來間接回擊國民黨方面頑固份子的反共活動。」⑩

值得注意的是，毛澤東在這一文件中提出了一個新的口號：「擁護抗日民族統一戰線，打倒日德意侵略中國反蔣反共的統一戰線。」

這「反蔣反共」亦即「聯蔣抗日」的反義詞。此時，毛澤東已把蔣介石視爲統一戰線的盟友。

毛澤東悄悄的婚宴

日軍的毒燄，吞噬著中國。到處瀰漫著硝煙，到處散發著血腥。

紅都延安，卻是一片安寧的世界。這座位於黃土世界中的古城，高呼著抗日口號，引起了日軍的注意。

一九三八年十二月二十日。剛剛吃過早飯不久，空中傳來轟鳴聲，十幾架翅膀上漆著紅色「大餅」標誌的飛機，突然「光臨」。日軍飛機擲下一百多枚炸彈，爆炸的聲浪打破了延安的寧靜。雖說延安人所住的窯洞，成了天然的防空洞，不過城裏的一大片房屋受不住炸彈的肆虐，也有一些窯洞在炸彈的衝擊波下倒塌。日軍的第一次空襲，使上百延安人死傷。

那天被炸的以西北旅社一帶最爲嚴重，包括中共中央組織部、光華書局等。陳雲被封在一座炸塌的窯洞裏，經七、八個人扒土，這才把他救出。延安從此開始拉空襲警報。

筆者曾訪問了當時正在延安的王觀瀾夫人徐明清。王觀瀾曾任中共中央農委主任，與毛澤東有著許多交往。

據徐明清回憶，正是在這一天傍晚，她和丈夫王觀瀾走向延安城裏鳳凰山下毛澤東的窯洞，窯洞也被炸彈炸過，但毛澤東仍在這裏宴請朋友。出席者還有張聞天、李富春、蔡暢、羅瑞卿等。

這次宴會，是爲什麼而舉行？主人不言，客人心中也都明白。一位二十四歲的來自上海的姑娘，頻頻爲客人勸酒。她，便是前文已經提及的江青。她終於和毛澤東結婚了！

蔣介石先後和毛福梅、姚怡誠、陳潔如結合，而最後選擇了才貌雙全的宋美齡作爲第一夫人。毛澤東則在楊開慧、賀子珍之後，選擇了江青作爲第一夫人。

宋美齡比蔣介石小十歲。江青比毛澤東小二十一歲。

一種奇特的巧合，爲蔣、宋及毛、江的婚姻所共有：都有「約法三章」！

蔣、宋結合時的「約法三章」，是宋美齡提出的。據云：

一、蔣介石必須信奉上帝，受洗成爲基督徒；因宋美齡是虔誠的教徒，兩人必須有共同的宗教信仰。

二、宋美齡不生小孩，以保持身材，並多爲中國的革命事業奮鬥。

三、宋美齡不擔任政府公職，不參加正式的高階層決策會議，她只願以蔣介石私人秘書的身分，對外從事政治活動。

關於蔣、宋的「約法三章」，所傳「版本」甚多，以上據香港廣角鏡出版社所印《蔣家三代的羅曼史》一書。

毛澤東和江青的「約法三章」，既不是由毛澤東提出，也不是由江青提出，卻是由中共中央政治局提出。

「約法三章」的「版本」也很多，「約法三章」的內容也互有出入。據筆者看來，前些日子由台灣方面所披露的毛、江「約法三章」，倒是比較可信。據云，台灣方面的資料來源是王若飛的一個筆記本。那是國民黨軍隊攻下延安時，繳獲一批中共文件，其中有王若飛的一個筆記本。

王若飛曾任中共中央秘書長，他的筆記本上記著中共中央政治局關於毛、江結合「約法三章」的決定，是可能的。

王若飛所記「約法三章」，全文如下：

一、毛、賀的夫婦關係尚存在，而沒有正式解除時，江青同志不能以毛澤東夫人自

居；

二、江青同志負責照料毛澤東同志的生活起居與健康，今後誰也無權向黨中央提出類似的要求；

三、江青同志祇管毛澤東的私人生活與事務，二十年內禁止在黨內擔任任何職務，並不得干預過問黨內人事及參加政治生活。

蔣、宋的「約法三章」和毛、江的「約法三章」，不約而同都提到了婚後夫人的政治生活問題：宋美齡主動提出，她不擔任政府公職，只擔負蔣介石的秘書及外事方面的工作。她這麼說，後來也這麼做；江青則不同，由政治局對她作出了嚴格的限制，二十年內不許她問政。

這不同的「約法」，當然由於宋、江兩人的身世、閱歷、背景全然不同。

宋美齡出身名門，家庭豪富，姐姐宋慶齡又是孫中山夫人。宋美齡受過良好的教育，留美十年，精熟英語。雖說此前宋美齡有過戀愛，但從未婚嫁。

江青則不然。她出身微賤，小學文化，又有過多次婚變——二十四歲的她，已經嫁過三個男人，即俞啓威（黃敬）、唐納（馬驥良）、章現（謝興），而毛澤東則成了她的第四個丈夫。然而，她卻是一個能幹、富有心計、野心勃勃的女人。

她沒有什麼背景，全然靠著個人奮鬥，從一個山東小城女子，到上海影劇明星。在政治上，她也很敏感，十九歲便加入中共。她又主動投奔延安，很快就把毛澤東作爲「進攻」目標……

中共中央政治局的委員們正是知道江青是個參政慾很強的女人，又有著多次婚變以及被捕入獄、失去組織關係複雜歷史，所以對她作出了政治限制——後來的事實表明，中共中央政治局對江青的「約法」，是富有預見的！

宋美齡和江青都屬「女強人」，只是一個雅，一個「野」。她們都對丈夫的事業、對中國歷史進程產生了影響。

不過，宋美齡乃「明媒正娶」，蔣、宋的婚禮在上海豪華的大華飯店舉行，上千人出席。婚後，宋美齡便以蔣介石夫人的身分，活躍於各種公眾場合。宋美齡在西安事變中，第一次顯示了她的政治才幹，深刻影響了中國的政局。

江青則不然。她和毛澤東的結合，是在悄悄中進行。沒有正兒八經的婚禮。徐明清所參加的，只是悄悄的宴席，連這宴席的名目都未曾說穿！正因爲這樣，江青最初的日子是靜悄悄的，「鎖」在雲霧中。她坐了多年的冷板凳，這才終於「露崢嶸」……

注釋

① 《毛澤東與合眾社記者的談話》（一九三八年二月）。
② 《中國近代對外關係史資料選輯》下卷，第二分冊。
③ 《毛澤東選集》第二卷。
④ 《中共黨史教學參考資料》第十六冊。

⑤《日本外交年表和主要文件（1840～1945）》下卷。

⑥《中共中央文件選集》第十一卷。

⑦《上海太原失陷以後抗日戰爭的形勢和任務》，《毛澤東選集》第二卷。

⑧⑨均引自《國民參政會紀實》上卷，重慶出版社一九八五年版。

⑩《中共中央文件選集》第十二冊。

第六章　皖南突變

蔣介石著手「溶共」

自從進入一九三九年，國共關係由晴轉多雲，轉陰天，後來甚至下起傾盆大雨來了！

「氣候」的轉折點，是一九三九年一月二十一日至三十日，在霧都重慶召開的國民黨五屆五中全會。

會議前一個多月，已經顯露了端倪。

那是一九三八年十二月六日，蔣介石即將離開桂林飛往重慶，他約見正在那裏的周恩來。

蔣介石忽地對周恩來說，他過些日子要去西北巡視，可否屆時請毛澤東到西安來，與他一晤？

屈指算來，這是蔣介石第三回邀晤毛澤東了：先是邀毛澤東出席南京國防會議；接著邀毛澤東出席武漢國民參政會。

蔣介石邀毛澤東到西安談什麼呢？

蔣介石對周恩來如此說：

「共產黨跨黨，大家不贊成。共產黨既信三民主義，最好與國民黨合併成一個組織，力量可以加倍發展，如果同意，在西安召開華北西北將領會議後，就約毛澤東面談。如果共產黨全體加入做

不到，可否以一部份黨員加入國民黨，而不跨黨？」

原來，蔣介石想把共產黨「吸收」到國民黨中來，說得更明白，亦即「溶共」！當天，周恩來在致毛澤東的電報中，這樣記述蔣介石的意見：

一、跨黨大家不贊成，共黨既信三民主義最好成一個組織，力量可加倍發展；

二、如果可談，他擬於到西北後約毛同等面談；

三、如全體做不到，可否以一部黨員加入國民黨而不跨黨；

四、大家怕共產黨的革命轉變。①

周恩來在電報中還提到：「毛澤東不宜此時見蔣。」蔣介石原來要「剿共」，此時要「溶共」，其實是一個意思。他始終把中共視爲心腹之患。尤其是國共聯合抗日以來，中共迅速發展，使蔣介石深感不安。

毛澤東呢？他不失時機地來了個「三擴大」：擴大中共，擴大八路軍、新四軍，擴大根據地。

面對著日軍的長驅直入，蔣介石不得不聯共抗日。不過，他的心中，仍時時不忘提防中共！

一九三九年十二月十二日——西安事變兩週年的紀念日。這天，蔣介石在重慶約見了出席國民參政會的中共參政員，即王明、博古、董必武、吳玉章、林伯渠，又提起國共合併的話題。

蔣介石的談話，可從王明十三日致中共中央書記處的電報中見到：

他說：共產黨員退出共產黨，加入國民黨，或共產黨取消名義將整個加入國民黨，我都歡迎，或共產黨仍然保存自己的黨我也贊成，但跨黨辦法是絕對辦不到。我的責任是將共產黨合併國民黨成一個組織，國民黨名義可以取消，我過去打你們，也是為保存共產黨革命份子合於國民黨，此事乃我的生死問題，此目的如達不到，我死了心也不安，抗戰勝利了也沒有什麼意義，所以我的這個意見。至死也不變的。②

據吳玉章後來回憶，蔣介石對他說：「你是老同盟會，國民黨的老前輩，還是回到國民黨來吧！」蔣介石還對他說：「如不取消共產黨，死也不瞑目！」

一月二十日，蔣介石在重慶約見周恩來，「又提統一兩黨事」。

看來，蔣介石已在加緊「溶共」了！

毛澤東堅決拒絕「溶共」

來自蔣介石的一次次「溶共」訊號，通過電波，飛向延安，引起了毛澤東的百倍警覺。

毛澤東這時已經遷到延安城西北三公里處的楊家嶺。他在日軍飛機轟炸延安的當天夜裏，亦即他和江青舉辦婚宴的那天，考慮到城裏不安全，撤往城外的小山村楊家嶺。

楊家嶺，原名楊家陵。那是因爲明朝太保楊兆的墓在那裏。自從毛澤東遷此，中共中央機關也

遷此，遂改名楊家嶺。

楊家嶺其實無嶺，只有幾座小土山而已。窯洞傍山而築，倒是極好的防空所在。毛澤東和江青住兩孔窯洞，一孔作辦公室及客廳，一孔作外室。

毛澤東與眾不同之處，乃是客廳裏放了張帆布軍用躺椅——那是與國民黨軍隊作戰時繳獲的戰利品，可坐亦可臥；另外，他的床上一年四季掛著蚊帳。

當蔣介石從首都南京遷往行都武漢、又遷往重慶時，毛澤東一直坐鎮延安。

蔣介石對於中共態度的變化，毛澤東作出了分析：抗日戰爭進入了一個新階段，即相持階段。在此之前，日軍處於大規模進攻階段。在淞滬會戰、南京會戰、武漢會戰之後，日軍大量損耗，再說佔領了一大片中國國土，又牽制了一大批軍隊，不得不減緩了對蔣介石的進攻。另外，汪精衛的投日，使日軍加強了對蔣介石的誘降。這樣，雙方相持著。蔣介石也就可以騰出手來，對付共產黨了。

對此，蔣介石和毛澤東倒也有著「共識」。

當國民黨五屆五中全會召開之際，蔣介石站在主席台上，對形勢作了分析：

> 我們一定要持久抗戰奮鬥到底，不但敵人過去「速戰速決」的目的不能達到，而且要使他現在「速和速結」的狡謀成為粉碎。

毛澤東所說的日軍「相持階段」和蔣介石所說的「速和速結」，異詞同義。

果真，蔣介石在會上發出了不諧和的聲音：

「對中共是要鬥爭的，不好怕它。」

「我們對中共不像十五、十六年那樣，而應採取不打它，但也不遷就它，現在對它要嚴正——管束——教訓——保育——現在要溶共——不是容共。它如能取消共產主義我們就容納它。」

蔣介石這一回，非常明確地提出了「溶共」。「容」和「溶」，不過相差三點水，含義卻相差十萬八千里！

就在這次會議上，蔣介石確定了對中共的八字方針：「防共、限共、溶共、反共。」

會議秘密地通過了《整理黨務》決議，決定設立專門的「防共委員會」。

會議還決定，設立國防最高委員會以代替原先的國防最高會議，並規定國防最高委員會居爲黨政軍最高領導地位。

蔣介石被推選爲國防最高委員會委員長。由於汪精衛已經叛變，蔣介石成了國民黨獨一無二的權威。從此，「蔣委員長」又有了新的含義，即國防最高委員會委員長。

毛澤東對蔣介石的新動向，迅即作出反應。一月二十五日，毛澤東以中共中央名義致電蔣介石。這一電報，由周恩來面交蔣介石。

毛澤東在電報中針對蔣介石的「溶共」，明確地指出：

「兩黨爲反對共同敵人與實現共同綱領而進行抗戰建國之合作爲一事，所謂兩黨合併，則純爲另一事。前者爲現代中國之必然，後者則爲根本原則所不許……共產黨絕不能放棄馬克思主義之信仰，絕不能將共產黨的組織合併於其他任何政黨。」③

蔣介石要「溶共」，毛澤東反「溶共」，雙方如針尖對麥芒。

「磨擦」成了最流行的政治術語

一時間，「磨擦」、「摩擦」成了中國最流行的政治術語。

據《辭海》釋義，「物體相摩擦」曰「磨擦」；而「摩擦」則曰「接觸」。當年所謂國共「磨擦」，既「磨」又「擦」，不僅磨擦出火星，有時還燃起大火呢！

由「磨擦」一詞，又衍生出許多新名詞：

那些專門從事製造磨擦的人，被稱爲「磨擦專家」；

那些慫恿磨擦的文件，曰「磨擦文件」；

那些因磨擦產生的事件，叫做「磨擦事件」。

這些時髦的新名詞，其實又互相聯繫：

蔣介石手下那個防共委員會，便是由許多「磨擦專家」組成。

那些「磨擦專家」們起草了一系列「磨擦文件。」

這些「磨擦文件」，導致了一系列「磨擦事件」。

磨擦專家們給中共起了一個新名字，叫「異黨」。稱中共的軍隊爲「異軍」。

於是，在國民黨五屆五中全會之後，一系列磨擦文件，亦即限制異黨、異軍的文件，極端秘密地在國民黨內部下達了。這些文件五花八門，令人眼花撩亂：《限制異黨活動辦法》、《異黨問題處理辦法》、《處理異黨實施方案》、《運用保甲組織防止異黨活動辦法》、《防止異黨兵運方案》……

其中最爲影響廣泛的是《限制異黨活動辦法》。這一文件一開始就提到：「應以絕對保守秘密爲原則。」「應指定忠實可靠人員，嚴密保管，以免洩漏。」

這一文件，便用上了時髦名詞「磨擦」：「倘不慎而洩漏入於異黨份子手中，則不僅易滋誤會，甚至發生磨擦。」

這一文件，極爲耐人尋味。其中最有趣的是這麼一段話：

> 「目前共產黨控制下之陝北，彼能無論男女老幼悉納於各種組織之中，而由該黨份子予以切實之領導與控制，遂造成今日形同鐵桶之陝北特區，不但外人不易輕入，即入內亦難立足，更無論有所活動。本黨目前防制異黨活動之方，亦唯有採取此種堅強組織之辦法方能奏效……」

這就是說，陝北在中共領導之下，成了「鐵桶」般的「特區」。國民黨要向中共學習，要把國民黨統治區，也辦成「鐵桶」！看來，蔣介石對於中共「堅強組織之辦法」頗爲羨慕。正因爲這樣，他多次嘆息國民黨「太鬆、太亂」。

這些秘密文件還規定：

「我們只有一個黨（國民黨）、一個政府（國民政府）、一個領袖（蔣委員長）。」

「各黨各派均已接受國民黨領導，無論異黨之藉口如何，均一律不予承認」，「對其非法活動與無理要求，必須嚴厲取締或拒絕，斷不可遷就退讓，再事姑息。」

「絕對否認共黨所謂『陝甘寧邊區』之組織。」

「共黨在各地不得有任何公開或秘密組織。」

「八路軍與新四軍之軍政軍令，必須統一於中央。」

……

世上沒有不透風的牆壁。儘管國民黨對《限制異黨活動辦法》作了嚴格的保密規定，這份絕密文件還是落到了毛澤東手裏。

毛澤東在一九三九年八月一日一次題爲《必須制裁反動派》的演說中，激烈地抨擊了《限制異黨活動辦法》。毛澤東說：

現在國內流行一種秘密辦法，叫做什麼《限制異黨活動辦法》，其內容全部是反動的，是幫助日本帝國主義的，是不利於抗戰，不利於團結，不利於進步的。什麼是「異黨」？日本帝國主義是異黨，汪精衛是異黨，漢奸是異黨。共產黨和一切抗日的黨派，一致團結抗日。這是「異黨」嗎？現在偏偏有那些投降派、反動派、頑固派，在抗戰的隊伍中鬧磨擦，鬧分裂。這種行為對不對呢？完全不對的。「限制」，現在要限制什麼人？要限制日本帝國主義者，要限制汪精衛，要限制反動派，要限制投降份子。為什麼

要限制最抗日、最革命、最進步的共產黨呢？這是完全不對的。④

自從毛澤東把《限制異黨活動辦法》公開曝光，連蔣介石也覺得「異黨」一詞欠妥。他下令把「異黨」一詞又改成「某黨」。

一九三九年十一月，國民黨中央執行委員會秘書處發出《特字486呈密令》：「查『異黨』一詞易滋誤會，茲經中央決定，嗣後原稱『異黨』者，一律改爲某黨。」

毛澤東以「有理、有利、有節」為反磨擦方針

「長夜輒深思，團結精誠仍是當今急務；
同胞須猛醒，猜疑磨擦皆蒙日寇陰謀。」

這是周恩來所擬輓聯，高懸於延安會場。

向來，這樣的輓聯總是周恩來親筆所書，只是由於他二十天前由延安楊家嶺騎馬前往中共中央黨校作報告時不慎墜馬，摔傷右臂，無法親自握管。

在一九三九年八月一日，延安群情激憤，召開「追悼平江慘案死難烈士大會」。毛澤東正是在這個大會上，發表了前文提及的演說《必須制裁反動派》⑤平江慘案，便是當時著名的磨擦事件。

湖南平江這地方，原是中共影響頗深的地方。一九二八年七月，彭德懷、滕代遠、黃公略便是

在這裏舉行「平江起義」，組成紅軍第五軍。

彭德懷率部前往井岡山之後，平江餘部湘鄂贛邊紅軍游擊隊。一九三七年九月，這支游擊隊改編爲國民革命軍新編第四軍第一支隊第一團。一九三八年一月，這支部隊奉命開赴江南前線，在平江嘉義仍留有一個「留守通訊處」，料理一些善後工作。

在磨擦日漸加劇的時候，這裏也磨擦著，以至迸出了火星，燃起了大火。

那是一九三八年六月十二日下午三時，國民黨第二十七集團軍總司令楊森所部特務營第二連連長余光宗，率部突然襲擊了新四軍一支隊一團的留守通訊處。上校參議涂正坤（**四十二歲、平江人**）、少校秘書曾金聲（**三十歲、平江人**）當場被擊斃，當天夜裏，中校團副羅梓銘（**三十六歲、瀏陽人**）及吳淵、吳賀眾、趙綠英等八人，又被活埋於平江黃金洞。

此事被封鎖消息，直至七月一日才被新四軍獲悉。

八月一日，毛澤東在延安主持了追悼大會。毛澤東大聲質問國民黨：

「自從六月十二日下午三時殺了人之後，到今天是八月一日了，我們看見有人出來過問了沒有呢?沒有……抗戰以來，被暗殺的共產黨員和愛國志士已經不下幾十幾百，平江慘案不過是最近的一件事。這樣下去，中國就不得了，抗日的人可以統統被殺。殺抗日的人，這是什麼意思?這就是說:中國的反動派執行了日本帝國主義和汪精衛的命令，準備投降，所以先殺抗日軍人，先殺共產黨員，先殺愛國志士。這樣的事如果不加制止，中國就會在這些反動派手裏滅亡。所以這件事是全國的事，是很大的事，我們必須要求國民政府嚴辦那些反動派。」

也就在這一天，延安各界給蔣介石打電報，要求取消「磨擦的根源」——《限制異黨活動辦法》。

蔣介石不予答覆。這是因爲《限制異黨活動辦法》本身是個「絕密」文件，他矢口否認有這麼個文件，怎麼叫他答覆呢？

磨擦歸磨擦，毛澤東口口聲聲譴責磨擦。不過，對於蔣介石，毛澤東還要顧全大局，擁護他抗日。正因爲這樣，毛澤東一九三九年九月十六日在和國民黨中央社、《掃蕩報》、《新民報》三記者談話時，如此說道：

「我們的口號一定要和汪精衛的口號區別，一定要和汪精衛的口號對立起來，而決不能和他相混同，他要反蔣，我們就要擁蔣；他要反共，我們就要聯共；他要親日，我們就要抗日。凡是敵人反對的，我們就要擁護；凡是敵人擁護的，我們就要反對。」

磨擦不斷。蔣介石由「政治限共」，發展到「軍事限共」。毛澤東在一九四〇年初，曾歷數國共之間的磨擦事件：

「……湖南則有平江慘案，河南則有確山慘案，河北則有張蔭梧進攻八路軍，山東則有秦啓榮消滅游擊隊，鄂東有程汝懷慘殺共產黨員五六百之眾，隴東有中央軍大舉進攻八路軍駐防軍之舉，而最近山西境內復演出舊軍攻擊新軍並連帶侵犯八路軍陣地之慘劇。此等現象，不速制止，勢將同歸於盡，抗戰勝利云乎哉？」

毛澤東制訂了反磨擦方針，即「有理、有利、有節」。他在以中共中央書記處及中央軍委名義

下達的《關於反磨擦鬥爭的指示》（一九四〇年三月十四日），對反磨擦作出了限制：

「反磨擦鬥爭必須注意自衛原則，不應超出自衛的範圍，如果超出這個範圍，則爲全國的影響和統一戰線是很不利的。尤其對中央軍應注意此點，因國共合作主要就是同中央軍的合作。」

毛澤東在十天後的另一份電報中，又一次強調：

「特別對中央軍要謹慎，有向我磨擦者，只應搜集其磨擦材料陳報，切忌輕易戴大帽子。」⑥

周恩來摸透了蔣介石的脾氣

磨擦的火花，促使國共重開談判。

一九四〇年六月，從蘇聯治療臂傷歸來的周恩來，奉毛澤東之命赴山城重慶，跟蔣介石談判。

周恩來跟蔣介石，已是談判的老對手了。

周恩來在談判中，摸透了蔣介石的脾氣。周恩來在中共中央政治局的一次會議上，非常生動地刻劃了蔣介石的兩面性。周恩來如此說：

「蔣的思想基本上是反共的，不承認統一戰線，實際政策也在那裏限共防共，破壞統一戰線，存在著妥協投降的危險；但目前的方針及形式上還講團結，還主抗戰，還不願造成全國破裂的局面，這是蔣之意思與政策的最矛盾處，也就是他的政治的特點。」

周恩來又分析了蔣介石不會馬上走汪精衛之路的原因：

一、投降將成為汪精衛的尾巴，或許會被迫下野。

二、分裂會遭到國人甚至他部下一部份人的反對，並且不能戰勝中共。

三、日本提出的投降條件太苛刻。

四、國內堅持抗戰的困難還不是完全無法克服。

五、國際的妥協派還不是一定要中國全部馬上投降。

由於周恩來對蔣介石知之甚深，所以有一整套的辦法對付蔣介石。周恩來總結了這麼幾條：

一、在他困難的時候援助他，在他蠻橫時拒絕他；

二、誠懇的批評，具體的建議；

三、影響他左右的進步份子，反對那些落後份子；

四、經過抗戰將領及有正義感的元老造成進步的集團來影響他。

周恩來精於談判之術，他還總結了跟蔣介石談判的若干「技術」，其實也可以說是藝術：

「有利的應立即商定，不要希望將來會有更好的；無利的應該嚴正拒絕，不要拖泥帶水，使他增加幻想；讓步的應該自動讓步，不要等他要求；可能實現的應該適時適當的提出要求，不要過多也不要太少，免致做不到或者吃虧。總之一句話，對蔣不要過存奢望，但也不是一成不變。」⑦

這一回，周恩來和蔣介石在重慶重開談判，中心問題便是關於國共磨擦。

蔣介石一開始便說了一番帶骨頭的話：「對於抗戰、團結，我看國共兩黨都是有決心的，任何困難決不畏懼，國共間的一切問題都可以解決，但軍事上必須服從命令。」

周恩來馬上來了個針鋒相對：「這要從兩個方面看，一方面服從，另一方面不應拿命令來脅

迫。」

蔣介石搪塞道：「這是過去的事了。」

爲了解決國共磨擦問題，蔣介石讓正副參謀總長何應欽、白崇禧跟周恩來進行具體談判。自然，又是一番討價還價式的舌戰。

周恩來「開價」：八路軍編三個軍九個師，月餉四百四十萬元。

國民黨「還價」：八路軍編三個軍六個師，加三個團，月餉六十萬元。

周恩來「開價」：新四軍編三個師，月餉一百萬元。

國民黨「還價」：新四軍編兩個師，月餉八萬元。

兩「價」之間，相距甚大，相互僵持著。

爲了避免磨擦，也就提出了國共「劃界」問題。雙方劃定界線，「楚河漢界」，各佔一方。其中，主要的焦點，當然是中共的「陝甘寧邊區」的劃界。另外，也要劃定第十八集團軍（亦即八路軍）和新四軍的「防區」。

國民黨提出，八路軍和新四軍歸第二戰區，因此兩軍的防區在黃河以北。八路軍原本在黃河以北，而新四軍則必須從皖南北進，渡過黃河。

談來談去談不攏，蔣介石在七月十六日攤牌了。他以國民黨軍事委員會的名義，向周恩來提出《中央提示案》，共四條：

一、劃定「陝甘寧邊區」範圍（此時准其包括十八縣），改稱「陝北行政區」，暫隸行政院，但歸陝西省政府指導。

二、劃定十八集團軍及新四軍作戰地域。將冀察戰區，其冀察兩省及魯省黃河以北，併入第二戰區，仍以閻錫山爲司令長官，以朱德爲副司令長官，秉承軍事委員會命令，指揮作戰。

三、第十八集團軍及新四軍於奉令後一個月內，全部開到前條所規定地區之內。

四、第十八集團軍準備編爲三軍六師，三個補充團。另增兩個補充團。新四軍准編二個師。

顯然，對於蔣介石的這四條，周恩來難以馬上表態。這需要中共中央研究，才能作出決定。於是，周恩來在七月二十四日飛返延安。

在中共中央政治局會議上，毛澤東很仔細聽了周恩來的談判策略。

周恩來提出，跟蔣介石談判，應當在小問題上讓步，而在大的問題上求得有利的解決。毛澤東頗爲讚賞周恩來的這一談判策略。其實，這一策略是周恩來摸透了蔣介石的脾氣之後，得出的經驗！

根據周恩來的這一原則，他提出對蔣介石的《中央提示案》的答覆方案：

一、陝甘寧邊區改稱陝北行政區，這屬「小問題」，可以接受。但地盤一寸不讓。這屬「大問題。」

二、八路軍、新四軍要擴大到九個師、三個師，屬「大問題」，不可退讓。

三、劃分作戰區之事，屬大的「小問題」，可作爲一種退讓的條件。

周恩來這一精明的「小讓大不讓」方案，得到了毛澤東的稱許。

於是，周恩來又在毛澤東和蔣介石之間穿梭。八月二十五日，周恩來經蘭州來到了重慶。

三天之後，周恩來、蔣介石之間的會談再度舉行。白崇禧作爲蔣介石的副手，也參加了會談。

完全出乎意料，蔣介石這一回態度變得非常強硬，對《中央提示案》不作半點讓步，談判陷入了僵局。

蔣介石怎麼會變得這樣強硬？

蔣介石的「三喜臨門」

蔣介石變得趾高氣揚，是因爲他「三喜臨門」。這樣，也就不把毛澤東放在眼裏。

蔣介石的「三喜」是什麼？

周恩來深知蔣介石的心理，他在一九四〇年十一月一日給毛澤東的電報中，這樣分析了蔣介石的「三喜臨門」：「三國協定後，英積極拉蔣，蔣喜。現在日本拉蔣，蔣更喜。史達林電蔣，蔣亦喜。此正是蔣大喜之時……」

周恩來所說的「三國協定」，指的是一九四〇年九月二十七日，德、意、日三國在柏林簽定的協定。通過這個協定，三國正式結成軍事同盟。

英國原來聲稱在中日之間保持「中立」。一九三八年冬，英國駐華大使卡爾曾從上海到重慶，跟蔣介石密談了七次，據云是爲「中日衝突」作調停人。

德、意是英國在歐洲的勁敵。日本和他們結盟，意味著成了英國的敵人。英國再也不能在中日之間保持「中立」，於是，英國要拉攏蔣介石，這使蔣介石喜形於色。此一喜也。

日本呢？一邊扶植汪精衛這班漢奸，成立了另一個中國國民黨，居然也在上海開起中國國民黨第六次代表大會，還於一九四〇年三月三十日，在南京成立以汪精衛爲代理主席的國民政府。另外，日本又加強了對蔣介石的誘降，暗中拉蔣介石。這樣，蔣介石心中高興。此二喜也。

至於蘇聯，史達林在西安事變的時候，就已在莫斯科明確告訴中共代表：蔣介石是抗日的，中國抗日要以蔣介石爲領袖。這表明，史達林對蔣介石在中國政治舞台上的作用，有著客觀的估計。

當然，後來史達林對毛澤東也作出了高度評價。特別是在中共六屆六中全會時，明確支持毛澤東。毛澤東領導中共在抗日中與國民黨組成統一戰線，很受史達林讚賞。

一九三九年第六期《共產國際》（俄文版）熱烈地讚揚了毛澤東，給了毛澤東一大堆美麗的花環：

「爲中國人民的解放而戰鬥的勇敢戰士、中國共產黨的領導者和組織者之一、真正的布爾什維克、學者、傑出的演說家、軍事戰略家和天才的組織者。」

不過，雖說史達林認爲中國的抗日領袖是蔣介石，但在蔣介石和毛澤東之中，他終究是站在毛澤東一邊。

史達林和蔣介石是國與國之間的關係，史達林和毛澤東是黨和黨之間的關係。國共之間關係的惡化，也就直接影響了蘇聯政府和國民政府之間的關係。史達林曾一度冷落過蔣介石。

德、意、日三國協定的簽訂，意味著日本正式成了德國的同盟國。德國那時已成了歐洲的霸主，希特勒正覬覦著蘇聯，德蘇關係異常緊張。日本站在德國一邊，理所當然成了蘇聯的對頭。

蔣介石敏銳地看中了這一點。德、意、日三國協定在九月二十七日剛剛簽訂，蔣介石瞅準時

機，在二十九日致電史達林，表示願和蘇聯協調步伐，共同對敵。

蔣介石這一招，果真靈。原本冷落蔣介石的史達林，十月十六日，給蔣介石覆了一封措詞熱情的電報，表示願意再向蔣介石提供軍事援助。史達林還派出了崔可夫將軍前往中國。

史達林在崔可夫啓程之際，對他說了一番話，表明了對蔣介石的看重：

「中國共產黨和中國工人階級要成爲反侵略的領導者，還顯得太孱弱。要把群眾爭取過來需要時間，到底需要多長時間很難說。此外，帝國主義大國未必容忍中國共產黨取代蔣介石。」⑧

史達林大力支持蔣介石，其目的是爲了「在德國侵略者一旦進攻我國的時候避免兩線作戰。」⑨蔣介石向來把史達林看成是毛澤東的後台。史達林給蔣介石投來笑眼，自然使蔣介石興高采烈。此乃第三喜也。

英、日、蘇一齊要拉蔣介石，蔣介石怎不躊躇滿志？這與當年英國「中立」、日本進逼、蘇聯冷落的情況大不相同——那時，蔣介石不能不聯共抗日。

蔣介石一得志，也就不把中共放在眼裏了。他要對中共下手了！

你發《皓電》，我來《佳電》

就在接到史達林電報的第三天——十月十九日，著名的《皓電》發佈了。

皓，十九日的電報代日韵目。《皓電》，是國民革命軍總參謀長何應欽、副總參謀長白崇禧發

給「第十八集團軍辦事處葉參謀長劍英即轉朱總司令玉階彭副總司令德懷葉軍長希夷」。玉階，即朱德之別號；希夷，爲葉挺之別號。

《皓電》頗長。一開頭，先是表揚了幾句中共的軍隊：「第十八集團軍及新四軍在抗戰之初期，均能恪遵命令，團結精誠，用克禦侮宣勤，不乏勳績……」

緊接著，筆鋒一轉，便批評起來了：「孰意寇氛未靖，齟齬叢生，糾紛之事漸聞，磨擦之端時起……」

《皓電》歷數種種磨擦事端，然後作出如下結論：

「其癥結所在，皆緣於第十八集團軍及新四軍所屬部隊，一，不守戰區範圍自由行動；二，不遵編制數量自由擴充；三，不服從中央命令破壞行政系統；四，不打敵人專事吞併友軍；以上四端，實爲所謂摩擦事件發生之根本，亦即第十八集團軍與新四軍非法行動之事實，若不予以糾正，其將何以成爲國民革命軍之革命部隊。」

《皓電》所開列的「四端」，把磨擦的原因一古腦兒推給了中共。

圖窮匕見。《皓電》之末，轉達了委座（亦即蔣介石）的命令：

「關於第十八集團軍及新四軍之各部隊，限於電到一個月內，全部開到中央提示案第三問題所規定之作戰地境內，並對本問題所示其他各項規定，切實遵行。」

這就是說，蔣介石給毛澤東下命令了！

毛澤東迅速作出反應。他意識到事態的嚴重性，在十月二十五日發出致周恩來的電報：

「我們要準備蔣介石做戴高樂或做貝當，準備他宣佈我為反革命而發動全面反共，我們要準備對付最黑暗局面，而任何黑暗局面我們都是不怕的。」

戴高樂是人們熟知的法國總統，不過，那是一九五九年至一九六九年的事。在一九四〇年五月，他還只是法國第四裝甲師師長，六月，出任法國國防部副部長。希特勒以閃電戰消滅法國之後，戴高樂流亡英國倫敦，成立「自由法國」，成了法國的抗戰領袖。

貝當的知名度，如今要比戴高樂差得多。不過，在當年，他遠比戴高樂顯赫。他在第一次世界大戰中便指揮了凡爾登戰役。大戰末期，他擔任法軍總司令。一九四〇年六月，他擔任法國總理。在德軍強大的攻勢下，他舉手投降，成了法國的汪精衛。他居然成立了跪倒在希特勒腳下的僞法國政府，擔任「法蘭西國家元首」。後來，在第二次世界大戰結束時，他以通敵罪，被判處死刑（後**改處無期徒刑**）。

毛澤東說蔣介石可能要「做戴高樂或做貝當」，指日本可能要滅亡中國，蔣介石要麼像戴高樂那樣做流亡政府首領，要麼像貝當那樣做僞政權首領。

周恩來的對蔣介石的分析，更爲有趣、生動。他在十一月一日給毛澤東的電報中寫道：

「蔣現在處於三個陣線爭奪之中。他認為以一身暫時兼做戴高樂、貝當、基瑪爾最能左右逢源，故他自己躲在成都，讓其夫人及英美派拉英美，朱家驊、桂永清拉德，讓親日派談和，讓孫、馮親蘇，讓何、白反共，他便以居中選擇，並以反共為軸心來運用。」

基瑪爾，是當時土耳其總統，抗戰領袖。

周恩來對於蔣介石形象的刻劃，可謂入木三分。

周恩來意識到形勢的嚴峻，他在電報中寫道：

「時機是緊迫了。只有二十天，反共局部戰爭會開始。」

周恩來向毛澤東建議，用這樣的方式，公開回敬國民黨的《皓電》：「還是用朱、彭、葉、項名義通電答覆何、白，並呈蔣。」葉、項即新四軍的正、副軍長葉挺、項英。

毛澤東同意了周恩來的意見。

毛澤東斟酌再三，於十一月九日，以朱、彭、葉、項的名義發一長電給何、白。由於九日的電報代日韵目爲佳，史稱《佳電》。

《佳電》致何、白「兩公」，並「祈轉呈統帥核示只遵」。統帥何人？蔣介石也。

《佳電》的筆調，軟中有硬。先是說了這麼幾句：「中央提示案內所列辦法，七、八月間，經周恩來同志傳達後，德（引者註：指朱德）等以中央意旨所在，唯有服從，而下屬苦衷，亦宜上達。」

就在訴「苦衷」的名義之下，《佳電》歷數國共種種磨擦，逐一駁斥了《皓電》對中共的指控。並且要求「徹底查明是非曲直，期於永杜糾紛，以利抗戰。」

其中頗爲有趣的是，《佳電》訴了這麼一段「苦衷」：

「以現有五十萬人之眾，領四萬五千人之餉，雖有巧婦，難以爲炊。」

這表明中共的軍隊「現有五十萬之眾」（真正的人數還不只於此），而「領四萬五千人之餉」則表明國民黨規定的中共軍隊編制爲「四萬五千人」，在短短的兩年多時間裏，中共一下子把軍隊擴充了十倍以上！

你發《皓電》，我來《佳電》，表面上是何、白對朱、彭、葉、項，實際上是蔣介石和毛澤東在較量。

毛澤東在《佳電》中，不能不對國民黨作出一點讓步。

《佳電》稱：「對於江南正規部隊，德等正以擬苦心說服，勸其顧全大局，遵令北移。仍懇中央寬以限期，以求解釋深入，不致激生他故……」

所謂江南正規部隊，亦即新四軍。這麼一來，新四軍是否「遵令北移」，何時北移，成了國共雙方關注的焦點……。

毛澤東在十一月二十一日給周恩來的電報中，有一段話，透露了《佳電》的背景，明確稱《佳電》是他起草，並說明新四軍退出皖南的內情：

「我除了在文章上（佳電）表示和緩及皖南一點小小讓步外（實際我早要北移，但現在偏要拖一兩個月），其他是寸步不讓，有進攻者必粉碎之。我們現在已準備了一個鐵錘，只要政治條件成熟即須給他重重的一棒……」

「只有軟硬兼施雙管齊下，才能打破蔣介石的詭計……單是一個軟或單是一個硬，都是達不到目的。」⑩

毛澤東和蔣介石眼中的葉挺

走筆至此，該敘一敘新四軍及正、副軍長葉挺、項英其人了。

葉挺雖爲新四軍一軍之長，但真正的實權操在項英手中。「朱、彭、葉、項」齊名，爲中共的兩支軍隊的四位首長，但四人之中，唯葉挺非中共黨員！項英對外的公開身分爲副軍長，而實際上他又兼新四軍政治委員……

新四軍的前身，原是分散於中國南方的紅軍游擊隊。一九三七年十月三十日，署名「洛、毛」的電報，致博古、葉劍英，對紅軍南方游擊隊的整編作了如下指示：

「集中五分之三爲一軍，以葉挺爲軍長（待考慮），項英爲副軍長，陳毅或劉英爲參謀長，反對國民黨插入任何人。」⑪

周、朱、彭、任，即周恩來、朱德、彭德懷、任弼時。

電報表明，毛澤東對葉挺的任命，是有保留的。

然而，在此之前，蔣介石已經委任葉挺爲新四軍軍長。這可以從二十五天前——十月五日潘漢年致毛澤東的電報中看出：

「南京軍委已委葉挺爲新四軍軍長，任務爲改編與指揮閩贛邊游擊隊。但葉在南京與劍英及博

古同志接洽，尚未得最後結論，急待我方答覆我們是否同意他去。如何？請示。」

緊接著，十月八日，博古、葉劍英、董必武又致電毛澤東：

「葉挺事，據他說，恩來第一次在滬曾和他提過這個辦法，故他才敢活動，現已委任爲新編第四軍軍長，撥發了五萬元活動費。他表示，如我們不贊成，他仍可辭職。」

這表明，最初建議葉挺籌建新四軍的是周恩來。首先任命葉挺爲新四軍軍長的是蔣介石。但此時葉挺尚未得到毛澤東的任命——中共的部隊首長，必須由毛澤東爲主席的中共中央軍委任命才有效，正因爲這樣，葉挺表示「如我們不贊成，他仍可辭職」。這「我們」，顯然指中共，指毛澤東。

十一月三日，毛澤東致電周恩來，詢問：

「據云，在滬你曾要他編游擊隊，他才敢對國民黨說。因爲蔣委他爲新四軍軍長，究竟你對他說過些什麼？」

蔣介石搶先任命葉挺爲新四軍軍長，當然因爲他知道葉挺非中共黨員。

葉挺，是一個奇特的人物。他原來是中共黨員，後來也是中共黨員；而那一段時間裏他卻不是中共黨員！

葉挺，早在一九一九年便加入了中國國民黨。一九二二年，陳炯明叛變時，葉挺率部保護孫中山、宋慶齡脫險。此後他赴蘇聯紅軍學校學習。一九二四年十月，他在蘇聯加入了中國共產黨。一九二五年九月他回國。北伐時，葉挺擔任獨立團團長，屢建奇功，成爲北伐名將。

然而，葉挺在中共黨內卻兩次受到了處分，最後導致了他脫離中共。最初，一九四六年三月

十五日《新華日報》所載《葉挺同志說明入黨志願》中，有所披露。直到近年來才漸漸弄清內情。

頭一回葉挺受黨內處分，是在一九二六年九月五日北伐軍總攻武昌。葉挺的獨立團率先攻城，損失慘重，而劉峙部隊按兵不動，後來在獨立團攻入城內時去搶頭功。劉峙被蔣介石任命爲武漢衛戍司令。葉挺在一氣之下，離開部隊，到上海接家屬去了。爲此，葉挺受到留黨察看半年的處分。

第二回則是在一九二七年十二月，中共在南昌起義失敗後，又在廣州發動起義，葉挺在南昌起義時任前敵總指揮，而在廣州起義時任工農紅軍總司令，廣州起義的失敗，葉挺受到李立三的責難，說他指揮「消極」，再度受到留黨察看半年的處分。

葉挺又在一氣之下，去了莫斯科。

誠如周恩來後來在《關於黨的「六大」的研究》中所寫：

「廣州起義失敗後，葉挺到了莫斯科，共產國際代表還說他政治動搖，共產國際沒有人理他，東方大學請他作報告，共產國際也不允許他去。這樣，他就離開黨跑到德國去了。這件事我們應該給葉挺伸冤。」

就這樣，葉挺脫離中共，流亡歐洲。直至一九三五年秋，葉挺在澳門才與中共中央代表張雲逸取得了聯繫。

蔣介石看重葉挺的才幹和聲望，曾希望葉挺在國民黨部隊任高官。這當然被葉挺所謝絕。

這一回，既然葉挺主動表示願意出任新四軍軍長，蔣介石求之不得，當然馬上宣佈了委任命令。

然而，毛澤東卻對葉挺脫黨後的情況所知不詳。這樣，毛澤東不敢貿然把新四軍的指揮權交給

葉挺。毛澤東要博古、葉劍英「提出保證」之後，這才決定「葉挺是否能爲軍長」。

爲了了解葉挺，毛澤東邀葉挺前往延安。一九三七年十一月初，葉挺到達延安。

經過長談，毛澤東知道了葉挺兩次黨內處份的經過，知道了葉挺脫黨的經過，毛澤東的疑慮消失了。中共中央黨校舉行了隆重的歡迎會，高懸起「熱烈歡迎葉挺軍長！」的大標語。毛澤東在會上發表了熱情洋溢的講話：

「我們今天爲什麼歡迎葉挺軍長呢？因爲他是大革命時期的北伐名將；因爲他願擔任我們的新四軍軍長；因爲他贊成我黨的抗日民族統一戰線的政策，所以我們歡迎他！」

葉挺致答詞。他說了這麼一段自疚又自奮的話：

「同志們歡迎我，實在不敢當。革命好比爬山，許多同志不怕山高，不怕路難，一直向上走，我有一段是爬到半山腰又折回去了，現在又跟上來，今後，一定遵照黨所指示的道路走，在黨和毛主席的正確領導下，堅持抗戰到底！」

疑惑冰釋，從此毛澤東對葉挺投了信任票，再也毋須博古、葉劍英「保證」了！

就這樣，葉挺走馬上任，成爲毛澤東和蔣介石雙重任命的新四軍軍長。

葉挺、項英先後摜「紗帽」

至於項英，與蔣介石沒有什麼瓜葛，倒是跟毛澤東有極深的淵源……

項英原來是武昌的織布工人，從事工人運動。一九二二年便加入中共。翌年他成爲京漢鐵路「二・七」大罷工的領袖之一。此後，由於北伐軍打下武漢，武漢爲革命中心，加上共產國際強調提拔工人出身的中共黨員，項英在中共的地位急速上昇，從中央委員而政治局委員，而政治局常委，一度高於毛澤東。

一九三〇年底，項英進入江西紅區。他一度支持過毛澤東，又一度狠狠整過毛澤東，其中恩恩怨怨，曲曲折折。不過，有一點他是很不錯的，那便是在第五次反圍剿失敗，紅軍被迫長征，他奉命留下打游擊，他堅決服從。這真可謂「受命於危難之際」，留下來很可能如同置之死地，他居然在蔣介石重兵圍剿之中求得生存，在中國南方孤立無援之境游擊多年。他手下的游擊隊，也就成了後來新四軍的骨幹。

不言而喻，在新四軍成立之後，葉挺雖爲軍長，不能不處處聽命於項英。一個非中共黨員而又在新四軍中毫無根基的葉挺，也就受到了項英的排擠。葉挺曾自云，是「夾在車輪子中間的一粒沙子，兩面受擠。」這兩面受擠，一面是蔣介石從上往下壓，一面是項英從下往上頂。

當然，還不僅是葉、項關係緊張而使葉挺不快。當時，曾受命於延安而充當「葉挺和項英之間的緩衝人」的李一氓，如此回憶：

> 「葉挺親筆寫給我一封信，表示他有很多苦惱，看來這種苦惱也不完全是和項英的個人關係。他說，居士不適於當一個大廟子的方丈，就是暗示一個非黨員不適於當新四軍軍長。這封信我給項英看過，項英沒有太大的反應。」⑫

「居士不適於當一個大廟子的方丈」，這句話極爲生動、形象地表達了葉挺的心態。所謂居士，即居家修行的佛教徒，乃「廟外人士」，居士去當方丈，本已不合適，何況管的是一個大廟子！

一九三八年十月二十一日，兩面受擠的葉挺在百般無奈之中，藉口送李夫人回澳門，離軍出走，向蔣介石辭職。蔣介石呢？正覺得葉挺上任之後不聽他的話，如今葉挺要辭職，求之不得。

蔣介石問葉挺：「誰繼任？」

葉挺答曰：「葉劍英。」

蔣介石搖頭。他要委派國民黨將領出任新四軍軍長。

毛澤東聞訊，焦急萬分，馬上發電報給正在重慶的周恩來。周恩來一面向蔣介石表示，中共堅決反對另任新四軍軍長；一面緊急約見葉挺。

周恩來與葉挺在北伐時有著深誼，在發動南昌起義時並肩戰鬥，何況最初又是周恩來建議葉挺出任新四軍軍長。「解鈴還須繫鈴人」，周恩來的一席話，自然使葉挺釋服，回心轉意。

葉挺是毛澤東和蔣介石雙方都認可的新四軍軍長。既然葉挺願重返原職，一場風波也就告罷。

一九三九年二月，周恩來在重慶放出「空氣」，說是要乘春節回老家浙江紹興省親。其實，他是受毛澤東委託，陪著葉挺回「老家」——新四軍。

二月二十三日，周恩來和葉挺一起來到了安徽涇縣雲嶺——新四軍軍部所在地……

一波剛平，一波又起。

國共磨擦日深，新四軍成了國共矛盾的焦點。

就在這時，項英受到中共中央及總政治部的批評，極爲不滿，在一九四〇年五月，項英三次電告延安，請求撤職——他也要摜「紗帽」了！

項英犯了什麼錯誤呢？

這在中共中央一九四一年一月所作出的《關於項袁錯誤的決定》中，寫得明明白白。袁，即袁國平，新四軍政治部主任。《決定》指出：

> 還在抗戰開始，項英同志即與中央存在著關於政治原則與軍事方針的分歧。……
>
> 三年以來，項英、袁國平對於中央的指示，一貫的陽奉陰違，一切遷就國民黨，反對向北發展與向敵後發展，反對擴大新四軍，反對建立抗日根據地，堅持其自己的機會主義路線，其所領導的黨政軍內部情況，很少向中央作報告，完全自成風氣。對於中央的不尊重，三年中已發展至極不正常的程度。關於項、袁所犯各項原則錯誤，經中央從去年夏季起歷次嚴厲批評之後，項、袁表面上表示服從，中央方以為他們有了轉變，今始證明依然未改。⑬

這份中共中央《關於項袁錯誤的決定》是在皖南事變剛剛結束、對於史實尚未完全弄清時作出的，今天看來有偏頗之處；不過，從中卻可清楚看出項英當時與毛澤東之間的深刻矛盾。

項英在一九四〇年五月九日給中共中央的電報中寫道：

「爲了保證中央方針與黨及革命的利益，我鄭重請求中央，立即派一政治局委員到四軍及東南局負領導之責。目前鬥爭局勢正是緊張複雜，爲了不致使鄙人重演一九二七年之錯誤，而影響黨與革命之發展和勝利，應公開宣佈撤我之職，是屬必要。」

項英在同月十二日致中共中央電報中又聲言：

「我有不同的意見，在今天鬥爭環境下，爲黨的利益，不必申辯和爭執，只有改換領導爲有利。」

項英在同月二十九日給中共中央的電報中，那話中透著一股怨氣、傲氣：

「我認爲對一個較負責同志（**就是一個老黨員罷！**），有錯誤應公開批評和指斥，不要含而不言的曲折婉轉……」

項英的眼中沒有葉挺，乃在所料之中。然而，項英眼中也沒有毛澤東！這，當然跟他在江西紅區時和毛澤東那一段恩恩怨怨有關，也和他的自高自大分不開。

據云，項英在赴延安出席中共六屆六中全會歸來，曾對二支隊政委洪雪村說過這樣的話：

出席會議的十二個政治局委員中，十一個在江北，就我一個在江南。他們十一個才管江北那麼一點點，我一個人管江南一大片！⑭

項與葉不和，項跟毛對抗，使新四軍失去了堅強的核心。蔣介石卻恰恰把攻擊的目標指向了這支核心渙散的中共部隊……

蔣介石下令解決「N4A」

安徽東南，青弋江在山間蜿蜒。江畔的涇縣離宣城不遠，向來盛產宣紙。自一九三八年八月二日起，新四軍軍部移駐於此縣雲嶺。中共中央東南分局也隨軍移此。從此，這裏成了江南紅區的中心。

十三個自然村，撒落在雲嶺東西長約十五公里的地方。新四軍軍部駐羅里村，政治部駐湯村。散佈於各村的有參謀處、秘書處、副官處、軍需處、軍法處、軍醫處、組織部、宣傳部、民運部、敵工部、總務處、《抗敵報》編輯部……，組成了一個「大廟子」。在那裏一駐，竟駐了兩年半光景。蔣介石視爲眼中釘，早就想拔去。

毛澤東在一九四〇年九月六日，已獲知蔣介石的秘密命令。毛澤東便發出了「紅燈」訊號：

「據重慶周、葉報告，確悉軍令部已向顧祝同發出掃蕩江南北新四軍之命令，請葉、項、胡服準備自衛行動。皖南尤須防備。」

胡服，乃劉少奇的化名。

毛澤東的這一電報，足以表明中共的諜報工作何等厲害。蔣介石的密令剛在重慶下達，坐在延安楊家嶺窯洞裏的毛澤東馬上就知道了，並立即給皖南發出了指示。

緊接著，十月八日，毛澤東給皖南又發一電，說得更爲明確：

「蔣令顧、韓掃蕩大江南北新四軍，大江南北比較大的武裝磨擦是可能的。」

毛澤東在電報中指出，新四軍軍部應該「北渡長江」。

三天後，項英電覆毛澤東：「軍部困難北移。」

此後不久，《皓電》、《佳電》相繼發表，新四軍是否北移，成了國共雙方關注的焦點。

形勢頓時緊張，十一月十四日，國民黨軍令部擬定了《黃河以南剿滅共匪作戰計劃》，老樣子，蔣介石又罵中共爲共匪了，又要剿共了。老調重彈，這意味著一場新的國共火拚又要開始。

消息靈通的毛澤東，在十一月十五日，發出了《關於發動大規模反投降反內戰運動，對付蔣介石的反共高潮的指示》。

十一月二十一日，毛澤東致電葉挺、項英，仍指出新四軍軍部必須北移：

「你們可以拖一個月至兩個月（要開拔費、要停止江北進攻），但須認真準備北移，我們決心以皖南的讓步換得對中間派的政治影響。」⑮

就在項英一次次跟毛澤東在電波中切磋之際，寶貴的時間分分秒秒流逝，國民黨部隊正在朝涇縣合圍。

十一月三十日，中共中央給項英下達命令：

「現在開始分批移動，十二月移完。」

就在這時，國民黨部隊加緊了部署。

十二月三日，何應欽向蔣介石呈報：

「若江北異軍竟敢攻擊興化，則第三戰區應將江南新四軍立予解決。」

翌日，國民黨軍令部部長徐永昌也向蔣介石呈報：

「若江北匪僞竟敢進擊興化，則第三戰區應立即將江南N４A予以解決。」

所謂N4A，N即NEW，英文中的新，A即ARMY，英文中的軍隊，N4A亦即新四軍。

蔣介石在徐永昌的呈報上批了個「可」字。這就表明，蔣介石下定了解決N4A的決心。

十二月十日，蔣介石在致顧祝同的密電中，明明白白寫道：

「至限期（本年十二月三十一日止）該軍仍不遵命北渡，應立即將其解決，勿再寬容。」

戰火已迫在眉睫，項英仍希望從顧祝同那裏拿到「開拔費」之後才開拔。十二月十三日項英致毛澤東電報中稱：「我們的態度不發餉彈即不開動。」

如此電報往往返返，一再延宕，毛澤東實在忍無可忍了，就在蔣介石規定的期限到來的前五天——也真巧，這天是毛澤東的四十七歲生日，毛澤東以中共中央書記處名義，給項英等發來了口氣極爲強硬的命令。

這一命令，表明了毛澤東的預見力，至爲重要。現全文照錄於下：

> 各次報告均悉，你們在困難面前屢次向中共請示方針，但中央遠在一年前即將方針給了你們，即向北發展，向敵後發展，你們卻始終藉故不執行，最近決定全部北移。
>
> 至如何北移，如何克服移動中的困難，要你們自己想辦法，有決心。現雖一面向國民黨抗議，並要求寬展期限，發給餉彈，但你們不要對國民黨存任何幻想，不要靠國民黨幫助你們任何東西，把可能幫助的東西只當作意外之事，你們要有決心有辦法衝破最黑暗最不利的環境，達到北移之目的。如有這種決心辦法，則雖受損失，基本骨幹仍可保存，發展前途仍是光明的，如果動搖猶豫，自己無辦法，無決心，則在敵頑夾擊下，

你們是很危險的。

全國沒有任何一個地方有你們這樣遲疑猶豫，無辦法無決心的。在移動中，如遇國民黨向你們攻擊，你們要有自衛的準備與決心，這個方針也早已指示你們了。我們不明瞭你們要我們指示何項方針，究竟你們自己有沒有方針，現在又提出拖或走的問題，究竟你們自己主張的是什麼，主張拖還是主張走，似此毫無定見，毫無方向，將來你們要吃大虧的。

直至收到毛澤東此電，項英這才不敢對毛澤東軟磨硬頂了。毛澤東末句「將來你們要吃大虧的」，這是意味深長的。

蔣介石在聖誕節演了一幕輕喜劇

嚴峻的形勢，已到了千鈞一髮的時刻。蔣介石已調集了七個師、八萬多人，合圍新四軍軍部及皖南部隊三個團、九千餘人。力量的懸殊，意味著「Ｎ４Ａ」命運乖戾。

圍剿新四軍的國民黨部隊已經到達指定的地點，構築了碉堡，擺好了陣勢。

就在這個箭在弦上的關口，在重慶，蔣介石演出了一幕輕喜劇。

那是在「歷史性」的日子——十二月二十五日。這天既是聖誕節，又是蔣介石在西安事變時

「獲救」的日子。

蔣介石倒是記起四年前在西安事變中奔走的周恩來，於是，他約見了正在重慶的周恩來。

周恩來在翌日便發電報給毛澤東，匯報了會見蔣介石的情形。如今，可以從周恩來的電報中，得知蔣介石的談話內容。

周恩來在電報中寫道：

「昨日蔣因數日來心緒不佳（軍何跋扈，夫人不歸，糧價日漲，我們無覆電），不斷罵人，而在冷淡的聖誕節的背景中見我，蔣以極感情的神情談話。」

周恩來提及的「我們無覆電」，是指何應欽、白崇禧在十二月八日發表批駁《佳電》的《齊電》，中共不作回覆。

《齊電》洋洋數千言，痛斥中共，並以命令式的口氣，要中共限時限刻「將黃河以南之部隊，悉數調赴河北」。

毛澤東卻說：

「對於蔣及國民黨急於要求我們表示最後態度，答覆蔣之命令，中央決定報之以冷靜與不理。……因爲蔣介石要急，我們就不急了。」

毛澤東還如此形象地勾畫了蔣介石：

「所謂惹急了他會撕破臉皮亂打，這是被蔣之流氓嚇倒了的話，其實蔣是精於計算的人，他的

流氓只用以嚇人，並不用以決定政策。」

蔣介石的心中的確很著急，因爲他限定的新四軍北撤期限十二月三十一日，眼看就要到了，可是毛澤東還不吭一聲。

不過，這一天，蔣介石似乎對周恩來表現出特別熱情，提起了西安事變。

蔣介石說：「連日來瑣事甚多，情緒不好，本不想見，但因爲今天是四年前共患難的日子，故以得見面談話爲好。」

這麼看來，蔣介石對中共還是挺感謝、頗有感情的。

果真，蔣介石的話，也說得熱乎乎的。蔣介石說：

「抗戰四年，現是有利時機，勝利已有希望，我難道願意內戰嗎？願意弄垮台嗎？現在八路、新四還不都是我的部下，我爲什麼要自相殘殺？就是民十六年（引者註：即一九二七年），我們何嘗不覺得痛心？內戰時，一面在打，一面很難過。」

這番話，由蔣介石講出來，真不容易哩。

自然，蔣介石說及了磨擦，也說得很漂亮：「大家都是革命的，衝突決難避免。」

蔣介石提及了新四軍北上之事，說得冠冕堂皇：

「你們過，從皖北一樣可過，只要你們說出一條北上的路，我可擔保絕對不會妨礙你們通過（周註：靠不住）。只要你們肯開過河北，我擔保至一月底，絕不進兵。」

蔣介石說了這麼一番話之後，再三叮囑周恩來：「你一定應該將我的話轉告你們中央。」也就是說，一定要迅速轉告毛澤東。

周恩來果真立即電告毛澤東，周恩來以爲蔣介石的談話，「係嚇壓之餘，又加上哄」，是「大灌米湯」。

毛澤東畢竟是蔣介石的老對手，深知蔣介石的那些話是哄孩子的。就在接到周恩來的電報之後，毛澤東給項英發出了那個口氣強硬的命令。

接到毛澤東這一命令，項英在二十八日召開新四軍軍部會議，終於決定馬上北移……

鮮血染紅了皖南山林

歲末年初的皖南格外冷，先下霜，後下雪。

就在這冷颼颼的空氣中，新四軍的幹部和戰士們正忙著收拾行裝。畢竟在這裏住了兩年半了，一下子要行動，大有熟土難離之感。軍部通知，每人隨身物品不得超過二十市斤，罈罈罐罐全要扔掉。

元旦，葉挺、項英致電毛澤東、朱德：準備開拔。

一月三日，毛、朱電覆葉、項：「你們全部堅決開蘇南，並立即開動，是完全正確的。」

就在毛、朱電報到達之際，蔣介石給葉挺的電報也到達了：

「應在無爲附近地區集結，爾後沿巢縣、定遠、懷遠、渦河以東睢州之線，北渡黃河，遵照前令進入指定地區。沿途已令各軍掩護。」

既然毛澤東和蔣介石的命令都已下達，葉挺、項英也就在一月三日下午三點光景下達行動命令：明天下午五點吃飯，六點半出發。

就這樣，一月四日，在蒼茫的夜色之中，迎著撲面寒風，新四軍軍部及所屬部隊九千餘人分三路縱隊，從雲嶺出發，踏上了悲凍的征途。連日大雨，道路泥濘，行軍頗爲艱難。

就在這時，蔣介石「令各軍掩護」。對於葉挺來說，不論是負責「掩護」的國民黨第三十二集團軍總司令上官雲相，還是「頂頭上司」第三戰區司令長官顧祝同，都是有著校友之誼——當年都是保定陸軍軍官學校同學。由校友「掩護」，安心、放心！

大雨使青弋江江水猛漲，原來可以徒步過江，眼下不得不架起浮橋。

五日，依然大雨，新四軍各路縱隊在平靜中渡過青弋江，下午三時分別到達指定地點。部隊因已很疲勞，原地休息，準備朝涇縣茂林地區前進。

六日晨七時許，突然響起了槍聲。那是新四軍的一個便衣偵察班進入下長村時，負責「掩護」的國民黨四十師一個連，射來了子彈，打響了皖南事變的第一槍！

這槍聲，意味著友軍變成了敵軍！

就在六日，蔣介石下達了給顧祝同的密令，要對新四軍「用軍政黨綜合力量，迫其就範。」

就在六日，顧祝同下達了給上官雲相的密令：「仰貴總司令迅速部署所部開始進剿，務期於原京贛鐵路以西地區，徹底加以肅清。」

就在六日，上官雲相下達了給所屬各部的命令：「主力於明（七）日拂曉開始圍剿茂林、銅山徐一帶匪軍。」

這樣，就在六日，蔣介石——顧祝同——上官雲相，下達了對新四軍的總攻擊令。

也就在六日，下午，新四軍軍部在潘村開會，決定按原計劃行軍，當日黃昏開始行動，七日拂曉通過各嶺、午前會集星潭，待機行動。

七日拂曉，新四軍中路縱隊前衛營，越過丕嶺，進入紙棚村時，響起了密集的槍聲，國民黨四十師一二〇團向新四軍前衛營發起了猛攻。皖南事變此時正式爆發！

毛澤東聞訊，迅即電告葉挺、項英：「茂林不宜久留，即議東進，乘頑軍佈置未就，突過其包圍線。」

這樣，蔣介石稱新四軍爲「匪軍」，毛澤東則稱上官雲相部隊爲「頑軍」。

新四軍寡不敵眾，陷入重圍，慘烈的戰鬥開始了。

一月八日，顧祝同給上官雲相下令，限十二小時內全殲新四軍。此電報原件現存南京中國第二歷史檔案館，全文如下：

「匪軍經我各部圍剿窮蹙一點，消滅在即，爲期能於短時間徹底肅清，毋使漏網起見，希即督勵所部，協同友軍切取聯繫，努力進剿，務嚴令包圍於現地區限電到十二小時內一鼓而殲之，勿使逃竄爲要。」

上官雲相要大幹一場了！據他的總司令部少將參謀處長武之萊後來透露，早在一個月前，上官雲相便讓派駐新四軍的聯絡參謀聞援竊取了新四軍兵力部署圖，作了詳細準備。如今，正是他大獻身手的時候了。

茂林一帶，重巒疊嶂，懸崖峭壁，山中往往只有一條羊腸小道。新四軍近萬人受困山中，炮彈打得岩石開花，樹枝橫飛，屍體遍地，真如《新四軍軍歌》所唱，「血染著我們的姓名」……

皖南的槍聲晝夜不絕，延安的毛澤東晝夜不眠，重慶的周恩來日夜奔走呼號，蔣介石避見周恩來，顧祝同避接周恩來電話。……

就在這危機萬分的時刻，九日，毛澤東忽接葉挺電報：「項英、國平於今晨率小部武裝上呈而去，行方不明。我為全體安全計，決維持到底。」

這一電報，使毛澤東極為不安，在這緊要關頭，項英和袁國平怎麼可以連招呼都不打，突然出走？

直至一月十日，項英和袁國平才回到部隊。

關於項英此行，一般被說成「率小部武裝繞小道而出，試圖突圍」，為他遮掩，打了「埋伏」。其實，這遮掩之詞，也經不起推敲。作為新四軍副軍長兼政治委員的項英，即便「試圖突圍」，怎麼只「率一小部武裝」呢？怎麼不與軍長葉挺打招呼呢？如果「試圖突圍」成功，那也就是項英和這「一小部武裝」突圍出去了……

現存於北京中央檔案館的項英一月十日致中共中央電報，解開了謎底。

在這份電報中，項英承認自己是「臨時動搖」，「影響甚壞」，請求「中央處罰」。同時，他也表示了從此之後「堅決與部隊共存亡的決心」。

項英的電報全文如下：

「今日已歸隊。前天突圍被阻，部隊被圍於大矗山中，有被消滅極大可能，臨時動搖，企圖帶小隊穿插繞小道而出，因時間快要天亮，曾派人（請）希夷來商計，他在前線未來，故臨時只找著國平××及××同志同我走，至九日即感覺不對，未等希夷及其他同志開會並影響甚壞。今日聞五團在附近，及趕隊到時與軍部會合。此次行動甚壞，以候中央處罰。我堅決與部隊共存亡。」

其中提到的希夷，即葉挺。

另外，李一氓去世之後，他的回憶錄得以發表，其中首次公佈了他在一九四一年三月給中共中央的電報全文。他是新四軍秘書長，皖南事變的倖存者。這份寫於皖南事變後一個多月的電報，真實反映了項英的出走。其中也牽涉到李一氓自己。不過，李一氓還是遵重歷史事實，不加遮掩。

原文如下：

晚十時左右，項忽派人叫我幾次，皆未找著。等我回到我的位置，知道項派人找過我，遂去項處，那時袁國平、周子昆皆在。

項一手握我，一手握袁，周在其前左不作一語。即匆匆向後走，此外同行者僅二三衛士。

我初不知他是何用意，我還以為找地方開會，決定最後處置，但又不見有老葉，行數十步後，袁始說他們的衛士沒有來，周又自語說，他沒帶錢，我才恍然，項又要來他三年油山那一套。我即追問項叫過老葉沒有，項反答叫了他不來。

此時我對項此種行動不大贊成，我當即表示我不同他們走。項即反問，那你怎麼辦？我說，我另想辦法打游擊，也要帶幾枝槍脫離隊伍，也要想法救出幾個幹部，我還想把軍法處、秘書處及胡立教等設法從銅陵、繁昌過皖北。項當即表示贊成，與我握手，並說把××（電文不清）也帶走，他身上還有錢。袁當時表示願同我走，又聽說今晚無把握，須等明天看清情況再決定。結果仍與項、周同走，因同行之獵戶是他們唯一嚮導，於是分手，他們繼續前進。

我一個人轉回後，因找張元培、胡立教及軍法處、秘書處的人未找著，首先遇見李步新（皖南特委書記），我告訴他說老項他們走了，後走到河邊祠堂葉之指揮所。當時我想告訴他這個消息，但又覺得太突然，刺激太甚，我想留下與葉一塊，但又覺得項袁周黨軍政都是負責的，我沒有與葉共存亡的責任，即或算開小差吧，也是奉命的，遂決定不告訴葉，仍然退出。找著張、胡、揚（帆）（軍法處）等，並與李步新的地方黨同志共三十餘人，也就離開了隊伍。

過了一晚，十一日下午，在石井坑的谷道中，我們下山吃飯，遇見第五團全團撤退出來，向石井坑出去，大家遂決定不管其他隊伍在哪裏，我們決定隨第五團打游擊，十二日後出至坑口才曉得，軍部也都打到石井坑來了。

項袁周他們也在附近山上，跟在第五團以後，下來與軍部會合。

我承認我當時沒有堅決反對項袁等的動搖，只是簡單不滿意、不與他們同行動而已。我受了他們的影響，沒有到最後時機，便脫離部隊，這是我的錯誤。⑯

李一氓在去世前回憶此事，心情頗爲沉痛，他說：

「雖然時間很短，從黃昏到夜半，不超過十個鐘頭，但總是一個這一生都感到遺憾的錯誤。後來華中局向中央報告，要給我一個口頭警告的處分，我二話沒說，決然接受下來。所以一九四二年以後，黨內多次塡表，在處分一個欄目上，我總是規規矩矩地寫上皖南事變口頭警告。至今想起來，不知爲什麼當時會錯走這一步，作爲一個共產黨人，可能還差點什麼。」

葉挺軍長身陷囹圄

經過幾天幾夜的激戰，終因衆寡懸殊，新四軍陷於彈盡糧絕的境地。屍體橫七豎八，佈滿皖南山間。雨仍不時地下著，凍得戰士們手心冰冷。

葉挺指揮部隊幾度突圍，均告失敗。葉挺在十一日致電毛澤東：「突圍計劃又告失望，現將士疲勞過度，惟士氣尚高，只好固守一拚。」

鑒於項英臨陣動搖的嚴重錯誤，中共中央在十二日發來電報，指定新四軍由葉挺、饒漱石負責領導，項英隨軍北上。

毛澤東在十二日給浴血苦戰中的葉挺、饒漱石發來電報：

「如有可能，似以突圍出去分批東進或北進爲有利」，「同時應注意與包圍部隊首長談判」，

「重慶方面，正在交涉，但你們不要靠希望，一切靠你們自己」。

饒漱石，那時在新四軍中只是作爲葉挺軍長的朋友出現，化名梁樸。其實他長期從事地下工作，那時擔任中共中央東南局副書記。

據當時任新四軍軍醫處副處長王聿先（解放後擔任上海市衛生局局長）目擊，在十四日早晨，「軍長的朋友」梁樸前來找葉挺，密談了一陣子。

事後王聿先才知道，正是這次密談，他們決定按照毛澤東的指示，「與包圍部隊首長談判」。經葉挺、饒漱石決定，派出兩名參謀持葉挺名片，前往附近國民黨五二師師部聯繫談判之事，以求爭取時間，減少損失。

這時，葉挺手下大約還有兩千來人。十三日的戰鬥，格外酷烈。新四軍政治部主任袁國平在戰鬥中負傷陣亡。

十四日傍晚，響了一天的槍聲，稀疏了。這時從山下傳來喊聲：「不要誤會，不要開槍，我們是奉命來接葉軍長的。」

葉挺命令暫停還擊。於是一位國民黨一〇八師副官處長，帶著一個排上山來了。

那位處長見了穿黃呢軍服的軍官，便知是葉挺軍長，連忙敬禮，說明來意。爲了全軍的命運，葉挺也就不顧個人安危，隨來人下山，去見他的同學上官雲相。

葉挺一去，便遭拘捕。

在十七日，葉挺被押往上饒，關入李村監獄。

隨同葉挺一起下山的王聿先，則被關入上饒七峰岩監獄。

據王聿先回憶，關了一個多月之後，葉挺生病，憲兵去掉了王聿先的腳鐐，帶他到李村監獄給葉挺看病。王聿先見到葉挺時，落下了熱淚。葉挺面目消瘦，鬚髮很長，但牆上有著他用木炭寫的兩行大字：

「富貴不能淫，威武不能屈。」

「三軍可奪帥，匹夫不可奪志。」

此後不久，葉挺「失蹤」。

葉挺到哪裏去了呢？

一九四一年冬，在重慶中國電影製片廠工作的中共地下黨員陽翰笙，忽然收到一封信，信中沒有留下寄信人的地址，信末只署一個「夷」字。

陽翰笙看了字跡潦草的信，才猜出這個「夷」是葉希夷。

信中說，他已經被押解到重慶，並提到陽翰笙的老朋友、音樂家任光在皖南事變中陣亡。

從筆跡、從信的內容，陽翰笙斷定這確實是葉挺寫的，馬上轉交給周恩來。周恩來一見信，欣慰地說：「失蹤了的希夷有了下落了，我們可以向蔣介石要人了！」

後來才知，葉挺在囚室中事先寫好這封信和一張條子。一天，他被押解到重慶近郊途中，說要入廁，趁看守不注意，他把信、條子和五元錢用小石頭壓在地上。條子上寫著，他吃了冤枉官司，仁人君子見了此條子，代爲寄信，家中就知道他的下落了。

天下果有仁人君子，見了此條，把信寄出……

至於葉挺會把信寄給陽翰笙，是因爲一九三九年，葉挺到重慶時，陽翰笙請他到中國電影製片

廠看紀錄片《戰地特輯》。他和陽翰笙早在一九二六年便已相識於廣州，那時周恩來是北伐軍第一軍政治部主任，陽翰笙則是政治部秘書。他正是考慮到陽翰笙在重慶目標不算太大，而又與周恩來有著密切關係，所以把信寄給陽翰笙。

葉挺是在一九四一年八月，被從上饒李村押往重慶，關在望龍門二號。此後他又被轉往重慶郊區、湖北恩施、廣西桂林。

葉挺在獄中度過漫長的四個春秋。他在重慶紅爐廠蔣家院子的囚室裏，曾把所寫的《囚歌》贈給郭沫若，頓時不脛而走，膾炙人口：

為人進出的門緊鎖著，
為狗爬出的洞敞開著，
一個聲音高叫著：
——爬出來呵！給你自由！
我渴望著自由，但也深知道
人的軀體哪能由狗的洞子爬出！
我只期望著，那一天
地下的火沖騰，
把這活棺材和我一齊燒掉，
我應該在烈火和熱血中，得到永生。

項英之死迷霧重重

經七天七夜苦戰，新四軍這九千多人，唯有第一縱隊一千多人在司令員兼政委傅秋濤率領下殺出重圍，其餘少數被俘，大部戰死，這便是震驚中外的皖南事變。

顧祝同曾下令：「一網打盡，擒拿葉項。」葉挺既已被捕，項英成了眾所關注的焦點。

然而，項英卻去向不明。

項英是難抓的。此人是一位「老游擊」，向來在深山老林中出沒，何況那一帶正是山高林密之處。

上官雲相於十六日發出給安徽第六保安司令部的電報，懸賞五千銀元，捉拿項英。電報命令：「希迅飭涇、南、繁各縣立即發動全縣鄉保甲長按戶清查，毋使漏網。」

項英卻音訊杳然。

項英哪裏去了呢？國共雙方都關注著。

直至一九四一年四月，才算有了消息：

那是安徽旌德縣縣長李協昆出巡鄉鎮時，在玉屏鄉查獲一形跡可疑的人。經審訊，此人供稱名叫李正華，乃第三戰區特務密查員。可是又拿不出證件。經再三審訊，此人忽然招供，說自己的真名叫劉厚總，曾任新四軍團長、副官，皖南事變時隨項英等四十多人逃離戰場。他們躲入深山石洞之中。「廢曆」（即陰曆）二月十六日，他把項英打死，逃走。……

陰曆二月十六日，亦即公曆三月十三日。

縣長一聽，此事事關重大，對劉厚總的口供又將信將疑。

於是，在四月二十八日，由本縣特工陪同劉厚總進山，他們在鳥道羊腸上攀登，時近中午，才走近一石洞。據云，那是殺死項英之處。

特工正欲進洞，忽有三個穿黑色短衣者出現。劉說「不是好人」，特工分頭搜索。混亂之中，劉厚總乘機溜之大吉！

特工進洞，查得棋子四顆，洋燭小半支，小梳子一把，表明洞中確有人住過，但無屍體。由於劉厚總逃了，此案也就成了懸案……

那個石洞，當地人叫蜜蜂洞。

到了一九四一年十月，劉厚總又被抓住。

據供認，他把項英打死，搶得國幣二萬四千多元，黃金八兩五錢。

他要求辦理自首手續，並論功行賞。

誰知，國民黨皖南行署將他關押。後來在一九四二年冬，用繩索捆綁，押往重慶，關入渣滓洞看守樓下第六號牢房。

據云，劉厚總在監獄裏管理圖書，白天可在獄中天井走動，夜裏則被鎖在囚室之中。

一九四九年十一月，解放軍逼近重慶，國民黨軍隊於二十七日在渣滓洞實行大屠殺，把劉厚總放了。

在兵荒馬亂中，劉厚總企圖逃命，卻因搶登卡車，被人捅了一刀。這時，正好被駕車路過的白公館看守所所長陸景清看到，帶他上車，走了一程，又把他甩掉。這樣，劉厚總便死於那一片混亂之中……

中共獲知項英被劉厚總謀殺的詳況，是在一九四二年。

除了項英外，獲知新四軍副參謀長周子昆也死於劉厚總之手。

中共中央華中局曾寫了《關於項英、周子昆被謀殺經過向中共中央的報告》，密送延安。報告中寫道：

「項、周於去年三月中旬在皖南山中埋伏，被隨行副官叛徒劉厚總謀殺。彼時，與項、周同行者李志高（參謀處第一科科長）、謝忠良（第二科科長）等計二十餘人。彼等為皖變後逗留皖南最後一批人員。項、周雖主張過江，但特別遲疑，不立下過江決心，總以交通不暢為慮。李、謝等以項、周應負失敗責任，對項、周不滿，形於辭色，且曾公開反抗，屢屢分家。項、周均不良（宜）於夜行，頗有依賴李、謝幫助之意，見李、謝不肯，只好暫時分住數處，徐圖過江。項、周與李、謝等共分住四處，在深山中，相距均為三四里不等。李、謝等帶了七、八人住一處，項、周僅帶一個特務員及劉厚總共四人同住，而以劉厚總專任對外與李、謝等聯絡之責……」

最後查清項英之死，是在一九八〇年——項英死後三十九年！

出人意外的是，江西省百貨公司宜春分公司的一位副經理居然打開閉了多年的嘴，說出項英之死的真實情況。

站出來說話的是「四人同住」中的唯一在世的人，即那個特務員。

他叫黃誠，當年是周子昆的警衛員。

一九八〇年初，中國人民大學黨史系中共黨史專家胡華作了《關於黨史上若干問題的輔導解答》報告，其中說及皖南事變，說及項英、周子昆之死，提到了警衛員王成。

黃誠看到了胡華的報告，勾起了對往事的回憶，激動萬分。他於四月五日給胡華去信說，我「就是您在講話中說到的那個警衛員王成——應該是黃誠」。

據黃誠回憶，在七晝夜的激戰之後，他和周子昆二人突出重圍，來到石井坑後面的大山裏，躲了幾天。很巧，有一天在一個大坑裏，竟遇上了項英等十來人。於是，他們二人就加入了項英的隊伍，在一個大山的包穀棚裏躲了個把月。

到了三月初，他們跟軍部的參謀劉奎接上了頭，並找到了當地的中共地下組織。於是在三月十一日夜，他們由劉奎帶路來到了蓮坑，住在中共地下黨員姜其貴家中，算是吃了一頓「美餐」——煮熟了的玉米飯。

翌日拂曉，在姜其貴的帶領下，他們上了山。那山極爲險峻，半山腰有個險峻的小山洞——蜜蜂洞，洞裏只能住四人，其餘的人住在山下的山坳裏。

住在蜜蜂洞裏的四人是項英、周子昆、黃誠以及項英的副官劉矦忠（也就是劉厚總）。住下之後，項英和周子昆找了些石子作棋子，在一塊石頭上下起棋來。這時，外邊下起大雨，以至雨中夾雪。到了夜裏十一點鐘左右，他們入睡，由於洞深處有些潮濕，黃誠就躺在最裏面，然後由裏向外依次躺下的是周子昆、項英、劉矦忠。

在拂曉前，黃誠正睡得爛熟，突然響起砰、砰兩聲槍響，他被驚醒。這時，一道雪亮的手電光照在他臉上，使他眼花撩亂，緊接著，又響一槍射中他的右臂，他昏迷過去，什麼都不知道了。……

後來，劉奎他們上了山，進了洞，才知劉侯忠叛變，打死項英、周子昆，搶走錢財，潛逃了。他們見黃誠的心還在跳，把他抬下山，安排在老鄉家養傷。然後，又上山，把項英、周子昆的遺體轉移到另一個山洞，所以國民黨特工沒有找到他們的遺體。直至解放後，被移葬南京雨花台烈士陵園……

黃誠的信，才徹底揭開項英之死的內幕。

皖南事變引起蔣介石和毛澤東的論戰

皖南事變，一下子把國共關係推到了冰點。

皖南的硝煙尚未消散，一九四一年一月十七日，蔣介石又作了個大動作，史稱「一・一七」命令。

這天，蔣介石正式給皖南事變下結論，公開發表了兩個文告。

其一是《國民政府軍事委員會關於解散新四軍的通電》，以命令式的口氣宣佈新四軍為叛軍，取消番號。

其二是《國民政府軍事委員會發言人談話》，實際上是對《通電》進行說明。列舉了一大堆事例，以求證實《通電》的斷語的正確。

不論是《通電》也罷，《談話》也罷，其實都是蔣介石的意思。

蔣介石的「一·一七」命令剛一發出，毛澤東當即作出反應。毛澤東針鋒相對，也來了兩個文告。

其一是《中國共產黨中央革命軍事委員會命令》，與《國民政府軍事委員會關於解散新四軍的通電》針鋒相對。

其二是《中國共產黨中央革命軍事委員會發言人對新華社記者的談話》，與《國民政府軍事委員會發言人談話》針鋒相對。

比較蔣介石和毛澤東的四個文告，彷彿蔣介石和毛澤東對皖南事變進行了一場激烈的書面爭論。

以下的蔣介石和毛澤東的「對談」，他們的話均引自那四個文告。

蔣：國民革命軍新編第四軍違抗軍令，不遵調遣，自上月以來，在江南地區，集中全軍，蓄意擾亂戰局，破壞抗日陣線，陰謀不軌，已非一日。

毛：國民革命軍新編第四軍抗戰有功，馳名中外。

蔣：該軍軍長葉挺於當日就地擒獲，該軍副軍長項英潛逃未獲，正在飭部嚴緝歸案。

毛：軍長葉挺領導抗敵，卓著勳勞；此次奉命北移，突被親日派陰謀襲擊，力竭負傷，陷身囹圄。

蔣：該新編第四軍抗命叛變，逆跡昭彰，若不嚴行懲處，何以完成國民革命軍抗戰之使命，著將國民革命軍新編第四軍番號即予撤銷，該軍軍長葉挺著即革職，交軍法審判，依法懲治，副軍長項英著即通令各軍嚴緝歸案訊辦，借申軍紀，而利抗戰。

毛：茲特任命陳毅為國民革命軍新編第四軍代理軍長，張雲逸為副軍長，劉少奇為政治委員，賴傳珠為參謀長，鄧子恢為政治部主任。著陳代軍長等悉心整飭該軍，團結內部，協和軍民，實行三民主義，遵循《總理遺囑》，鞏固並擴大抗日民族統一戰線，為保衛民族國家、堅持抗戰到底、防止親日派襲擊而奮鬥。

蔣：此次事件，完全為整飭軍紀問題。新編第四軍遭受處分，為其違反軍紀，不遵調遣，且襲擊前方抗戰各部隊，實行叛變之結果。

毛：此次皖南反共事變，醞釀已久。目前的發展，不過是全國性突然事變的開端而已。……特別是一月十七日的命令，包含著嚴重的政治意義。因為發令者敢於公開發此反革命命令，冒天下之大不韙，必已具有全面破裂和徹底投降的決心。……我們正式警告他們說：放謹慎一點吧，這種火是不好玩的，仔細你們自己的腦袋。

蔣：當此全國抗戰一致團結之際，竟發生此種叛變之事殊可痛心；中央以軍令必須貫徹，綱紀必須維持，而後方能爭取抗戰之最後勝利，故斷然將該軍番號取消，並將叛軍官長分別交軍法處審判嚴緝治罪。

毛：重慶軍委發言人所說的那一篇，只好拿「自相矛盾」四個字批評它。既在重慶軍委會的通令中說新四軍「叛變」，又在發言人的談話中說新四軍的目的在於開到京、滬、杭三角地區創立根據地。就照他這樣說吧，難道開到京、滬、杭三角地區算是「叛變」嗎？愚蠢的重慶發言人沒有想一想，究竟到那裏去叛變誰呢？

那裏不是日本佔領的地方嗎？你們為什麼不讓它到那裏去，要在皖南就消滅它呢？呵，是了，替日本帝國主義盡忠的人原來應該如此，於是七個師的聚殲計劃出現了，於是一月十七日的命令發佈了，於是葉挺交付審判了，但是我還要說，重慶發言人是個蠢豬，他不打自招，向全國人民洩露了日本帝國主義的計劃。

蔣：此次事變，幸賴前方將士戮力用命，當地民眾明辨忠奸，協助戡亂，而新四軍官兵中大多皆深識大義，不甘附逆紛紛投誠，能用於數日之中，平定叛亂，此未始非長官應變若定所致云。

毛：老實說，我們的讓步是有限度的，我們讓步的階段已經完結了，他們已經殺了第一刀，這個傷痕是很深重的。他們如果還為前途著想，他們就應該自己出來醫治這個傷痕。「亡羊補牢，猶未為晚」。這是他們自己性命交關的大問題，我們不得不盡最後的忠告，如若他們怙惡不悛，繼續胡鬧，那時，全國人民忍無可忍，把他們拋到茅廁裏去，那就悔之無及了。

文如其人，人如其文，蔣介石和毛澤東的「對話」，一個刻板，一個活潑，一個一本正經，一

個尖酸幽默。

蔣介石的核心論點是說新四軍「違反軍紀」。那時，就軍隊而言，蔣介石是八路軍、新四軍的上級，所以他擺出了一副上司的架勢。但是，就國共兩黨而言，不存在誰領導誰的問題，所以毛澤東無拘無束、毫無顧忌地批駁蔣介石。

細細品味，可以發覺，雖然國共雙方都稱皖南事變，對於「變」卻有著截然不同的觀點：在蔣介石看來，這「變」是叛變、變亂；在毛澤東看來，這「變」則是突然事變、反共事變。

西安事變是聯共的開始；皖南事變則是反共的高潮。就國共關係而言，從西安事變到皖南事變，從正走向了負。

注釋

①周恩來深知毛澤東不可能同意蔣介石的「溶共」方案，當即作了如下答覆：共產黨信三民主義，不僅因其為抗日出路，而且為達到社會主義必由之路，國民黨員則必不都如此想，故國共終究是兩黨。……。加入國而退出共，這是不可能而且做不通。——《周與蔣談國共關係問題的報告》，《中共黨史教學參考資料》第十六冊。

②《中共中央文件選集》第十二卷。

③這就是說，毛澤東非常乾脆地拒絕了蔣介石的「溶共」企圖。

也就在發出致蔣介石的電報的前兩天——一月二十三日，毛澤東對中共發出了黨內指示，即《中央關於我黨對國民黨防共限共對策的指示》。毛澤東清醒地向中共全黨敲響了警鐘：「國民黨目前的進步，同時包含著防共限共工作的強化，這種進步中的惡劣現象，一時尚不會降低。」——均據《中共中央文件選集》第十二卷。

④《毛澤東選集》第二卷。

⑤最初題為《用國法制裁反動份子》，收入《毛澤東選集》時，改《必須制裁反動派》。

⑥引自《中共黨史教學參考資料》第十六冊。

蔣介石似乎也意識到這一點。曾指示：「如以武力制裁，頗多困難，應取慎重態度。」——關中，《戰時國共商談》，載《中國近代現代史論集》第二十七編，台灣商務印書館。

⑦金沖及主編《周恩來傳》，人民出版社一九八九年版。

⑧「中國共產黨在國內的地位還不鞏固，蔣介石可以輕而易舉地聯合日本人來反對共產黨。」

⑨崔可夫，《在華使命》，新華出版社一九八〇年版。

⑩毛澤東在這份電報中還罵蔣介石為「死流氓」！——《中共黨史教學參考資料》第十六冊。

⑪「洛、毛」即張聞天、毛澤東。電報中，又一次提及關於軍長的人選：「葉挺是否能為軍長，待你們提出保證之後再行決定。並告周、朱、彭、任。」——《中共中央文件選集》第十一卷。

⑫李一氓，《我親身經歷的皖南事變》，一九九三年第一期《大江南北》。

⑬《中共中央文件選集》第十三卷。

⑭洪雪村一九八〇年十月十八日談話，馬寧、黃澤兵整理，未刊稿。

⑮但是，項英在翌日電覆毛澤東，列舉了北移的一大堆困難。項英在電報中說：「我們意見，極短期內無法開動，如估計有戰鬥情況發生，反不如暫時留皖南為好。」十一月二十八日，項英再度在電報中堅持己見：「請毛無須顧慮，我們就在皖南打。」——《皖南事變》中共黨史出版社一九九〇年版。

⑯李一氓，《我親身經歷的皖南事變》，一九九三年一期《大江南北》。

紅色三部曲之3

紅色的纏鬥：毛澤東與蔣介石(上)

作者：葉永烈
發行人：陳曉林
出版所：風雲時代出版股份有限公司
地址：10576台北市民生東路五段178號7樓之3
電話：(02) 2756-0949
傳真：(02) 2765-3799
執行主編：朱墨菲
美術設計：許惠芳
業務總監：張瑋鳳
出版日期：2023年7月
版權授權：葉永烈
ISBN ：978-626-7025-53-6
風雲書網：http://www.eastbooks.com.tw
官方部落格：http://eastbooks.pixnet.net/blog
Facebook：http://www.facebook.com/h7560949
E-mail：h7560949@ms15.hinet.net
劃撥帳號：12043291
戶名：風雲時代出版股份有限公司

風雲發行所：33373桃園市龜山區公西村2鄰復興街304巷96號
電話：(03) 318-1378
傳真：(03) 318-1378
法律顧問：永然法律事務所 李永然律師
北辰著作權事務所 蕭雄淋律師

行政院新聞局局版台業字第3595號 營利事業統一編號22759935

定價：450元

國家圖書館出版品預行編目資料

紅色的纏鬥：毛澤東與蔣介石 ／ 葉永烈 著. -- 初版. --
臺北市：風雲時代出版股份有限公司，2022.02
面；公分 （紅色三部曲；3）

ISBN 978-626-7025-53-6（上冊：平裝）
ISBN 978-626-7025-54-3（下冊：平裝）

1.CST：毛澤東 2.CST：蔣中正 3.CST：傳記 4.CST：民國史
628 110022458